RAÍZES

O folclore em questão

O folclore em questão

Florestan Fernandes

SÃO PAULO 2020

Copyright © 2003, Livraria Martins Fontes Editora Ltda.,
São Paulo, para a presente edição.

1ª edição 1977 (Hucitec)
3ª edição 2020

Acompanhamento editorial
Helena Guimarães Bittencourt
Revisões
*Margaret Presser
Solange Martins
Dinarte Zorzanelli da Silva*
Produção gráfica
Geraldo Alves
Paginação
Studio 3 Desenvolvimento Editorial

Dados Internacionais de Catalogação na Publicação (CIP)
(Câmara Brasileira do Livro, SP, Brasil)

Fernandes, Florestan, 1920-1995.
 O folclore em questão / Florestan Fernandes. – 3ª ed. – São Paulo : Editora WMF Martins Fontes, 2020. – (Raízes)

 ISBN 978-65-86016-05-5

 1. Folclore 2. Folclore – Brasil 3. Folclore – Brasil – São Paulo (Estado) I. Título.

20-34657   CDD-398.0981

Índices para catálogo sistemático:
1. Brasil : Folclore   299.6

Cibele Maria Dias – Bibliotecária – CRB-8/9427

Todos os direitos desta edição reservados à
Editora WMF Martins Fontes Ltda.
*Rua Prof. Laerte Ramos de Carvalho, 133 01325-030 São Paulo SP Brasil
Tel. (11) 3293.8150 e-mail: info@wmfmartinsfontes.com.br
http://www.wmfmartinsfontes.com.br*

ÍNDICE

Apresentação XI
Nota explicativa XIX

Primeira parte | O folclore – antiga
e novas perspectivas

1. Folclore e ciências sociais 3
2. Objeto e campo do folclore 22
3. Folclore e sociedade 28
4. Folcloristas em confronto 33
5. Sobre o folclore 39
6. A burguesia, o "progresso" e o folclore 52
7. O folclore como método 57
8. Mentalidades grupais e folclore 61
9. Educação e folclore 65
10. Entre o romance e o folclore 70

SEGUNDA PARTE | Tendências dos estudos folclóricos em São Paulo

11. Os estudos folclóricos em São Paulo 77
    Introdução 77
    O folclore como expressão estética da mentalidade popular .. 78
    O folclore como disciplina científica autônoma 87
    O folclore como esfera da cultura e como fenômeno social .. 106
12. Amadeu Amaral e o folclore brasileiro 120
    Introdução 120
    Posição de Amadeu Amaral na história do folclore brasileiro 122
    Objeto e método do folclore 128
    Contribuição ao estudo do folclore brasileiro 137
    Conclusões 162
13. Mário de Andrade e o folclore brasileiro 164
    Introdução 164
    Arte popular e arte erudita 167
    Contribuição ao estudo do folclore brasileiro 178
    Conclusões 188
14. Publicações póstumas de Mário de Andrade 190

TERCEIRA PARTE | O folclore em resenha

15. Sílvio Romero e o folclore brasileiro 199
16. *Lendas dos índios do Brasil* 205
17. A mitologia heróica indígena 210
18. *Os caçadores de cabeças* 220
19. Educação e recreação 224
    Jogos para recreação na escola primária 224

    Brincando de roda 229
    Danças tradicionais das Américas 232
20. Contos populares de São Paulo 236
21. Armas e técnicas rústicas de briga 239
22. Livros de folclore 242
23. Um concurso de folclore musical 249
24. Sociologia e folclore 254
25. A inteligência do folclore 257

APRESENTAÇÃO | Entre a ciência e a arte

Os escritos reunidos no livro *O folclore em questão* representam parte considerável das inquietações intelectuais de Florestan Fernandes ao longo de vinte anos. No curso desse tempo, transcorrido entre 1941 e 1962, o sociólogo transita da condição de jovem pesquisador, originário das camadas populares, para a de cientista social renomado, catedrático de fato da Universidade de São Paulo e principal artífice do estilo acadêmico de reflexão. Rigorosamente falando, emergiu da obra de Florestan a moderna Sociologia brasileira, identificada com a utilização, no processo de investigação, de procedimentos, apoiados nos cânones da ciência.

A instituição dos novos modelos de vida intelectual pressupunha, naturalmente, transformações de vulto no panorama cultural do país, e, entre elas, o surgimento da universidade em São Paulo foi marco perspícuo. A criação dos quadros acadêmicos alterou os princípios de produção do saber, rompendo, em conseqüência, a norma pregressa, instituindo critérios definidos de formação profissional. A universidade foi, nesse sentido, o centro produtor de conhecimento e de desenvolvimento das ciências sociais no Brasil, na medida em que se erigiu em *locus* privilegiado de formação especializada e de prática científica. A obra em tela é expressão candente desses novos princípios e das polêmicas que emergiram no seu processo de afirmação. Inclusive, por isso, embora não exclusivamente por essa razão, o livro preserva grande interesse, sendo central à compreensão da história da institucionalização das ciências sociais no país, elucidando o movimento de construção dessas disciplinas, revelando o quanto não foi fácil instituir nova dicção intelectual. Contrariamente, a formação da sociologia cientificamente embasada firmou-se em terreno dardejado por disputas, quer no âmbito interno ao campo, quer na confluência de concepções divergentes sobre o trabalho científico. Ambas as perspectivas estiveram sistematicamente na ordem das considerações de Florestan Fernandes, até pelo fato de sua orientação tornar-se paulatinamente a dominante, sobretudo porque nesse impulso hegemônico as polêmicas eram inescapáveis, como ocorreu no ácido debate travado com o sociólogo do ISEB, Guerreiro Ramos, e, de modo similar, nas contendas acaloradas mantidas com os folcloristas. O caráter freqüentemente desabrido das altercações atestavam sobre a profundidade dos problemas em tela e revelavam particularidades da constituição do campo científico no Brasil.

O livro *O folclore em questão*, editado no formato atual pela primeira vez em 1978, ilustra nas suas páginas o estabelecimento da rotinização do saber sociológico alicerçado nas normas fixadas pelos novos procedimentos, manifestando a impregnação de concepções disseminadas no ambiente da Universidade de São Paulo. Apesar de esses estudos terem sido considerados por Florestan "uma área de aprendizagem (1941 a 1945) e um setor marginal" no âmbito das suas preocupações, como esclarece na "Nota Explicativa" redigida para a primeira edição, esses escritos ultrapassam os seus objetivos mais explícitos. O próprio fato de Florestan ter destinado parte de sua energia ao problema, exatamente nos dois primeiros decênios da sua atividade como sociólogo, durante a árdua etapa de construção da carreira, diz muito sobre o significado das suas reflexões a respeito do tema. Compreensivelmente, Florestan repensou as suas posições voltadas à defesa intransigente da abordagem científica durante os anos críticos da sua vida intelectual, coincidentes com a experiência do desenraizamento produzido pelo seu afastamento compulsório da universidade, no bojo da ação arbitrária do regime instalado em 1964. Em situações dessa ordem, a evocação de posições nutridas em concepções embasadas em critérios da universalidade soam deslocadas diante da força dos particularismos mais perversos. O custoso caminho de constituição da modernidade em contextos periféricos entravava as possibilidades de realização da "sociedade brasileira da era científica e tecnológica"[1], tal como ele próprio imaginava possível no decênio de 1950.

Os dilemas instalados naquela época de plena vigência do autoritarismo do regime expressavam-se no drama pessoal do sociólogo que, não obstante a sua avaliação desbotada a respeito dos seus estudos sobre o folclore, concordou em reeditá-los. Não sem alguma hesitação, como se percebe na "Nota Explicativa": "Não estou muito certo se devia ou não correr os riscos de salvar do esquecimento os trabalhos que constam desta coletânea." O texto não deixa dúvidas sobre as dificuldades do autor em recuperar reflexões concebidas na ambiência universitária, identificadas com projetos coartados com tal intensidade naqueles anos obscuros que impediram o florescimento das virtualidades contidas no passado. A compreensão dos seus escritos no campo da cultura popular, sobretudo das polêmicas presentes neste livro, leva a que se conclua sobre o paulatino deslocamento do intelectual amador, do profissional não universitário, pela figura do acadêmico, submetido a requisitos sistemáticos de formação e devotado aos procedimentos do saber científico.

O primeiro capítulo – "Folclore e ciências sociais" – e o quarto – "Folcloristas em confronto" – são peças de notável elucidação das polêmicas mantidas entre Florestan e os folcloristas. "Folclore e ciências sociais" constitui-se em resposta às críticas a ele dirigi-

---

1 Florestan Fernandes, "O homem e a cidade metrópole", in *Mudanças sociais no Brasil: aspectos do desenvolvimento da sociedade brasileira*, 2. ed., Difel, 1974.

das por Édison Carneiro, representante notável do grupo dos folcloristas e diretor da Campanha de Defesa do Folclore Brasileiro, que o havia acusado "de novo comandante de nova investida contra o folclore"[2]. Nesse artigo, Florestan Fernandes rejeita a idéia de transformar o folclore em disciplina autônoma, uma vez que se trata de domínio carente de objeto próprio, reconhecendo-lhe, no entanto, a sua qualidade de método, ou de técnica de observação, útil às investigações por outros campos do saber. Na sua concepção, "o folclore, como ponto de vista especial, só se justifica como disciplina humanística, na qual se poderão aproveitar as investigações científicas sobre o folclore ou técnicas e métodos científicos de levantamento e ordenamento dos materiais folclóricos". O texto "Folcloristas em confronto", publicado originalmente em 1960 no jornal *O Estado de S. Paulo*, retoma a polêmica a respeito da "natureza do folclore como disciplina independente", afirmando o caráter duvidoso da posição dos estudiosos do fenômeno, anunciando a incoerência entre os princípios defendidos e a prática dos colecionadores. Para o sociólogo, na medida em que o folclore é realidade social, exige a adoção de procedimentos adequados à descrição e interpretação dessa ordem de fenômenos. O tom acre é assumido sem peias: "Não garatujem escritos sem seriedade científica, sem teor sistemático e sem caráter positivo... O que é intolerável e injustificável é a mistificação que se oculta atrás de suas elucubrações, de quem não lê ou de quem lê sofregamente, com a intenção de empulhar a boa-fé alheia." Em passagens bem mais amenas, no capítulo treze dedicado a "Mário de Andrade e o folclore brasileiro", Florestan reconhece a condição de desconforto da reflexão na área que "permanece até hoje numa posição incômoda, a cavalo entre a ciência e a arte". Não deixa de ser inquietante constatar que a afirmação transcrita acima esteja presente em artigo publicado em 1946,

---

[2] Édison Carneiro, "A sociologia e as 'ambições' do folclore", *Revista Brasiliense*, nº 23, maio-jun. 1959, p. 69.

enquanto a citação anterior tenha sido escrita em 1960, momento de plena consolidação da sua maturidade intelectual que, de modo incomum, convive com a presença de arroubos juvenis.

Os textos que organizam a segunda parte do livro, excetuando-se o primeiro – "Os estudos folclóricos em São Paulo" –, editado no final de 1956 e início de 1957, são concebidos no decênio de 1940, sendo reveladores, sobretudo, da capacidade do jovem sociólogo em transitar com fina sensibilidade por áreas aparentemente distantes do seu universo de interesses, como se percebe nas suas análises sobre a poesia de Mário de Andrade. Florestan Fernandes rende tributo ao escritor modernista quando o considera o introdutor de procedimentos científicos nas pesquisas folclóricas durante a sua gestão no Departamento de Cultura, tendo sido um fecundo estudioso das expressões populares. Atribui aos modernistas papel crucial no desenvolvimento dos estudos sobre os fenômenos da cultura *folk*, por terem se voltado para o universo popular, na qual hauriram inspiração para informar a nova estética e descongelar a linguagem cristalizada. O legado modernista acabou conformando um tipo de intelectual engolfado nos ares do tempo, reorientando o olhar para ângulos de visão até então desprezados, como o do universo das camadas populares, do folclore como área de estudos, que se erigiu em "instrumento de consciência e de interpretação da 'mentalidade popular' brasileira".

Esta frase escrita no capítulo consagrado à análise da obra de Amadeu Amaral exprime pontos de convergência entre as opiniões do sociólogo e a dos folcloristas. Herdeiros da mesma vertente democrática da cultura originária da tradição modernista e que se aprofundou no decênio dos anos 30, esses intelectuais formaram-se num momento de rotinização das novas idéias. Nunca é demais lembrar que as obras dos ensaístas recriavam o mundo das pessoas comuns; o romance social, o chamado ciclo da literatura regional, traduzia atitude de identificação com os deserdados; a Faculdade de Filosofia da Universidade de São Paulo e a Escola de Sociologia e Política transpiravam concepções democráticas quando legitimaram temas e desenvolveram pesquisas incomuns até o momento. Os chamados estudos de comunidade são expressivos do universo das preocupações e, ao lado de outras pesquisas, se transformaram em referência das mudanças em curso. Inspirados nos paradigmas da sociologia americana, especialmente da Escola de Chicago, que dominava na Escola de Sociologia e Política, esses trabalhos atestavam compassamento com orientações embebidas na literatura internacional produzida nos centros universitários avançados, trazidos na bagagem dos professores estrangeiros, sobretudo franceses, no caso da Faculdade de Filosofia. Dentre eles, Roger Bastide foi especialmente importante na impressão das suas orientações sobre o trabalho intelectual e sobre a constituição de áreas de pesquisa, tendo sido o principal orientador dos jovens sociólogos.

As primeiras investigações sobre o folclore na cidade de São Paulo realizadas por Florestan Fernandes, como se sabe, eram destinadas ao trabalho de aproveitamento do curso de sociologia ministrado por Roger Bastide em conjunto com a sua assistente Lavínia Costa Villela. No capítulo "Os estudos folclóricos em São Paulo", Florestan não deixa dúvida sobre a importância do seu mestre: "Roger Bastide, o grande estimulador de quase todos esses estudos, sugere-nos como explorar o folclore na investigação da sociedade brasileira: seja na análise das origens e evolução das instituições mágico-religiosas afro-brasileiras; seja na interpretação das influências dinâmicas – de natureza geográfica, econômica, psicocultural ou social – que permitem esclarecer as transformações do folclore europeu no Brasil e sua fusão com outros folclores, nativos ou africanos." O próprio Bastide escreveu *Sociologia do folclore brasileiro*, conjunto de artigos reunidos em livro e editado em 1959, testemunho inconteste do seu vívido interesse pelo mundo da cultura popular brasileira, muito provavelmente resultado da sua convivência intelectual com Mário de Andrade. De resto, havia evidente tendência nas ciências sociais estrangeiras de estudar os fenômenos da cultura como se percebe nas obras de renomados especialistas que produziram contribuições marcantes no campo do folclore, das mitologias, das sociedades primitivas, das culturas populares, ilustradas pelas pesquisas de Franz Boas, Ruth Benedict, Van Gennep, Bronislaw Malinowiski, Robert Redfield, apenas para citar alguns autores. Por tudo isso, *O folclore em questão* é livro indelevelmente comprometido com a história da moderna ciência social no Brasil, mas sobretudo é revelador de um ambiente intelectual vibrante que se formava no debate apaixonado, coagulado por disputas, como tão bem analisou o jovem antropólogo Luís Rodolfo Vilhena no livro *Projeto e missão: o movimento folclórico brasileiro, 1947-1964*, obra de decisiva importância para o conhecimento da formação do nosso campo disciplinar e dos sentidos que hoje reconhecemos como os mais legítimos do nosso trabalho.

A abertura entristecida da primeira edição de *O folclore em questão*, escrita por Florestan Fernandes em 1975, é indicativa do relevo da sua obra sobre a cultura popular na construção da sua trajetória: "Revendo esse passado tão recente – e que, não obstante, nos parece tão remoto! – sou forçado a fazer certas constatações melancólicas. Os cientistas sociais perderam muito terreno na comunicação com o chamado 'grande público' e na colaboração freqüente em jornais diários ou revistas de 'alta cultura'. A comunicação em massa destruiu os nichos que ainda davam cobertura a uma maior participação intelectual dos cientistas sociais na discussão dos temas de interesse geral; e a sociedade de consumo fez o resto, absorvendo o seu tempo de lazer em atividades que são características dos setores médios 'afluentes'. Doutro lado, uma profissionalização mal entendida tende a reproduzir, aqui, os mesmos estragos que fez nos Estados Unidos, incentivando o isolamento intelectual e político dos 'acadêmicos', fechados cada vez mais dentro dos seus muros e entre os seus pares." A formulação de diagnóstico tão severo dirigido ao mundo que ajudou a formar não deixa dúvidas a respeito do real afastamento de Florestan Fernandes diante do processo concluído. Restou-lhe uma espécie de sentimento de que o resultado foi, apenas, a realização pálida e incompleta de um projeto de ciência social enredada nas expressões mais esquivas da modernidade, justamente naquelas que nos dominaram.

Maria Arminda do Nascimento Arruda

NOTA EXPLICATIVA

Não estou muito certo se devia ou não correr os riscos de salvar do esquecimento os trabalhos que constam desta coletânea. Foi uma sugestão passageira de Rose Marie Muraro – quando discutíamos o que fazer com ensaios que compunham *A etnologia e a sociologia no Brasil* e com a parte do apêndice de *Folclore e mudança social na cidade de São Paulo*, a qual excluí da sua 2ª edição – que me levou a pôr mãos à obra.

O levantamento das tendências dos estudos folclóricos em São Paulo, os pequenos ensaios sobre Amadeu Amaral e Mário de Andrade, bem como alguns estudos sobre o folclore mereciam ser salvos. Quando menos, eles marcam uma das etapas que percorremos no ensino e na pesquisa do folclore na Universidade de São Paulo. Eles puxaram a fila, permitindo que outros trabalhos menores e mesmo algumas resenhas[1] voltassem à tona.

Embora tenha sido uma área de aprendizagem (de 1941 a 1945) e um setor marginal em meus centros de preocupações, o folclore sempre esteve presente em meus escritos até 1962. Este volume relata toda a história, pois abrange pequenos estudos ou ensaios e comentários que apareceram, originalmente, em jornais e revistas

---

1 Várias resenhas de menor importância, muitas delas publicadas na *Revista do Arquivo Municipal*, foram excluídas da seleção.

entre 1944 e 1962. Só um ou dois tiveram tom polêmico. O que sempre me preocupou, desde 1941, foi deslindar a contribuição que o sociólogo – e, com ele, outros cientistas sociais – podia dar à investigação do folclore. E, reciprocamente, qual vem a ser a esfera de trabalho intelectual específico do folclorista propriamente dito. No curso em que tive a honra de colaborar com o professor Roger Bastide, sobre "Sociologia e Folclore"[2], coube-me aprofundar, nos limites do meu conhecimento e de minha competência, essa delimitação de campos e problemas fundamentais.

Ao que parece, nos dias que correm a preocupação de "salvar" ou de "prestigiar" o folclore está se dissociando, de modo crescente, do afã de estudá-lo objetivamente, de modo intensivo e sistemático. Ainda assim, o folclore não desapareceu por completo da ordem do dia. É provável, pois, que esta coletânea desperte interesse e venha a ter alguma utilidade. Pelo menos no que diz respeito ao esclarecimento do que se pretendia fazer, a partir da etnologia e da sociologia, nas décadas de 40 e 50 principalmente, no estudo do folclore brasileiro; e na explicitação das idéias diretrizes que prevaleciam no horizonte intelectual de alguns etnólogos e sociólogos, quando eles tentavam "desmistificar" o folclore e a investigação folclórica.

Revendo esse passado tão recente – e que, não obstante, nos parece tão remoto! – sou forçado a fazer certas constatações melancólicas. Os cientistas sociais perderam muito terreno na comunicação com o chamado "grande público" e na colaboração freqüente em jornais diários ou revistas de "alta cultura". A comunicação em massa destruiu os nichos que ainda davam cobertura a uma maior participação intelectual dos cientistas sociais na discussão de temas de interesse geral; e a sociedade de consumo fez o resto, absorvendo o seu tempo de lazer em atividades que são características dos setores médios "afluentes". Doutro lado, uma profissionali-

---

2 Curso ministrado, em 1949, a alunos do 4º ano de Ciências Sociais e de Especialização da Faculdade de Filosofia, Ciências e Letras da Universidade de São Paulo.

zação mal entendida tende a reproduzir, aqui, os mesmos estragos que fez nos Estados Unidos, incentivando o isolamento intelectual e político dos "acadêmicos", fechados cada vez mais dentro dos seus muros e entre os seus pares.

Essas ponderações não são fruto de mero pessimismo. A importância adquirida pelos estudos folclóricos no labor intelectual dos universitários constituía uma conseqüência fecunda da interação da universidade com o meio ambiente – e da filtragem de "motivos intelectuais", que passavam deste para aquela. É provável que, hoje, muitos considerem tais motivos relativamente destituídos de valor científico autêntico. Não sou dessa opinião. Mas, pense-se o que se quiser, uma maior preocupação pelo folclore brasileiro e pelos estudos folclóricos em geral sempre esteve (desde os fins do século passado e, em particular, com a efervescência provocada pelo movimento modernista) na raiz da busca de uma identificação mais profunda e mesmo de uma certa comunhão da *intelligentzia* brasileira com o "saber popular" e com os estratos ao mesmo tempo mais humildes e mais conspícuos do *Povo*. Isso, se não justifica este volume, pelo menos cria uma esperança: de que ele venha a ser entendido em termos da projeção endopática que sempre cimentou o meu interesse pessoal pelo estudo do folclore.

São Paulo, 7 de maio de 1975.
FLORESTAN FERNANDES

PRIMEIRA PARTE
O folclore – antiga e novas perspectivas

CAPÍTULO 1 | Folclore e ciências sociais*

A *Revista Brasiliense* publicou em seu n.º 23 um artigo no qual minhas idéias sobre o folclore são objeto de apreciação negativa[1]. Considero a crítica uma condição necessária do trabalho intelectual, desde que ela seja objetiva, tenha sentido construtivo e se mantenha no plano do respeito pela pessoa humana – do autor criticado e dos leitores, que formam sua opinião louvando-se nas afirmações do crítico.

No caso em apreço, haveria pouco interesse em ressuscitar o assunto. O meu trabalho trata, apenas, do desenvolvimento dos estudos folclóricos em São Paulo e jamais poderia ser encarado como sucedâneo ou equivalente de um tratado de folclore. Poucas são as explanações de caráter geral, contidas nesse ensaio, e, quando elas são feitas, estão ligadas à necessidade de situar as contribuições analisadas no contexto de idéias que eles representam. Ao serem condensadas, tais explanações perderam o significado que possuem no texto original. Como prezo deveras a *Revista Brasiliense* e seus leitores habituais, pareceu-me conveniente coligir os trechos em que apresento aquelas explanações, para que elas possam ser entendidas em função das orientações que procuro defender.

---

* *Revista Brasiliense*, n.º 24, jul.-ago./1959, pp. 133-51.
1 Cf. Édison Carneiro, "A sociologia e as 'ambições' do folclore", pp. 132-45.

Acredito que esses trechos evidenciam (juntamente com o esforço que fiz de dar um balanço geral no estado dos estudos folclóricos em São Paulo, com análise extensa das contribuições particulares de Amadeu Amaral e Mário de Andrade, em dois ensaios subseqüentes) que estou longe de subestimar o tipo de trabalho intelectual produzido pelo folclorista. Além disso, eles revelarão ao leitor atilado o empenho com que propugno maior colaboração eficiente entre as ciências sociais e o folclore. É certo que o leitor poderá aceitar ou não as idéias que exponho. O que não poderá negar-me é o intuito sério de contribuir para maior esclarecimento dos espíritos. Os escritores brasileiros que pretendem o qualificativo altamente honroso de *folclorista* precisam fazer jus a ele, mediante a realização de trabalhos que explorem, com seriedade, os recursos específicos da pesquisa folclórica propriamente dita. Doutro lado, nada há a objetar contra os escritores que pretendem estudar o folclore como realidade psíquica, social ou cultural. Somente, para que as inspirações se concretizassem, seria desejável que fizessem isso, de fato, através dos procedimentos de investigação da psicologia, da etnologia ou da sociologia. O que não pode perdurar são as confusões, que vêm transformando o folclore em disciplina híbrida, aberta às aventuras mais singulares dos que se sentem incapazes de qualquer atividade intelectual produtiva. Sem subestimar a pessoa ou o trabalho de ninguém, parece que já é tempo de pôr fim seja à improvisação involuntária, seja à mistificação consciente, seja à falta de especialização apropriada nesse campo de estudos.

A bem da verdade, gostaria de aproveitar o ensejo para fazer duas retificações importantes. Primeiro, não é certo que a dr.ª Lavínia Costa Raymond tenha sido minha aluna e discípula. Ao contrário, foi minha professora, como antiga assistente e discípula que foi do professor Roger Bastide. Segundo, devo muito ao professor Roger Bastide, que foi meu mestre de sociologia e com o qual cheguei a colaborar como assistente, depois que a dr.ª Lavínia Costa Raymond foi para os Estados Unidos. Antes disso, déramos um curso, em colaboração, sobre o folclore e seu estudo segundo os cânones da pesquisa folclórica e da pesquisa sociológica, cabendo-me a primeira parte da tarefa. Até onde vai o meu conhecimento, todavia, o dr. Bastide parece admitir, seguindo a tradição francesa, que o folclore é uma ciência social particular. De qualquer forma, ele está longe de merecer – ainda que de raspão ou por mera implicação – críticas que devam ser endereçadas às minhas próprias limitações...

a) "O folclore pode ser entendido tanto como realidade objetiva quanto como ponto de vista especial, que permite observar e descrever essa realidade. Na presente exposição, só iremos cuidar do folclore na segunda acepção, limitando-nos, além disso, à análise das orientações que inspiraram ou fomentaram o desenvolvimento dos estudos folclóricos em São Paulo."[2]

b) "A orientação científica se instaurou nos estudos folclóricos em São Paulo por duas vias diferentes. De um lado, pela preocupação de estudar o paulista antigo, por meio de evidências das tradições orais. Semelhante preocupação se revela originalmente na obra de Afonso de Freitas, na qual se combinam intuitos históricos, sociológicos e folclóricos. De outro, pela influência das investigações folclóricas, realizadas em várias regiões do país, por Celso de Magalhães, Sílvio Romero, João Ribeiro e tantos outros. As contribuições de Edmundo Krug, de Alberto Faria e de Amadeu Amaral sofreram essa influência, antes estimuladora que formativa. Nelas prevalece a aspiração de dar um cunho científico-positivo à pesquisa folclórica, o que fez com que aqueles autores se interessas-

---

[2] Os trechos transcritos foram tirados do trabalho do autor "Os estudos folclóricos em São Paulo". Esse ensaio compõe, com mais dois estudos sobre as contribuições folclóricas de Amadeu Amaral e Mário de Andrade, a terceira parte de *A etnologia e a sociologia no Brasil* (São Paulo, Anhambi, 1958), intitulada "Folclore e ciências sociais – antigas e novas perspectivas" (pp. 247-327). Esse ensaio não poderia propor-se, naturalmente, os problemas de sistematização do folclore como disciplina autônoma; não passa de uma tentativa muito apertada de condensação dos principais resultados alcançados pelos estudiosos do folclore brasileiro de São Paulo. Foi escrito com a intenção exclusiva de fornecer uma localização adequada daquelas duas figuras ímpares no desenvolvimento dos estudos folclóricos em nosso país. O trecho acima foi extraído da p. 247.

sem, sobretudo, pela formação de coleções, pela análise genético-comparativa (antes erudita que sistemática), ou pelos problemas teóricos e metodológicos do folclore."[3] [Segue uma análise dessas contribuições, na ordem enumerada.]

c) "As transformações por que passaram os estudos folclóricos em São Paulo são facilmente compreensíveis. A idéia de converter o folclore em ciência positiva autônoma trazia, consigo, limitações e dificuldades insuperáveis. Está fora de qualquer dúvida que o folclore pode ser objeto de investigação científica. Mas, conforme o aspecto do folclore que se considere cientificamente, a investigação deverá desenvolver-se no campo da história, da lingüística, da psicologia, da antropologia ou da sociologia. O folclore, como ponto de vista especial, só se justifica como disciplina humanística, na qual se poderão aproveitar as investigações científicas sobre o folclore ou técnicas e métodos científicos de levantamento e ordenação dos materiais folclóricos.

Nem por isso, sua complexidade e importância serão menores. O campo de trabalho do folclorista é simétrico ao dos especialistas no estudo das artes, da literatura e da filosofia. Apenas duas diferenças parecem relevantes: a) o folclorista precisa fundir, com freqüência, indagações que podem ser feitas separadamente por aqueles especialistas; b) quando o folclorista trata de expressões orais ou dramáticas do folclore, muitas vezes se vê obrigado a *documentar*, ele próprio, os exemplares que pretende investigar. De qualquer forma, parece claro que as tarefas específicas do folclorista começam depois de constituídas as coleções de materiais folclóricos, como nos sugerem os trabalhos de Aarne e Thompson. Elas se revelam na análise dos temas, no estudo de sua distribuição cronológica e espacial, na comparação deles entre si, através de diferentes sistemas folclóricos, dentro de 'uma atmosfera puramente humanística'[4].

---

3 "Os estudos folclóricos em São Paulo", op. cit., p. 254.
4 Expressão usada por Mariam W. Smith, ao tratar dos dois folcloristas mencionados (cf. verbete "folclore", *Dictionnary of Folklore, Mythology and Legend*, Maria Leach (org.), Nova York, Funck 8 Wagnaels, 1948, p. 402, v. I).

Ainda assim, pode admitir-se que o folclorista tenha especial interesse na formação de coleções e que, ao envolver-se em tarefas dessa natureza, precisa aplicar técnicas científicas de registro, reprodução e colecionação das ocorrências observadas. Com o progresso da pesquisa empírica sistemática no campo das ciências sociais, porém, tende a diminuir a importância dessas tarefas, puramente documentativas. Quem pretenda estudar a mitologia Zuni do ponto de vista folclórico, por exemplo, não precisa encarregar-se do levantamento dos dados. Esse já se encontra feito, de forma rigorosa, pelos etnólogos. Poderia argumentar-se que isso ocorre somente em relação aos 'povos primitivos'. A extensão dos critérios de investigação etnológica a outros povos, campesinos e industriais, está se operando com certa rapidez, e é inegável que dela resultam novas perspectivas de colaboração entre a etnologia e o folclore. Tomem-se como ponto de referência as investigações de Redfield e seus colaboradores na península de Iucatan; os resultados delas permitem descrever diferentes tipos de aglomerações humanas, da *aldeia tribal* à *cidade*, oferecendo dados e indicações que podem ser reexplorados interpretativamente pelos folcloristas.

O que se torna difícil é manter as antigas ambições, de conferir ao folclore a condição de ciência positiva autônoma. É sabido que essas ambições descansavam em suposições verdadeiras e incontestáveis: o folclore, como realidade objetiva, pode e deve ser investigado cientificamente. Mas levaram a uma conclusão falaciosa, pois o estudo científico do folclore não pode ser 'unificado' – cada ciência social investiga o folclore de um ponto de vista próprio, sendo ainda evidente que não se poderia afirmar, por enquanto, que caberia ao folclore, como disciplina especial, reduzir os diferentes pontos de vista a um denominador comum. Pode-se falar em 'ciência do folclore' e em 'estudo científico do folclore'. Sob tais expressões, entretanto, subentende-se, apenas, que o folclore poderá ser objeto de investigação científica, não que o 'folclore' constitua uma ciência positiva autônoma.

Daí não se deve inferir que o folclore, como um ponto de vista especial, esteja condenado a desaparecer. Sua especialidade, como disciplina autônoma, não procede das investigações científicas, mas das indagações humanísticas. Estas é que podem considerar sistematicamente, acima dos limites do psiquismo individual e do condicionamento sociocultural, as regras, os ideais e os estilos da produção artística, literária e filosófica de natureza folclórica. Em outras palavras, o folclore, como disciplina humanística, versa conhecimentos que escapam ao âmbito das investigações científicas ou que caem dentro dele de forma parcial e fragmentária. De um lado, isso indica que o estudo científico do folclore não nos oferece – nem poderá oferecer – os conhecimentos que podem ser descobertos pelas investigações folclóricas propriamente ditas, de inspiração humanística. De outro, conduz-nos a colocar em outras bases a questão da interdependência entre o folclore e as ciências sociais. Como muito bem sugeriu Herskovits, 'um conhecimento completo dos dados do folclore exige, ao mesmo tempo, os recursos dos que fixam os aspectos formais das produções criadoras e dos que podem analisar a significação social dessas formas'[5]. Sob esse aspecto, as contribuições específicas dos folcloristas podem ser de grande utilidade para os cientistas sociais. Lindgren, por exemplo, reconhece que o *Motif-index of Folk Literature*, elaborado por Stith Thompson, pode facilitar o estudo psicológico do humor e dos interesses dos grupos sociais[6].

A discutir-se as coisas nesses termos, poucos folcloristas brasileiros mereciam tal qualificativo. Em virtude da influência das concepções positivistas dos folcloristas portugueses e franceses, especialmente, que encaravam o folclore como uma espécie de *etnografia*

---

5 Melville J. Herskovits, "Folklore: Social Science or Humanistic Discipline?", *Journal of American flolklore*, jan.-mar./1951, v. LIV, n° 251, p. 129.
6 E. J. Lindgren, "The Collection and Analysis of Folklore", in Sir Frederic Bartler, M. Ginsberg, E. J. Lindgren e R. H. Thouless (orgs.), *The Study of Society, Methods and Problems*, Londres, Routledge & Kegan Paul, 1938, cap. XIV (p. 369).

dos setores populares dos países civilizados, eles foram antes precursores dos estudos etnológicos que fundadores dos estudos folclóricos em nosso país. A única exceção marcante talvez diga respeito a João Ribeiro, cujas preocupações eruditas o induziram, com freqüência, a fazer indagações que caem no campo específico da análise folclórica. Em São Paulo, apenas Amadeu Amaral, em passagens de seus ensaios sobre poesia popular, e Mário de Andrade, em diversas de suas sondagens do folclore musical, marcadas pela aspiração de ser útil a 'poetas e músicos', ou em escritos do gênero de 'A nau Catarineta', realizaram obra propriamente de folclorista. Os demais – e eles mesmos sob outros aspectos – trabalharam, mais ou menos defeituosamente, por falta de formação especializada, no campo da investigação etnográfica.

Os resultados da presente discussão do assunto exigem um comentário especial. É que não temos a intenção de subestimar, de forma alguma, os estudos folclóricos feitos sob inspiração científica ou cientificista. Mas, exclusivamente, expor argumentos que se tornam inevitáveis em um debate atual do problema. Quanto à produção dos nossos folcloristas, que subordinaram suas investigações à referida orientação, pensamos que ela pode ser apreciada positivamente tanto do ângulo do folclore, como disciplina humanística, quanto do das ciências sociais. Primeiro, porque as coleções com intuitos especificamente documentativos representam um importante começo para os estudos propriamente folclóricos. Eles poderão encontrar, nas coleções realizadas, um rico e indispensável ponto de partida. Segundo, porque essas coleções registram ocorrências que, de outro modo, não seriam 'documentadas'. Como tais ocorrências interessam, direta ou indiretamente, às investigações históricas, lingüísticas, psicológicas, etnológicas e sociológicas, é óbvio que os futuros desenvolvimentos das ciências sociais no Brasil terão muito que aproveitar das contribuições precursoras dos folcloristas. Isso quer dizer que a discussão crítica do assunto, em vez de conduzir a uma apreciação negativista, permite avaliar, com espírito positivo, o significado e o alcance da obra pioneira dos nossos folcloristas."[7]

d) "Parece claro que as duas tendências de observações e descrição do folclore, já consideradas, foram incapazes de conduzir ao conhecimento das manifestações folclóricas como parte dinâmica da vida humana em sociedade. As tentativas de reconstrução estética do folclore caipira foram incapazes por causa da inserção de elementos folclóricos reais em situações só existentes graças à liberdade proporcionada à imaginação criadora pela ficção. As inspirações que orientaram a maneira de encarar a vida caipira não tinham suficiente consistência para favorecer uma compreensão realista das condições de existência e dos valores culturais dos 'nossos caboclos'. Por isso, o resultado final da mistura da ficção com a observação direta foi um produto híbrido pouco autêntico e fidedigno sob vários aspectos. As tentativas de reconstrução do folclore, fundadas em propósitos científicos ambiciosos, nunca tentaram fixar senão os aspectos formais das manifestações folclóricas. É verdade que, de Amadeu Amaral a Rossini Tavares de Lima e Alceu Maynard de Araújo, se manteve constante a idéia de que o folclore constitui uma expressão da vida social e cultural de um povo. Todavia, essa idéia não produziu conseqüências práticas: nem episodicamente foram as ocorrências folclóricas descritas como um todo. Tal procedimento, por parte do folclorista, é justificável e compreensível, na medida em que a observação do folclore tem sentido imediato, para ele, como instrumento de trabalho, que lhe permite levantar materiais para a análise de elementos formais. Isso não exclui, porém, a necessidade de observar-se e conhecer-se o folclore como uma dimensão psicocultural das condições de existência social. Em São Paulo, esse tipo de abordagem começou a ser explorado graças à renovação intelectual, produzida pela instalação de centros universitários de ensino das ciências sociais.

---
7   "Os estudos folclóricos em São Paulo", op. cit., pp. 265-8.

O folclore oferece um campo ideal de investigação para os cientistas sociais. É que ele permite observar fenômenos que lançam enorme luz sobre o comportamento humano, como a natureza dos valores culturais de uma coletividade, as circunstâncias ou condições em que eles se atualizam, a importância deles na formação do horizonte cultural de seus portadores e na criação ou na motivação de seus centros de interesse, a relação deles e das situações sociais em que emergem com os sentimentos compartilhados coletivamente, a sua significação como índices do tipo de integração, do grau de estabilidade e do nível civilizatório do sistema sociocultural etc. Ao contrário do folclorista, o psicólogo, o etnólogo, o sociólogo não estudam o folclore propriamente dito, mas a sua inserção e influência na organização da personalidade, da cultura e da sociedade. Se precisam, como o folclorista, formar coleções de materiais folclóricos, o fazem movidos por outras ambições intelectuais, e suas descrições devem reter aspectos das manifestações folclóricas que podem ser negligenciados pelos folcloristas, porque só são relevantes para a compreensão e a interpretação da dinâmica da personalidade, da cultura e da sociedade.

Nos limites da presente discussão, devemos tratar, apenas, das implicações dos pontos de vista explorados nos estudos etnológicos e sociológicos do folclore feitos em São Paulo. Restringindo-nos ao essencial, três espécies de implicações merecem particular atenção: 1º) as que envolvem uma atitude crítica diante da tendência a conceber o folclore como disciplina científica autônoma; 2º) as que dizem respeito à delimitação do folclore como realidade objetiva; 3º) as que resultam do modo de encarar as conexões estruturais e funcionais do folclore com as demais esferas da cultura e com a dinâmica social.

Os dois primeiros tipos de implicações mereceram escassa consideração de nossos especialistas. A tendência a definir o folclore como disciplina científica autônoma lança profundas raízes em nosso passado intelectual, o mesmo ocorrendo com os professores universitários franceses, que tiveram a oportunidade de ocupar-se do assunto entre nós. Daí as acomodações intelectuais que acabaram prevalecendo, mesmo com referência às dificuldades criadas nas relações do folclore, concebido ao velho estilo, com as ciências sociais. Por volta de 1941, por exemplo, a assistente encarregada de orientar as pesquisas folclóricas dos alunos, em um curso universitário de sociologia, subordinava suas instruções às regras de registro de dados, de formação de coleções e de interpretação formuladas por autores como Sébillot e Saintyves! Essas influências se atenuavam, em parte por causa dos ensinamentos de Varagnac[8], quando se tratava de identificar as vinculações dos fatos folclóricos com outros fatos sociais. Mas, ainda aqui, elas se faziam sentir, inspirando uma delimitação demasiado ampla do fato folclórico, de acordo com a qual o folclore compreenderia, praticamente, todas as manifestações ou elementos da 'cultura popular'.

A idéia de que o folclore não é uma ciência positiva autônoma foi defendida, embora de forma incompleta, pelo autor do presente trabalho[9]. A discussão do assunto demonstrou que algumas concepções fundamentais para a definição do caráter científico do folclore repousam em verdadeiras prenoções. Assim, partindo da conhecida fórmula de Saintyves, segundo a qual 'o folclore é a ciência da cultura tradicional nos meios populares dos países civilizados'[10], foi fácil indicar a procedência extracientífica e a inconsistência dos argumentos em que se basearam os folcloristas que defendem aquelas concepções. Dois resultados da discussão possuem algum interesse geral. Primeiro, que 'não existe um conjunto de fatos folclóricos relacionados causalmente, cuja *natureza* o caracterizasse como objeto específico de uma ciência nova, com um campo de estudo

---

8 André Varagnac, *Définition du folklore*. Suivi de notes sur folklore et psychotéchnique et sur l'agriculture temporaire, la préhistoire et le folklore, Paris, Societé d'Éditions, 1938.
9 Florestan Fernandes, "Sobre o folclore", *Filosofia, Ciências e Letras*, n.º 9, set./1945, pp. 59-66; cf. ainda: "O folclore, o progresso e a burguesia", *O Estado de S. Paulo*, 19/8/1944; "O folclore como método", ibidem, 14/9/1944; "Mentalidades grupais e folclore", ibidem, 2/11/1944.
10 Cf. Pierre Saintyves, *Manuel de folklore*, Paris, E. Nourry, 1936, pp. 38-9.

sui generis – o folclore, no caso. Os fatos apresentados e caracterizados como folclóricos estão compreendidos numa ordem de fenômenos mais ampla – a cultura – e podem ser estudados como aspectos particulares da cultura de uma sociedade, tanto pela sociologia cultural como pela antropologia'[11]. Segundo, que a especificidade do folclore, como disciplina independente, deriva de procedimentos de interpretação fundamentalmente opostos aos que são empregados nas ciências sociais. Os folcloristas precisam considerar os elementos folclóricos de modo a abstraí-los de seus contextos culturais e sociais, seja na análise de identidades formais, seja nas investigações de intuitos classificatórios ou genéticos. Daí as desvantagens das improvisações, que podem resultar de incursões dos psicólogos, dos etnólogos ou dos sociólogos pelos domínios do folclorista, 'pois bem poucos podem enfrentar com sucesso o trabalho propriamente folclórico de filiação histórica, que exige uma especialização e um treino prolongados'[12]. Naquela época, entretanto, o autor compartilhava do ponto de vista de que o folclore é 'menos uma ciência à parte que um método de pesquisas'[13]. Só mais tarde, graças ao estudo dos procedimentos interpretativos explorados por Stith Thompson, em particular, é que chegaria à conclusão de que o folclore constitui uma disciplina humanística.

Quanto à delimitação do folclore como realidade objetiva, é possível distinguir três direções diferentes. Uma, que se inspira em Boas mas se fez sentir entre nós mediante a influência de Herskovits, restringe o folclore aos limites das objetivações culturais que se manifestam através dos mitos, dos contos, da poesia, das adivinhas, dos provérbios, da música e da dança. Ela pode ser ilustrada pelos trabalhos de Otávio da Costa Eduardo. Outra, que se pren-

---
11 Florestan Fernandes, "Sobre o folclore", op. cit., pp. 64-5.
12 Idem, p. 66.
13 Esse ponto de vista é defendido por vários folcloristas; a formulação apresentada ocorre no artigo de Jeanroy, sobre folclore, em *La grande encyclopédie*, t. XVII, p. 43.

de principalmente à influência de Redfield, amplia essa noção do folclore, de modo a abranger, também, técnicas, crenças e comportamentos rotineiros, de cunho tradicional, observáveis nas relações do homem com a natureza, com seu ambiente social ou com o sagrado. Ela pode ser exemplificada com os estudos de Gioconda Mussolini. Por fim, a mais inclusiva e elástica, freqüente nas investigações sociológicas, que converte o folclore em verdadeiro sinônimo da noção de 'folk culture' ou 'cultura popular'. Ela transparece nas contribuições de Roger Bastide e de seus discípulos, de Lavínia Costa Vilela e Osvaldo Elias Xidieh ao autor do presente artigo. De acordo com suas implicações, chegamos a encarar o folclore como compreendendo 'todos os elementos culturais que constituem soluções usual e costumeiramente admitidas e esperadas dos membros de uma sociedade, transmitidas de geração a geração por meios informais' e a supor que 'do ponto de vista da sistematização dos dados folclóricos essa conceituação tem a vantagem de englobar elementos da cultura material, ergológica, como elementos de natureza não material'[14]. Parece-nos evidente, atualmente, a vantagem de conceituações mais restritas e precisas, como as preferidas pelos etnólogos. Estes possuem, aliás, melhores recursos para situar o folclore como esfera da cultura e para defini-lo como fenômeno cultural, através de caracteres específicos, fundamentais e universais. Isso não nos deve impedir de reconhecer que o folclore se objetiva por meio de elementos culturais de ordem variável: como um artefato, certa técnica de cura ou determinado processo de lidar com a madeira e a pedra. O que cai nos limites do folclore, em casos semelhantes, não é o artefato, a técnica ou o processo como tais. Mas as emoções, os conhecimentos e as crenças que lhes são subjacentes, os únicos dados que nos facultam indagar, de modo direto ou indireto, quais são e como operam os móveis intelectuais que orientam o comportamento social humano – individual ou co-

---

14 Florestan Fernandes, "Sobre o folclore", op. cit., p. 65.

letivo – em ocorrências daquela espécie."[15] [Segue uma análise das contribuições dos etnólogos e sociólogos de São Paulo ao estudo do folclore.]

e) "Como se vê, são mais numerosos os trabalhos que tratam do folclore no mundo rural ou entre populações indígenas. Mas, mesmo nessas áreas, as contribuições dos etnólogos e dos sociólogos não prescindem da análise dos dados, que pode ser feita pelos folcloristas. Tendo que encarar o folclore como parte de constelações socioculturais mais amplas, aqueles especialistas acabam deixando de lado – tanto nas investigações monográficas quanto nas comparativas – muitas questões cruciais, que dizem respeito à elaboração formal dos temas folclóricos e às implicações literárias dos padrões estéticos ou filosóficos, inerentes à produção intelectual de cunho folclórico. Não obstante, elas podem ser enfrentadas e resolvidas por investigadores como os folcloristas, que possuem recursos para concentrar o esforço de observação e de análise nos processos da vida intelectual peculiares a formas de criação artístico-filosófica e a padrões de gosto estético que se exprimem através do contato pessoal, em situações grupais, e se diferenciam ou se perpetuam pela transmissão oral. Por aqui se evidencia, mais uma vez, o caráter especializado das tarefas dos estudiosos do folclore – ou seja: do folclorista em face do etnólogo e do sociólogo – e a interdependência desses estudos, que tomam por objeto a mesma realidade, mas de pontos de vista diferentes. Assim como a etnologia e a sociologia puderam beneficiar-se dos materiais acumulados pelos folcloristas brasileiros, a análise folclórica propriamente dita terá muito que aproveitar das contribuições dos etnólogos e dos sociólogos ao conhecimento do folclore brasileiro. É de presumir que essa interdependência se torne mais nítida e frutífera nos próximos anos, com o progresso das duas ordens de investigações do folclore em direção aos alvos humanístico-literários

---

15 "Os estudos folclóricos em São Paulo", op. cit., pp. 268-71.

ou científicos, que as justificam e as orientam para centros de interesses diversos."¹⁶

Não tenho a pretensão de supor que as idéias que defendo sejam as mais certas ou as mais justas. Ninguém possui monopólio da verdade em nenhum terreno do saber. Os folcloristas e os cientistas sociais brasileiros podem aceitá-las ou pô-las, simplesmente, de lado, sem prejuízo para o desenvolvimento dos estudos folclóricos no Brasil. Uma coisa, porém, merece ser ponderada. Elas representam o fruto de longa maturação intelectual, que se iniciou com meus primeiros tateios como pesquisador, ao coletar dados sobre o folclore de São Paulo, em 1941; e se prolongou, de maneira quase ininterrupta, até o presente ano, no qual decidi publicar materiais ainda inéditos dessa pesquisa¹⁷. Por pouco que elas representem, é impossível negar-me seja um propósito construtivo, na avaliação do labor intelectual do folclorista, seja coerência lógica, na formulação dos problemas que se impõem, forçosamente, em virtude dos interesses dos cientistas sociais na investigação do folclore.

Bem sei que seria mais cômodo abster-se de examinar as questões debatidas. Contudo, não acho produtivo avançar em ziguezagues. Os folcloristas e os cientistas sociais precisam ter a coragem de redefinir suas tarefas intelectuais e de reconhecer, explicitamente, os limites de suas especialidades. É um erro supor-se que o valor do conhecimento dependa, exclusivamente, de sua base científica. Antes da formação do pensamento científico, o homem já obtivera progressos notáveis na esfera do saber; e, após a constituição do

---
16 "Os estudos folclóricos em São Paulo", op. cit., p. 277.
17 Cf. trabalho a sair em *Anhembi*, a partir de setembro do corrente ano, "O folclore de uma cidade em mudança" (180 pp. datil.). O restante do material foi aproveitado nos seguintes estudos: "Folclore e grupos infantis", *Sociologia*, São Paulo, 1942, v. IV, nº 4, pp. 396-406; "Educação e cultura infantil", *Sociologia*, São Paulo, 1943, v. V, nº 2, pp. 132-46; "Aspectos mágicos do folclore paulistano", *Sociologia*, São Paulo, 1944, v. VI, nº 2, pp. 79-100, e v. VI, nº 3, pp. 175-96; "As 'Trocinhas' do Bom Retiro", contribuição ao estudo folclórico e sociológico da cultura e dos grupos infantis, separata da *Revista do Arquivo Municipal*, São Paulo, 1947, nº CXIII, 124 pp. "Cantigas de ninar paulistanas", *Trópico*, São Paulo, 1950, nº I, pp. 21-3 e 46; "Contribuição para o estudo sociológico das adivinhas paulistanas", separata da *Revista de História*, São Paulo, 1952, 58 pp.; "Contribuição ao estudo sociológico das cantigas de ninar", *Revista Brasiliense*, São Paulo, mar.-abr./1958, pp. 50-76.

pensamento científico, muitas coisas continuam a ser conhecidas e explicadas através de modalidades de saber não científicas. A aceitação dessa convicção é tão importante para o folclorista quanto para o cientista social. Para o folclorista, porque dela depende a compreensão objetiva da natureza e importância dos papéis intelectuais que lhe cabem, na observação e na interpretação do folclore. Para o cientista social, porque este não pode perder de vista que existem aspectos da vida humana em sociedade que precisam ser abordados por especialistas com treino nos ramos humanísticos do saber.

Haveria contradições nas idéias expostas? Pode ser que sim. Procuro lutar, dentro de minhas possibilidades intelectuais, contra as contradições. Penso que, muitas vezes, elas indicam inconsistências ou incongruências em nossos conhecimentos, embora também ocorra que elas sejam etapas inevitáveis na adaptação de nossa inteligência à complexidade das coisas ou das noções com que lidamos intelectualmente.

Eximindo-me de ponderações dessa ordem, que possuem teor altamente pessoal, dois pontos me parecem solidamente estabelecidos. O primeiro diz respeito ao fato de que o desenvolvimento das ciências sociais tende a forçar os folcloristas a reverem suas concepções fundamentais e suas orientações de trabalho. Se eu começasse atualmente minha carreira intelectual e me propusesse a fazer do folclore o principal centro de interesse das minhas investigações, teria dois caminhos a seguir. Se, por vocação ou por outro motivo qualquer, preferisse estudar o folclore em conexão com o comportamento humano, com a dinâmica da cultura e com a organização da sociedade, está fora de dúvida que teria de receber o treinamento usual dos cientistas sociais. Se, ao contrário, preferisse estudar o folclore em si mesmo, como e enquanto uma modalidade do saber humano, para pôr em relevo os caracteres lógicos, estéticos e literários que lhe são intrínsecos, então também está fora de dúvida que teria de receber o treinamento usual dos folcloristas. Ambas as coisas podem ser feitas e a mim me parece que ambas são igualmente necessárias e importantes para o conhecimento do folclore (sendo, inclusive, provável que uma pessoa com recursos intelectuais privilegiados possa dominar os dois tipos de formação). O que reputo injustificável é a perpetuação indefinida de atitudes ambíguas, que liberam os estudiosos de padrões definidos de produção intelectual, como se o folclore fosse um campo ideal para os livre-atiradores e para a gratuidade do pensamento. Essas afirmações ríspidas poderiam ser fartamente documentadas, pois todos nós sabemos quantas incursões de "folcloristas" e de "sociólogos", na seara do folclore brasileiro, são destituídas de qualquer espécie de fundamento ou de justificação séria.

O segundo ponto relaciona-se com o fulcro do nosso debate. Seria perfeitamente possível manter velhas representações acomodatícias: o folclore, como disciplina autônoma, não é uma "ciência", mas um "método científico". Ou, como ainda hoje se admite em vários círculos acadêmicos europeus, ele é uma "ciência especial". Quem tenha lido Windelband, inclusive, seria tentado a levar essa ginástica improdutiva mais longe, com a probabilidade de descobrir elucubrações suscetíveis de satisfazerem a gregos e a troianos. A distinção desse filósofo entre a "ciência nomotética" e a "ciência ideográfica" permite apresentar-se o folclore como uma disciplina que cairia na segunda modalidade da explicação científica. Qual seria, entretanto, a vantagem de semelhante procedimento? Ele esclareceria melhor as tarefas respectivas dos folcloristas e dos cientistas sociais na investigação do folclore? Suponho que não. A razão disso é simples. À medida que o folclorista se compromete com o método científico, ele perde as possibilidades de focalizar e de interpretar os aspectos do folclore que lhe compete estudar[18]. Esse é o busílis da questão, sobre o qual gostaria de chamar a atenção dos colegas brasileiros.

---

18 Sobre o assunto, além dos trechos transcritos acima, cf. o artigo do autor, "Objeto e campo do folclore", Suplemento literário de *O Estado de S. Paulo*, nº 75, 29/3/1958 (transcrito adiante).

Isso não impede nem poderia impedir que o folclorista se beneficie seja das contribuições fornecidas pelos cientistas sociais, seja de certas técnicas científicas de coleta e ordenação dos materiais. Vivemos numa civilização dominada pela ciência e pela tecnologia científica. Mesmo o filósofo, o esteta e o crítico literário não podem prescindir tanto de noções de cunho científico quanto de procedimentos de trabalho de origem ou de natureza científica. Ao aceitarem e ao aproveitarem certas contribuições do pensamento científico não se tornam, só por isso, *cientistas* – e seria uma calamidade se isso acontecesse... Para o bem da ciência, é preciso que se preservem e se alarguem os campos de especialidades não científicas, pelo menos porque tal condição constitui a única fonte de crítica e de avaliação neutra das descobertas dos cientistas. Restringindo-nos ao folclore, parece evidente que o folclorista pode tirar amplo partido dos conhecimentos acumulados pelos cientistas sociais. Qual é a função de determinado mito em certo tipo de civilização, o que explica sua perpetuação (com ou sem alterações formais e de significado social), por que ele se atualiza apenas em dadas circunstâncias socioculturais, quais são as razões que esclarecem as influências dinâmicas por ele exercidas no comportamento humano etc., são questões que só os cientistas sociais estão aptos a resolver. Os tratados de folclore, que tentam sistematizar conhecimentos a respeito de tais assuntos, não fazem mais que arrolar nomes de psicólogos, de etnólogos e de sociólogos que investigaram problemas desse gênero[19]. Doutro lado, há técnicas científicas de registro e de classificação de dados que são exploráveis em todos os campos do saber. Mesmo empresas industriais, comerciais e bancárias chegam a utilizar-se delas no presente! O folclorista que usar um gravador moderno apanha de modo muito mais completo o texto de um conto que pretenda analisar. O folclorista que adote técnicas modernas

---

19 Como exemplo, gostaria de citar um livro de boa qualidade de autor brasileiro: veja-se Osvaldo R. Cabral, *Cultura e folclore. Bases científicas do folclore*, Florianópolis, Comissão Catarinense de Folclore, 1954.

de tombamento e classificação de temas das composições folclóricas estará em condições de fazer um trabalho exaustivo em estudos comparativos. Assim por diante. Não é preciso prender o folclorista nas malhas do pensamento científico para dar-lhe a faculdade de explorar técnicas científicas de levantamento, depuração e ordenação dos dados de fato, algumas das quais se tornaram de emprego universal em nossa civilização. As impugnações, neste terreno, teriam procedência e legitimidade se as concepções que defendo fossem pertinentes à lógica do raciocínio do folclorista. Tomei o maior cuidado, porém, ao tratar desse assunto, ponderando que ele deve selecionar, coligir e tratar as evidências empíricas segundo critérios fornecidos pelas próprias disciplinas humanísticas.

Lamento que minhas idéias tenham chocado folcloristas brasileiros. Na verdade, ao se tornarem conhecidas, elas sofrerão novas impugnações, em tons de voz pouco propícios ao diálogo verdadeiramente útil e criador. Preferia que acontecesse o contrário, pois não haverá progresso autêntico, no estudo do folclore, sem especializações bem compreendidas e sem uma colaboração contínua, livre de prejuízos intelectuais. Acredito que precisamos, em nossos dias, retomar e superar a lição que nos foi legada por espíritos lúcidos do passado. O que um Sílvio Romero pretendia fazer, ao estudar o folclore brasileiro, só o cientista social poderia conseguir. O que um João Ribeiro desejava realizar, em seus brilhantes ensaios, só o folclorista com uma preparação não menos complexa poderia obter. Eles tiveram talento para descobrir os problemas, mas não dispuseram dos meios propícios à sua solução positiva. Graças ao ensino universitário, já demos passos enormes no domínio dos recursos intelectuais que nos faltavam. Contudo, não houve um progresso paralelo no uso inteligente desses recursos. Faltam-nos aquela grandeza de propósitos, aquela tenacidade indestrutível e aquela coragem intelectual que animavam as iniciativas desses grandes pioneiros. Com todas as limitações que não pretendo diminuir ou esconder, as idéias que proponho visam a estimular um salto na libertação da inteligência de procedimentos arcaicos e improdutivos, bem como na exploração eficiente dos recursos intelectuais de que já dispomos. O essencial é que os folcloristas e o cientistas sociais, empenhados realmente no estudo do folclore brasileiro, compreendam bem a necessidade de tomar consciência nítida de suas tarefas intelectuais respectivas e de lutar, de forma escrupulosa, contra os males da improvisação ou da pseudo-especialização.

CAPÍTULO 2 | Objeto e campo do folclore*

São conhecidas as dificuldades com que lutam os folcloristas para delimitar seu campo de trabalho e determinar a natureza do folclore, como disciplina autônoma. Ninguém contestaria, atualmente, que o folclore pode e deve ser estudado do ponto de vista científico. Contudo, o desenvolvimento das ciências sociais vem demonstrando, aparentemente de forma cabal, que essa circunstância não justifica a preocupação de dar ao folclore o caráter de ciência independente. Dos vários ângulos em que pode interessar à investigação científica, existe sempre uma disciplina capaz de promover a observação sistemática e a interpretação generalizadora dos dados folclóricos, como a psicologia, a psicologia social, a etnologia, a sociologia.

Entretanto, hoje parece mais ou menos evidente que os folcloristas do século passado e seus seguidores hodiernos possuem razão em um ponto básico: quanto à idéia de que o folclore deve ser encarado como disciplina autônoma, com problemas especiais e com uma perspectiva peculiar de explicação dos "fatos folclóricos". A análise feita por disciplinas como a psicologia, a psicologia social, a etnologia e a sociologia só é suscetível de esgotar as questões que devem ser explicadas em termos da abstração de conexões do fol-

---

* Suplemento literário de *O Estado de S. Paulo*, n? 75, de 29/3/1958.

clore com o comportamento humano, a dinâmica da cultura e a organização social que possam ser submetidas a alguma espécie de tratamento indutivo amplificador. Isso quer dizer que as ciências sociais deixam de lado, de modo inevitável, outras questões, concernentes a aspectos do folclore que não podem ser reduzidos à explanação nomotética ou generalizadora.

Ora, entre tais questões se incluem temas essenciais, de que dependem a própria explicação da natureza do folclore como forma de saber e como processo intelectual de criação ou de renovação de valores estéticos. Daí o fundamento da antiga concepção, que atribuía ao folclore a condição de disciplina acadêmica, com problemas especiais e com um ponto de vista inconfundível e autônomo.

Em suma, o folclore, encarado como realidade cultural, psicocultural ou sociocultural, constitui objeto de investigação científica. Nesses termos, ele pode ser descrito e explicado por disciplinas como a psicologia, a psicologia social, a etnologia e a sociologia, através de seus recursos comuns de pesquisa e de interpretação. Entendido como um campo especial de indagações e de conhecimento, ele constitui uma disciplina humanística, semelhante à literatura comparada, podendo lançar mão, como esta, de técnicas de trabalho científico, sem ser uma ciência propriamente dita. Embora algumas fases do processo de investigação dos cientistas sociais e dos folcloristas sejam fundamentalmente similares, em particular no que diz respeito à formação de coleções folclóricas, a contribuição deles à explicação dos "fatos folclóricos" difere entre si como o conhecimento estético contrasta com o conhecimento científico da realidade.

A falta de uma consciência clara dessa situação é responsável pela crescente confusão, que tende a estabelecer-se nas relações dos cientistas sociais com os folcloristas. Estes fazem finca-pé na posição daqueles; enquanto os cientistas sociais só raramente, como ocorre com uma Ruth Benedict ou com um Melville Herskovits, percebem a diferença essencial entre as duas abordagens e o sentido em que elas são complementares. O que se deve lamentar, nisso tudo, são as conseqüências de tais atitudes: os folcloristas, perdendo a noção do valor e da significação de seu trabalho de investigação, que não pode ser realizado pelos cientistas sociais, e estes a pretender discernir o campo e as tarefas do folclore como se ele fosse, simultaneamente, um ramo especial de cada uma das ciências sociais. Por paradoxal que pareça, todos sacrificam a especificidade do ponto de vista folclórico – ou à ambição de convertê-lo em disciplina científica autônoma ou à intenção de inseri-lo em uma disciplina científica inclusiva.

Os inconvenientes dessas atitudes são visíveis nos debates que se realizaram em torno da definição do "fato folclórico", no Congresso Internacional do Folclore, realizado em São Paulo, entre as comemorações do Quarto Centenário. Renato Almeida, em livro recente (*Inteligência do folclore*, pp. 36 e ss.), repôs debates na ordem do dia, contribuindo para que os folcloristas e os cientistas sociais brasileiros tenham nova oportunidade de tirar deles uma lição construtiva. É verdade que sua posição ficou prejudicada pelo hábito freqüente, entre os folcloristas, de confundirem o plano de trabalho e a abordagem do folclore com o que se faz (ou se deveria fazer) nas ciências sociais. Isso não empana o mérito maior, de forçar o reexame de uma questão que deve estar, de maneira constante, no espírito dos estudiosos do folclore, malgrado sua incapacidade de achar uma solução positiva para ela.

De acordo com as indicações fornecidas por Renato Almeida, a Comissão Paulista de Folclore, constituída por Oracy Nogueira, Rossini Tavares de Lima e Lizete Nogueira, apresentou ao referido congresso a seguinte resolução: "A Primeira Comissão Técnica do Congresso Internacional de Folclore aprova o seguinte conceito de *fato folclórico:* Considera-se *fato folclórico* toda maneira de sentir, pensar e agir, que constitui uma expressão peculiar de vida de qualquer coletividade humana, integrada numa sociedade civilizada.

O fato folclórico se caracteriza pela sua espontaneidade e pelo seu poder de motivação sobre os componentes da referida coletividade. A espontaneidade indica que o fato folclórico é um modo de sentir, pensar e agir, que os membros da coletividade exprimem ou identificam como seu, sem que a isso sejam levados por influência direta ou instituições estabelecidas. O fato folclórico, contudo, pode resultar tanto de invenção como de difusão.

Por poder de motivação do fato folclórico se tem em vista que, sendo ele uma expressão da experiência peculiar de vida da coletividade, é constantemente vivido e revivido pelos componentes desta, inspirando e orientando o seu comportamento.

Como expressão da experiência, o fato folclórico é sempre atual, isto é, encontra-se em constante reatualização. Portanto, sua concepção como sobrevivência, como anacronismo ou vestígio de um passado mais ou menos remoto, reflete o etnocentrismo ou outro preconceito do observador estranho à coletividade, que o leva a reputar como mortos ou em via de desaparecimento os modos de sentir, pensar e agir desta.

Como expressão da experiência de vida peculiar da coletividade, o fato folclórico se contrapõe à moda, como à arte, à ciência e à técnica eruditas modernas, ainda que estas lhe possam dar origem."

Não nos importa, no momento, fazer crítica ao conteúdo dessa sugestão. São perceptíveis alguns dos defeitos básicos, que a credenciam como uma tentativa logicamente gorada. Assim, ela põe em relevo a noção de *experiência de vida peculiar da coletividade*, mas é sabido que nem toda experiência dessa espécie pode ser considerada como *folclórica*. Portanto, a definição carece de especificidade. Doutro lado, a delimitação operada restringe o folclórico ao que ocorre em "sociedades civilizadas", o que é um retorno a noções dos folcloristas do século passado, contra as quais lutam, com razão, tanto seus sucessores hodiernos quanto os cientistas sociais. No caso, já não se poria em dúvida a conveniência de uma delimitação inclusiva, válida para as "sociedades primitivas" e para as "sociedades civilizadas". Por fim, outras noções são igualmente discutíveis, como as que se referem à "influência direta" ou das "instituições" na estrutura e no funcionamento do folclore. Tanto o controle pessoal e direto quanto a operação de instituições têm importância e chegam a fazer parte estrutural e funcional dos sistemas de ação, que abrangem componentes folclóricos. Todavia, no presente artigo apenas pretendemos ressaltar quão grande pode ser a confusão, quando os critérios de trabalho do folclorista e dos cientistas sociais são misturados, sem o necessário discernimento.

Na verdade, o que caracteriza a abordagem do folclorista é a maneira pela qual ele considera os fatos folclóricos, no plano da descrição e no plano da interpretação. Ao contrário do cientista social: 1º) no plano da descrição, ele precisa focalizar o folclore nas condições imediatas totais, que cercam a atualização dos elementos observados, pondo ênfase nas particularidades que fazem da situação descrita algo único e inconfundível; 2º) no plano da interpretação, ele tem de abstrair, nos limites em que isso é possível mediante a indução circunstancial, os elementos analisados do contexto psicocultural e social em que eles se inserem. Por causa da primeira implicação do ponto de vista folclórico, a descrição folclórica constitui uma modalidade histórica de representação da realidade: os fatos são incorporados na discussão mais complexa do "acontecer", em que contam todos os elementos da situação, independentemente do papel relativo que cada um deles possa preencher na determinação dos efeitos registrados (sejam eles estáveis ou instáveis). Por causa da segunda implicação, a interpretação folclórica tende para o modelo da explicação estética: apanha os aspectos estáveis da realidade nas condições em que eles se apresentam como partes de um "sistema fechado", que tem a capacidade de reproduzir-se preservando, ininterruptamente, os componentes essenciais da estrutura do sistema; e compreende os aspectos instáveis da realidade nas condições em que eles se associam a influências particulares irreversíveis. Esse tipo de abordagem contrasta de modo tão flagrante com a abordagem inerente à explicação científica – tanto no plano da descrição quanto no da interpretação da realidade – que é dispensável insistir sobre tal assunto.

Não obstante, os autores da resolução procederam como se, na prática, tais diferenças pudessem ser negligenciadas. Em vez de insistirem sobre caracteres formais, igualmente relevantes para folcloristas e cientistas sociais, combinaram critérios exclusivos de trabalho. Isso se revela na maneira de considerar o folclore como parte da situação social de existência dos agentes, procedimento típico dos cientistas sociais; no apego à fórmula que faz dele um segmento cultural característico de coletividades que pertencem a "sociedades civilizadas", procedimento típico dos folcloristas do passado etc. Apesar do sentido altamente positivo da caracterização (pelo menos do ponto de vista das ciências sociais), ela possui escassa importância para os folcloristas e conduz ao risco de aumentar a grande confusão já existente entre o folclore como disciplina autônoma e as ciências sociais.

À luz desses argumentos, parece que a comissão, encarregada pelo plenário de examinar a proposta (dela faziam parte Stith Thompson, Jorge Dias, Georges Henri Riviéri, Luiz Valcarcer e Joaquim Ribeiro), andou bem em rejeitá-la, adiando a solução para momento mais oportuno. Parece também destituída de fundamento a opinião de Renato Almeida, de que "a posição do Congresso de São Paulo foi inexplicavelmente retrógrada". Os especialistas, reunidos em congressos, não podem resolver questões controvertidas em suas matérias, pelo menos enquanto os conhecimentos disponíveis são insuficientes para estabelecer alguma base apreciável de consenso. Doutro lado, os mesmos argumentos sugerem que os folcloristas, bem como os cientistas sociais brasileiros interessados no estudo do folclore, devem refletir sobre o conteúdo da proposta e os motivos de sua impugnação. Semelhante reflexão poderá ser muito útil à formação de concepções que permitam delimitar, adequadamente, os respectivos campos de trabalho de uns e outros.

CAPÍTULO 3 | Folclore e sociedade*

"O folclore constitui uma realidade social" – essa é uma convicção compartilhada, igualmente, por folcloristas e cientistas sociais. Ambos dão realce a esse ponto de vista, esquecendo-se de que as implicações da afirmação variam conforme o contexto de pensamento que se considere. De minha parte, acredito que os debates a respeito das relações entre o folclore e as ciências sociais teriam muito a ganhar se os folcloristas atentassem melhor para a natureza das tarefas intelectuais que o psicólogo social, o etnólogo ou o sociólogo se propõem. Para encerrar minha participação nesses debates, gostaria de ventilar alguns aspectos do assunto, com as limitações inevitáveis em discussões sumárias de temas complexos...

Pondo de lado o óbvio, precisaríamos partir de duas considerações de ordens distintas. Primeiro, como o cientista social "descreve" o folclore; segundo, como ele o "interpreta". Ou seja, em outras palavras, deveríamos nos situar no *plano da descrição* e no *plano da interpretação* do folclore, para entender e dar o devido valor àquela afirmação, quando ela for feita por cientistas sociais.

Não basta admitir, ao pé da letra, que o "folclore é uma realidade social" para descrevê-lo como tal. Uma "festa" ou uma "cerimônia" possui várias dimensões e aspectos psicossociais e sociocultu-

---

* Suplemento literário de *O Estado de S. Paulo,* nº 199, de 17/9/1960.

rais. O psicólogo, o etnólogo ou o sociólogo precisam reter, no campo de observação, aqueles aspectos que interessam especificamente às suas disciplinas, sem prejuízo da reconstrução da "festa" ou da "cerimônia" como um todo. Daí não ser fácil proceder à coleta, à sistematização e à crítica dos dados de fato. Lembro-me dos trabalhos de Antonio Cândido, sobre a cultura cabocla. Ele se deslocava para comunidades diferentes para apreciar ocorrências que já conhecia no essencial, através de pesquisas prévias. Procurava estar presente com antecedência suficiente para acompanhar todas as fases que precediam à preparação de uma "festa"; permanecia na localidade durante sua realização e, posteriormente, o tempo necessário para verificar como se refletia na rotina da vida social e nas atividades de determinados personagens das comunidades investigadas. Por que essas exigências? Porque, de outra forma, não se poderia relacionar, devidamente, as ocorrências folclóricas às situações sociais de vida. Aquelas não são *sociais* apenas porque abrangem manifestações de grupos inteiros de pessoas, porque possuem uma ordem suprapessoal e porque correspondem a emoções ou ideais partilhados coletivamente. Elas são sociais em sentido mais amplo: 1. nesse, de exprimirem modalidades do comportamento coletivo; 2. e em outro, de se vincularem às condições da vida social organizada da comunidade, assumindo, por isso, o caráter de ocorrências que satisfazem a necessidades psicossociais e socioculturais determinadas. Para identificar, compreender e interpretar essas necessidades, o cientista social precisa descrever as ocorrências folclóricas através das motivações, das situações sociais de vida e das compensações que entram em jogo. Um lapso qualquer, por pequeno que seja, poderá ser fatal à sua capacidade de perceber e de representar analiticamente as ocorrências folclóricas como um todo socialmente integrado.

Do mesmo modo, não basta asseverar que o "folclore é uma realidade social" para que as explicações das ocorrências folclóricas tenham teor psicológico, etnológico ou sociológico. É preciso fazer alguma coisa mais: estabelecer ligações, que permitam interpretar estrutural, funcional ou causalmente as ligações das referidas ocorrências com os fatores, condições ou efeitos psicossociais e socioculturais do comportamento humano organizado. Aqui, os especialistas podem defrontar-se com imensa variedade de problemas, o que se reflete na multiplicidade de abordagens possíveis. Está claro que, se a interpretação pretende ser exaustiva, a reconstrução precisa ser tão "exata" e "completa" quanto for possível. O leitor compreenderá esta afirmação lendo uma monografia como *Argonauts of the Western Pacific*, de Malinowski. Esse etnólogo fala das múltiplas "ramificações" de uma instituição como a *kula* (uma espécie de troca cerimonial, praticada pelos trobriandeses) com todo o resto do sistema sociocultural. Tais *ramificações* obrigaram o especialista a considerar ligações que prendiam a instituição às condições materiais e ecológicas de vida, à estrutura social, ao prestígio de indivíduos e de grupos, à diversão, à técnica, à religião, à magia, à organização do poder etc., e por aí às palavras e à linguagem, como sistema de símbolos articulados, às representações morais e aos valores centrais da cultura. Em outras palavras, a explicação identifica liames que nos dão conta do *uso*, da *forma*, do *significado* e da *função* da instituição em diferentes níveis de análise.

Portanto, uma coisa é afirmar que o "folclore é realidade social"; outra, bem diversa, consiste em descrevê-lo ou interpretá-lo como tal. Para que a afirmação tenha sentido, precisa acompanhar-se de procedimentos que comprovem a autenticidade do ponto de vista. Vendo-se as coisas desse ângulo, o progresso realizado efetivamente pelos nossos folcloristas é quase nulo. Eles repetem uma noção que foi difundida desde Sílvio Romero, sem promover a adequação paralela dos processos de observação, descrição e interpretação da realidade folclórica às implicações inevitáveis do referido ponto de vista. Ainda que seja penoso reconhecê-lo, a situação presente traz à memória as palavras candentes mas serenas e justas de Amadeu Amaral: "Mas, aqui mesmo é que aparece uma circunstância um tanto alarmante. Sem querer desfazer dos trabalhos alheios, os quais, ao contrário, me prezo de levar muito a sério, e de estimar deveras, é impossível não reconhecer que algumas das colheitas registradas em livros ou divulgadas em revistas e jornais ainda trazem muito visíveis os traços de um pernicioso diletantismo – um diletantismo que, parecendo querer subordinar-se ao espírito da ciência, não tem, na verdade, nem a curiosidade científica, nem a gravidade, nem a objetividade, e antes leva a brincar com os assuntos: e a divertir o leitor fácil de contentar" (*Tradições populares*, pp. 20-1).

Agora, se a questão se coloca em outro plano, o de saber se os nossos cientistas sociais incorrem ou não em defeitos mais ou menos graves, a coisa muda de figura. Estou plenamente convencido de que os cientistas sociais foram, por diferentes razões e em graus naturalmente variáveis, levados a produzir trabalhos que contêm limitações indisfarçáveis. Para não ofender melindres compreensíveis, posso examinar essas limitações à luz dos meus próprios trabalhos. Sou o primeiro a reconhecer que todas as minhas contribuições ao estudo do folclore paulistano ou paulista são insanavelmente lacunosas e incompletas, descritivamente falando. Aí, sem ter as qualidades das análises propriamente folclorísticas, as minhas contribuições apresentam os mesmos defeitos dos trabalhos dos folcloristas. A rigor, não realizei nenhuma descrição verdadeiramente sociográfica de um folguedo infantil, de um procedimento de cura, de uma cantiga de ninar etc. Já no plano da interpretação, as críticas que me podem ser dirigidas relacionam-se com a exploração sistemática apenas de pistas abertas por material "salvo" desordenadamente. A pesquisa foi feita sem intenções definidas de análise; quando os problemas se evidenciaram, não puderam ser resolvidos com todo o material empírico indispensável e com o rigor metódico que se impunha. Contudo, onde as pistas foram aproveitadas, a fundamentação empírica das afirmações, presunções ou conclusões dá conteúdo positivo e caráter sociológico às análises desenvolvidas. Aliás, nas principais publicações se encontram referências explícitas às limitações expostas, produtos naturais da improvisação e da precariedade das condições de trabalho, com que contamos em nosso campo.

Admitidas essas ressalvas, ninguém poderá afirmar a falta do intento de aplicar o ponto de vista segundo o qual o "folclore é realidade social". Ele é explorado tanto na análise da organização social nos grupos infantis e das influências socializadoras do folclore correspondente quanto em outras direções interpretativas, que tomaram por objeto: a motivação ou os efeitos sociais das práticas mágicas; o uso, o significado e as funções sociais das cantigas de ninar; as relações dinâmicas das adivinhas com o comportamento manifesto dos agentes humanos ou com a mudança social na cidade de São Paulo etc. Portanto, a *moral da história* é desoladora. Os folcloristas estão suscitando um debate sem nenhum intuito sério e construtivo. Defendem-se, para salvar um padrão de trabalho intelectual que não pode ser mantido sem graves prejuízos para os próprios estudos folclóricos. Ao atacarem seus colegas, porém, não sabem nem "onde cantou o galo...". Não chegam, sequer, a fazer a crítica procedente e construtiva, que os cientistas sociais põem em prática sobre as próprias contribuições – o que abre um círculo vicioso. Para sair dele, é preciso ter coragem para enfrentar a situação que se criou, com o advento das ciências sociais e a implantação da mentalidade científica em nosso meio. Só um caminho parece ser produtivo – o da autocrítica objetiva, nos moldes das apreciações acima transcritas, de Amadeu Amaral, combinada à colaboração interdisciplinar. Quando os cientistas sociais puderem juntar seus esforços aos dos folcloristas, estou quase certo de que cometerão lapsos de menor alcance e produzirão trabalho de melhor qualidade científica. Acredito que a recíproca seja verdadeira, pois o isolamento e as incompreensões atuais vitimam de preferência os folcloristas, que não dispõem de um padrão de trabalho consagrado nem dos influxos salutares de uma vigilância exigente.

CAPÍTULO 4 | Folcloristas em confronto*

Alguns folcloristas de São Paulo e do Rio de Janeiro vêm fomentando uma espécie de polêmica em torno da natureza do folclore como disciplina independente. Afirmam que o folclorista deve descrever e interpretar os dados folclóricos como fenômenos sociais, de maneira a considerá-los como parte das situações de vida em que eles forem observados. Nada tenho a opor a essa afirmação, pois desde 1941 venho tentando focalizar o folclore de uma perspectiva sociológica.

Mas, ocorre-me perguntar: o que têm feito esses folcloristas em favor do ponto de vista que advogam? Suas contribuições ao estudo do folclore brasileiro por acaso se inspiram em modelos de descrição e de análise fornecidos por disciplinas como a psicologia, a etnologia e a sociologia? Em que trabalhos eles fizeram, mesmo esparsamente, interpretações que ponham em evidência o fato de estarem laborando em prol do conhecimento dos processos psicossociais ou socioculturais subjacentes às manifestações folclóricas?

Não é difícil responder a perguntas desse gênero. Os folcloristas em questão procedem como os demais colegas brasileiros, limitando-se à formação de coleções de materiais folclóricos, coligidos de modo assistemático. Revelam, mesmo, especial incapacidade de

---

* Suplemento literário de *O Estado de S. Paulo*, n? 176, de 2/4/1960.

aplicar o próprio modelo folclorístico de análise dos dados folclóricos, terreno em que são suplantados por aqueles seus colegas. É de notar que os mentores dessa polêmica inócua se incluem – o que poderia ser facilmente demonstrado – entre os responsáveis pelas piores coleções de que dispomos, feitas de materiais recolhidos sem critério por terceiros e editados sem nenhuma tentativa de ordenação metódica dos dados.

Em que ficamos? Ao que visam alcançar tais folcloristas, com suas afirmações enfáticas, com suas atitudes polêmicas e com suas deformações deliberadas das idéias ou das concepções dos que procuram estudar o folclore brasileiro de perspectiva etnológica ou sociológica? De minha parte, acredito que mal vale a pena discutir o assunto. Quem pode fazer certa coisa, de determinada maneira, não precisa apregoar aos quatro ventos que é capaz de realizá-la.

De qualquer forma, gostaria de deixar patente o que penso da duvidosa posição em que ficam esses folcloristas: eles não lançam areia nos olhos de ninguém e muito menos nos meus. Não há coerência entre o que afirmam e o que fazem, já que os pontos de vista que propugnam nada têm a ver com sua produção intelectual conhecida e publicada. O folclore é uma realidade social: muito bem! Então adotem procedimentos que permitam descrevê-lo e interpretá-lo como realidade social. Não garatujem escritos sem seriedade científica, sem teor sistemático e sem caráter positivo. A mim pouco importa que se chamem aos estudos que fizerem de "análise folclórica", de "análise sociológica" ou lá o que seja. O que é intolerável e injustificável é a mistificação que se oculta atrás de suas elucubrações, de quem não lê ou de quem lê sofregamente, com a intenção de empulhar a boa-fé alheia.

Bem sei que há folcloristas e folcloristas. No Brasil temo-los dos bons e dos sofríveis. Enquanto os primeiros trabalham paciente e meticulosamente, alargando as fronteiras dos nossos conhecimentos sobre o folclore brasileiro, os últimos tiram variados proveitos de assuntos que mereceriam melhor destino. Inclusive, se continuarem senhores da arena e conseguirem sucesso em suas maquinações, dentro de pouco os estudiosos do folclore temerão ser reconhecidos como *folcloristas*. A palavra se tornará deprimente, associando-se a um jargão e a hábitos intelectuais pouco recomendáveis. Parece-me dramático que semelhante degradação possa atingir uma disciplina que se desenvolveu no Brasil antes da introdução do ensino universitário e que se prestigia, ainda hoje, pela herança deixada por homens como Sílvio Romero, João Ribeiro, Amadeu Amaral, Mário de Andrade, Pereira da Costa, Rodrigues de Carvalho, Simão Lopes Neto, Afonso Arinos, Alberto Faria, para só falar de alguns.

Contudo, há algo mais a assinalar. Tomemos a contribuição do representante típico do nosso folclorista modesto e laborioso, que não pensa em outra coisa senão em coligir dados sobre determinados aspectos do folclore brasileiro. Ela só nos oferece, em regra, coleções de elementos folclóricos, com freqüência registrados com amor e ordenados com método. Algumas vezes ela vai além, abrangendo interpretações propriamente folclóricas, segundo padrões de análise que traduzem a intenção de explicar as origens dos itens ou composições considerados, a distribuição deles no Brasil, os mecanismos de sua atualização ou de sua transformação etc. O que ela não contém são afirmações tortuosas, sobre métodos, orientações ou princípios ignorados ou inexplorados por seus autores. Para tudo resumir com poucas palavras, trata-se de uma contribuição que não ostenta uma fachada postiça, destinada a iludir os incautos. É pura gema, como o objeto de que se ocupa. A modéstia acompanha a honestidade: as coleções, feitas com sacrifícios, são chamadas de "achegas"; e o estudioso comunga com o homem que "vive" o folclore, estabelecendo com ele uma corrente de comunhão, fundada na valorização profunda das manifestações folclóricas. Não tem e mesmo ignora preferências metodológicas. Sem ser tosco, como o homem rústico, sente respeito por sua pessoa humana e jamais tentaria explorar o *folclore vivido* como instrumento para outros fins.

O que devemos pensar da contribuição desse folclorista? Ela perde em seu valor pela falta de alarde de tributos inexistentes? É claro que não. O seu valor substantivo está nas próprias coleções, ainda que algumas vezes ele também esteja no modo de fixar as ocorrências folclóricas ou nas análises feitas. Esse valor ninguém lhes poderia negar e é nele que repousa o teor positivo da maioria de nossas monografias folclóricas.

Gostaria de ressaltar os méritos desse trabalho, feito com simplicidade e com ternura. Graças a ele pelo menos parte do folclore de determinadas regiões foi "registrada" e "documentada". O registro pode ter sido defeituoso e incompleto; o que não impede que, de outra forma, as ocorrências assinaladas acabariam ignoradas ou desconhecidas. Além disso, essas coleções oferecem-nos ricos pontos de partida ou de referência para a interpretação propriamente dita. Outros folcloristas poderão lançar mão dos dados nelas contidos, seja para organizar coleções mais completas, seja para obras de cunho analítico e interpretativo (análise de itens, estudos classificatórios etc.). Os cientistas sociais, por sua vez, encontram nelas material básico para o estudo de problemas do comportamento humano que podem ser formulados e investigados através de objetivações do folclore brasileiro. Portanto, o paciente formador de coleções serve a seus colegas, especializados em tarefas mais complexas, tanto quanto a outros especialistas, devotados a uma espécie de aproveitamento dos dados folclóricos que escapa à alçada do folclorista propriamente dito.

Duas lições decorrem dessa digressão. A primeira consiste em que há autenticidade, virtude e integridade no labor intelectual do *folclorista-colecionador*, como ele já tem sido designado por seus colegas. Os folcloristas que apregoam o que não fazem – nem possuem aptidões para fazer – deviam mirar-se nesse espelho. No fim de contas, o acúmulo de dados representa uma condição deveras mais importante para o progresso dos estudos sobre o folclore brasileiro que a proliferação de meras "verbalizações metodológicas".

A segunda lição diz respeito ao verdadeiro cerne dos debates. Precisamos, com urgência inegável, ampliar e elevar os padrões de trabalho intelectual, imperante nos estudos folclóricos, tanto no que concerne à descrição quanto no que tange à interpretação das ocorrências folclóricas. Para isso, só vejo um caminho digno dos espíritos construtivos e da mentalidade científica: a colaboração interdisciplinar. Os que lançaram, uns contra os outros, os trabalhadores intelectuais que cultivam o mesmo campo de indagações empenharam-se numa tarefa ingrata e destrutiva. Existem defeitos e limitações nas contribuições dos cientistas sociais? Os folcloristas que os apontem, com objetividade, auxiliando-os a corrigi-los. Existem defeitos e limitações nas contribuições dos folcloristas? Tenham estes o ânimo de admiti-los e de lutar pela superação deles.

Na verdade, cientistas sociais e folcloristas estão longe de ter alcançado um padrão ideal de trabalho no estudo do folclore brasileiro. Os próprios folcloristas reconhecem que ainda precisam aperfeiçoar suas técnicas de registro e colecionação de dados, bem como quase estão na estaca zero na utilização positiva da análise folclorística. Os cientistas sociais se acham em situação parecida, pois levam, sobre os folcloristas, a desvantagem de serem noviços em setores largamente explorados, ainda que segundo outras técnicas e inspirações.

A cooperação entre folcloristas e cientistas sociais constitui o único meio para corrigir as diferenças de abordagem e de análise especializada. Se o folclorista teimar em obter, pelos recursos de que dispõe, conhecimentos sobre o folclore brasileiro que só podem ser fornecidos pelos cientistas sociais, por força terá de fazer obra lacunosa e criticável. O mesmo se poderá dizer dos cientistas sociais, que não devem trilhar o caminho da improvisação, mas sim procurar, na colaboração dos folcloristas, os conhecimentos que estes estão em condições de proporcionar-lhes. O trabalho interdependente seria estimulante e criador, recomendando-se como o verdadeiro alvo essencial. Dá o que pensar ter sido ele posto de lado, de maneira tão afoita e inconsistente. O que pretendiam os folcloristas que escolheram tão estranha via de defesa *"científica"* do folclore? Valorizarem-se, pela impressão, diante de seus colegas? Evitarem a concorrência com outros especialistas, em uma seara que começa a ser vigiada segundo critérios novos? O monopólio da liderança de investigações, que estão abertas aos que tiverem qualificações para realizá-las? A continuidade de uma situação cômoda, no mau uso dos recursos do IBECC e de outros órgãos públicos, devastados em projetos capengas "de preservação" ou "de investigação" do folclore? É difícil dizer. Parece patente, porém, que suas aspirações não conduziam a propósitos úteis e positivos, os quais teriam levado à escolha de recomendações baseadas no respeito mútuo e na cooperação interdisciplinar entre folcloristas e cientistas sociais.

CAPÍTULO 5 | Sobre o folclore*

O folclore, como forma de conhecimento "científico", é uma das mais audaciosas aventuras do século XIX. Ele nasceu de uma necessidade da filosofia positiva de Augusto Comte e do evolucionismo inglês de Darwin e Herbert Spencer; e, também, de uma necessidade histórica da burguesia. Pois ele se propõe um problema essencialmente prático: determinar o conhecimento peculiar ao *povo*, através dos elementos materiais que constituíam a sua *cultura*[1]. Ou seja, o folclore propunha-se estudar os modos de ser, de pensar e de agir peculiares ao "povo", por meio de fatos de natureza ergológica, como técnicas de trabalhar a roça, ou manipular metais, de transporte ou de esculpir objetos etc., e de natureza não material, como as lendas, as superstições, as danças, as adivinhas, os provérbios etc.

A necessidade de estudos desse gênero estava incluída no modo de compreender a vida humana e os fenômenos a ela relacionados

---

* *Filosofia, Ciências e Letras*, nº 9, set./1945, pp. 59-66.
1 Para os autores da época e ainda para alguns folcloristas contemporâneos o termo *cultura* significaria o patrimônio cultural das classes mais elevadas; e seria, caracteristicamente, uma cultura transmitida por meios escritos, compreendendo todos os conhecimentos científicos, as artes em geral e a religião oficial. O termo *folclore* significaria e abrangeria, pois, todos os elementos que constituem o que se poderia entender como "a cultura das *classes baixas*", transmitida oralmente. Aqui começou a série de analogias e termos de comparações entre os "meios populares" e os "primitivos", no folclore, ambos considerados povos pré-letrados ou "incultos", isto é, gente sem a *cultura* das classes "superiores".

– principalmente os culturais – pelos positivistas e evolucionistas. Porque, se se admite que o desenvolvimento da sociedade é gradual, à semelhança dos seres vivos, passando a sociedade sucessivamente de uma fase ou estado para outro posterior e imediato, é claro que a simples análise dessas fases ou estados em conjunto se revelaria insuficiente, porquanto a persistência de elementos relativos a etapas mediata ou imediatamente anteriores é inevitável. A explicação desse fenômeno – persistência de elementos sobreviventes, de etapas anteriores – constituía, portanto, um dos problemas de grande importância para o pensamento da época, no mínimo para impedir a invalidação de seu esquema de compreensão da vida naquilo que eram exceções à regra geral[2] e que no fundo constituíam formas de conduta incompatíveis com os valores característicos e dominantes num estado qualquer considerado – o "positivo", por exemplo, para Comte – estabelecido teoricamente.

Daí decorreu o primeiro ponto de partida dos teóricos e pesquisadores do folclore: o "progresso" não se processa uniformemente na sociedade, havendo por isso camadas da população que não participam do desenvolvimento da mesma sociedade ou apenas o acompanham com retardamento evidente. E os elementos culturais, que constituem o patrimônio cultural dos indivíduos a elas pertencentes, não se sintonizam dinamicamente com a cultura tomada como um sistema ou como um todo orgânico e por isso deixam de refletir integralmente a evolução cultural da sociedade. Assim, nesse esquema puramente evolucionista e em certo sentido simples imagem do desenvolvimento biológico, os primeiros folcloristas admitiam que o folclore abrangia tudo o que culturalmente se explicasse como apego ao passado, às soluções costumeiras e rotineiras, compreendendo todos os elementos que a secularização da cultura substituía por outros novos (por exemplo: o tratamento de

---

[2] É preciso notar que esse problema não preocupou profundamente Comte ou Spencer, os quais, admitindo a possibilidade de "sobrevivências" desse gênero, viam nelas apenas conseqüências da evolução, corrigíveis pela própria evolução, mas sobretudo os seus contemporâneos.

doenças por processos da medicina empírica; a explicação do mundo, a origem divina dos fenômenos naturais etc., que não fosse formulada por uma religião conhecida; utilização de elementos incompatíveis com a civilização científica – como o carro de boi em áreas urbanas etc. – ou explicações acientíficas de qualquer ordem), e ainda os elementos característicos de estilos de vida considerados típicos, particulares a certos agrupamentos (técnicas especiais de plantio, de talho das árvores; processos de derrubada com as "queimadas", entre caboclos; trabalhos coletivos, como o "mutirão", e todas as técnicas empregadas no trabalho de produção manual etc.).

Em síntese, o objeto do folclore seria – pode-se falar assim, dentro desse esquema – o estudo dos elementos culturais praticamente ultrapassados: as "sobrevivências". Ou seja, como o definiu Sébillot[3]: "a ciência do saber popular", partindo da significação do próprio vocábulo (*folk* = povo; *lore* = saber), tal como o propusera seu criador, William Thoms[4]. Essa é a pista seguida por Saintyves na definição que apresentou mais tarde e que logo se tornou clássica, principalmente entre os folcloristas latinos: "o folclore é a ciência da cultura tradicional nos meios populares dos países civilizados"[5]. Essa definição, entretanto, é um verdadeiro juízo de valor, quer no que se refere aos "meios populares", como no que concerne aos chamados "países civilizados" – e não poderia ser diferente, levando-se em conta o que apontamos acima: havia um compromisso muito forte em relação aos pontos de vista da filosofia do "pouco a pouco" do século XIX.

Os "meios populares" seriam, como deixamos entrevisto, os "grupos atrasados", as "classes baixas" ou a "gente do povo"[6]. Compreen-

---

3 Paul Sébillot, *Le folk-lore – Literature orale et éthnographie traditionelle*, Paris, 1913, pp. 2-3.
4 Sobre a definição do termo veja-se a crítica de André Varagnac, *Définition du folklore*, Paris, 1938, pp. 7 e ss. No sentido restrito inglês, todavia, *folk* compreende apenas os indivíduos pertencentes à zona rural, ao campo.
5 *Manuel de folklore*, Paris, 1936, pp. 38-9; veja-se também A. Varagnac, "Le folklore", in *Le sciences sociales en France*, Paris, s.d., pp. 118 e ss.
6 René Maunier, "Folclore juridique", in *Archives de Philosophie du Droit et de Sociologie Juridique*, n.os 13-14, pp. 7 e 10.

deriam, no dizer de Maunier, os menos civilizados nos países civilizados – os que pensam e agem em função do passado, do realizado. Desse modo, o folclore consistia, numa cômoda expressão, na "cultura do inculto" (em contraposição à cultura do "culto", expressa, para esses autores, pela literatura, pela ciência, pela filosofia e pela religião *oficial*). O segundo juízo de valor da definição – "os países civilizados" – não merece análise especial. Em todo caso é bom esclarecer que "país civilizado", nesse sentido, constitui outra fórmula cômoda para se designar as "nações mais evoluídas". Vê-se, pois: ambos os preconceitos são conseqüência do significado do "progresso" entre esses autores.

Como o *povo*, num país civilizado, é que lançaria mão, quase que com exclusividade, dos elementos folclóricos, é claro que daria origem a um novo tipo de conhecimento – o "saber popular", a que nos referimos acima. E assim, do estudo desses elementos, toda uma nova lógica poderia ser evidenciada, a lógica do povo, característica desse tipo *sui generis* de pensamento. Era a repetição pura e simples do que Levy-Bruhl fizera ao analisar a cultura dos primitivos, diferenciando a mentalidade pré-lógica dos povos naturais da mentalidade lógica dos civilizados, apenas com a ressalva de que os dois tipos de mentalidades ocorreriam, nesse caso, num mesmo agrupamento humano – as *sociedades civilizadas*.

Por isso, pode-se dizer que a sociedade seria uma grande dicotomia, em que se poderia distinguir o *povo*, vivendo dos valores residuais da civilização, de um grupo de indivíduos quase homogêneo e de "elite", com formas de conduta radicalmente diferentes e que muito pouco ou nada participava daqueles valores "ultrapassados". Maunier chega a chamar esse grupo de *burguês*, evidentemente por pensar que os seus membros, nas sociedades capitalistas do ocidente, estão em condições favoráveis para participar do "progresso" da civilização e do pensamento racional científico. Saintyves, que é especialista, esclarece melhor o assunto: de um lado, estão os camponeses, os operários, os habitantes das pequenas cidades e os burgueses que ainda "não realizaram uma cultura suficiente"

– esses burgueses são os "novos-ricos", cuja ascensão recente impede a integração completa ao meio social a que pertencem; e, de outro, os burgueses integrados na cultura escrita moderna: os "cultos". Por isso, diz, não existe folclore burguês, porque os burgueses que usam esses valores revelam o seu lado que ainda permanece povo e "porque – portanto – se trata de crenças e usos populares"[7].

De qualquer forma, os modos de ser, de pensar e de agir dos indivíduos de cada divisão difeririam por natureza. Um homem do povo, por exemplo, recorreria às práticas tradicionais e ao tratamento empírico de doenças, enquanto o burguês procuraria, na mesma situação, os trabalhos de um clínico especializado; o burguês jogaria tênis, enquanto o pobre jogaria malha; este usaria predominantemente explicações não racionais, enquanto aquele só se utilizaria de explicações lógicas etc. Teríamos, pois, numa mesma sociedade, assim bipartida, duas formas exclusivas de conduta, nascidas de valores diversos e dando origem a dois tipos de concepções do mundo e de pessoas humanas.

No fundo, aqui entra novamente a questão do "progresso", assumindo, agora, também um aspecto novo, ao lado daquele que já analisamos. Porque, como vimos, o folclore nasceu de uma representação do desenvolvimento social e cultural; mas surge em oposição a outra concepção de desenvolvimento dialético, tal como aparece no marxismo, procurando inverter simplesmente a tese sustentada pelos representantes do materialismo histórico. Essa inversão consistiu em admitir que os "meios populares" – na terminologia marxista o *proletariado* – eram incapazes de "progresso", vivendo imobilizados pelo passado e por valores residuais da burguesia[8], única, aliás, capaz de "progresso", nessa concepção. Tese oposta à defendida por Marx e Engels.

---

7 P. Saintyves, op. cit., p. 35.
8 É exatamente o que se lê no seguinte trecho do *First Report of the Council of Folk-Lore Society*: "Durante o desenvolvimento da vida civilizada, muitas das antigas maneiras, costumes, observâncias e cerimônias de tempos passados foram rejeitadas pelas camadas superiores da sociedade, vindo a ser, gradativamente, as superstições e as tradições das classes baixas."

Essa conceituação de folclore foi aceita pelos folcloristas em geral e, até hoje, não foi seriamente discutida, tendo chegado até nossos dias com foros de verdade científica. Felizmente, o trabalho de campo parece estar abrindo, lentamente, outras perspectivas, pondo de lado essa preocupação inicial de situar o folclore como uma "ciência do saber popular" ou como análise de um novo tipo de pensamento humano, pelo menos no sentido restrito e pouco preciso em que o termo folclore foi empregado. Contudo, o fato de serem os elementos folclóricos considerados isoladamente fez com que, até o presente, persistisse essa tendência de atribuir uma distinção fundamental entre o "povo" e as outras grandes camadas da sociedade, quando de fato existe apenas uma distinção de grau. Se aqueles folcloristas não tivessem desligado os elementos folclóricos dos fatores da ambiência social e cultural que os explicam, verificariam apenas que a situação dos indivíduos na escala social pode implicar uma utilização maior ou menor desses elementos. Aqueles valores, considerados "sobrevivências", são mais acessíveis a um número maior de indivíduos porque sua transmissão se faz por meio de processos informais, pelo "intercâmbio cotidiano", enquanto a educação sistemática, veículo comum do pensamento científico, abre-se ainda hoje, na maioria dos países, a um número bem mais restrito de pessoas. Além disso, há outros elementos que devem ser considerados, os quais dizem respeito aos tipos e intensidade de contatos entre os indivíduos, ao meio rural ou urbano em que estes interagem, à estratificação social rígida, como nas sociedades de castas, ou permeável, como nas sociedades de classes, os tipos predominantes de atividades econômicas etc. Portanto, a situação social dos indivíduos determina as condições gerais de seu modo de vida, permitindo e fazendo-os participar de certa maneira do patrimônio cultural de seu grupo.

Por isso, existem diferenças de mentalidade entre indivíduos que pertencem a classes sociais diferentes. É, porém, uma diferença de grau, e não de natureza (como pretendiam os primeiros folcloristas), que se poderia evidenciar aqui. Numa sociedade todos compartilham, pouco mais ou menos, valores comuns. Parece conveniente, portanto, insistir sobre isso – coisa que pelo menos alguns daqueles folcloristas deveriam ter considerado –: que o ideal social, criado pela sociedade sob a forma de valores, e, portanto, expresso também sob a forma de elementos folclóricos, abrange indistintamente todas as classes sociais, sobrepondo-se às variações restritas da vida de seus membros e às diferenças ocasionadas por essas variações. Uma mesma regra vale para todos os indivíduos, enquanto membros de uma sociedade, já que são coletivas e, embora o fato de se pertencer a uma determinada camada social possa implicar alguns privilégios (ou ausência deles), é óbvio que a vida social seria impossível se pelo menos os elementos considerados básicos para a sobrevivência da sociedade não fossem compartilhados e aceitos por todos os seus membros. Esses elementos folclóricos, algumas vezes expressando regras de conduta, passam a agir, de modo amplo e em períodos normais, como um dos veículos de uniformização dos padrões de comportamento, contribuindo para tornar possível a vida em sociedade, criar uma mentalidade característica dessa sociedade tomada como um todo, pelo menos quanto aos seus valores essenciais, e perpetuar a configuração sociocultural em que esses valores estão integrados.

É fácil verificar, como fizemos numa pesquisa, em São Paulo, que os mesmos elementos folclóricos ocorrem, indistintamente, em ambos os meios ou classes sociais. Os mesmos provérbios, as mesmas "superstições" e as mesmas "crendices", os mesmos contos e as mesmas lendas etc. são igualmente usados por indivíduos do "povo" ou das classes "altas" e "cultas", não havendo aí condições para caracterizar profundamente – e não por ocorrências específicas e isoladas – uns ou outros, relativamente à "literatura oral", salvo participação desigual dos elementos, o que não infirma, em absoluto, a generalidade desses elementos. Do mesmo modo, crianças pobres ou ricas brincam de roda ou disputam os mesmos jogos (a aquisição desses jogos ou rodas pode ser feita nos grupos infantis como as "trocinhas"; mas, os próprios indivíduos que não interagem nesses grupos adquirem-nos nos grupos de recreio, nas escolas, por exemplo, como observamos); pessoas adultas, sem distinção, empregam formas de explicação geralmente consideradas não racionais (atribuição do insucesso ao "peso", ao "mau-olhado" etc.; de doenças a forças malignas, que agem ativamente contra o indivíduo; explicar o sucesso como forma de "sorte" etc.); e o pobre, voltando ao exemplo dado por Maunier, só não joga tênis, provavelmente, porque não pode, nada impedindo ao burguês o jogo de malha, enquanto a elevação do padrão de vida muitas vezes faculta ao primeiro recreações caras – o tênis inclusive –, permitindo-lhe manter, até, um estilo de vida quase burguês. Em outros casos, há costumes que são conservados apenas nos níveis mais elevados, desaparecendo nos mais baixos, como a apresentação da filha à "sociedade", como é comum em São Paulo e no Rio de Janeiro etc. Além disso, a diferença sensível entre o "culto" e o "inculto" está muitas vezes nas formas novas com que aquele expressa as crendices antigas – em outras palavras: o "culto" racionaliza as suas "crendices" e os costumes antigos, sem os abandonar definitivamente[9].

A diferença de mentalidade, todavia, não deixa de ser bastante visível quando se analisa o comportamento de membros de classes diferentes e traduz-se a todo momento nas diversas formas de conduta e na interpretação de coisas e de ações. Como uma diferença de grau, resultante das possibilidades desiguais de participar da cultura do grupo, e não de natureza, é suscetível de modificar-se, acompanhando o desenvolvimento da sociedade ou as mudanças de situações dos indivíduos ou grupos de indivíduos.

Quando se encara o folclore relativamente à sua contribuição ao conhecimento científico – conhecimento de certos elementos da

---

9 Sobre as "racionalizações" e o folclore veja-se: "Aspectos mágicos do folclore paulistano", de nossa autoria, *Sociologia*, v. IV, nº 2, 1944, pp. 80-1.

cultura de um grupo social – verifica-se, conforme nota muito bem Jeanroy[10], que é "menos uma ciência à parte que um método de pesquisas". E, com efeito, o folclore tem sido utilizado pelos historiadores, pelos psicanalistas, pelos sociólogos e antropólogos etc., os quais aproveitam o material recolhido e analisado pelos folcloristas ou os resultados de suas interpretações, para esclarecerem problemas levantados em seus trabalhos, reforçando hipóteses ou abrindo-lhes novas perspectivas. Essa utilização do folclore, muitas vezes, chega a caracterizá-lo como processo e até como técnica de trabalho, no campo das ciências sociais. Mas essa questão tem, atualmente, um interesse muito restrito para os folcloristas, principalmente para os que são investigadores. Para estes, folclore é uma designação ampla, abrangendo tanto os elementos que se referem às soluções usuais e costumeiras que caracterizam socialmente os membros de um grupo como a sistematização e análise, sob critérios próprios ou tomados à etnografia ou à antropologia, desses elementos. Por isso, alguns folcloristas contemporâneos limitam, muito mais que os antigos, suas pretensões teóricas, enquanto aumentam sua esfera de trabalho e sua contribuição concreta, preocupando-se mais com os problemas práticos de pesquisas e adquirindo, desse modo, noção mais exata do que seja folclore, suas possibilidades e suas funções, deixando de lado a velha e bizantina discussão: saber se folclore é ciência ou método, a distinção clássica entre folclore objetivo e subjetivo etc.

É claro que não poderia ser diferente. Perdendo seu caráter de estudo interessado e veladamente "político", que servia aos interesses de uma classe, o folclore perdeu, concomitantemente, as principais razões que alimentavam suas pretensões ao cienciato. E pôde aproveitar o trabalho muito mais interessante, realizado por soció-

---

10 "Folclore", in *La grande encyclopédie*, t. XVII, p. 43; vejam-se também: A. Varagnac, *Définition du folclore,* op. cit.; Ruth Benedict, "Folclore", in *Encyclopaedia of social sciences,* v. VI; Joaquim M. Navascués, "El folclore espanhol", in *Folclore y costumbres de España,* Barcelona, 1931, f. I, caps. 1 e 2; Raffaele Corso, "Folclore", in *Enciclopedia italiana di scienze, lettere ed arti,* pp. 606-8, v. 15.

logos e antropólogos que, apenas usando o material colhido em pesquisas, desdobraram suas possibilidades, principalmente no estudo de padrões de comportamento, dos efeitos do progressivo aumento da secularização da cultura em sociedades ocidentalizadas e ocidentais, de que resulta, muitas vezes, a persistência, ao lado do elemento cultural novo, do elemento antigo, que se integra no patrimônio cultural folclórico do grupo, dos fenômenos de mudança cultural, provocados pela urbanização ou industrialização de certas áreas, levando ao peneiramento e substituição de vários elementos folclóricos etc. etc. Na verdade, além disso, a discussão a que nos referimos – "é o folclore um método ou uma ciência?" – não tem mais atualidade. Método ou ciência – ainda que ciência auxiliar, como "um ramo da sociologia descritiva", conforme Varagnac –, a importância do folclore jamais poderia advir de sua conceituação e sua situação nos quadros dos conhecimentos científicos, mas da contribuição concreta que ele representasse. Esse é um dos aspectos da questão que tem orientado principalmente os que "invadem" o campo do folclore e dos folcloristas (sociólogos, antropólogos, historiadores, psicanalistas etc.), buscando o material de que necessitam. Outro aspecto é a falta de base de qualquer tentativa para fundamentar o folclore como ciência: não existe um conjunto de fatos folclóricos relacionados causalmente, cuja *natureza* o caracterizasse como objeto específico de uma ciência nova, com um campo de estudo *sui generis* – o folclore, no caso. Os fatos apresentados e caracterizados como folclóricos estão compreendidos numa ordem de fenômenos mais ampla – a cultura – e podem ser estudados como aspectos particulares da cultura de uma sociedade, tanto pela sociologia cultural como pela antropologia. Aí se coloca, portanto, o problema, e também se aclara. Porque, se existe uma ordem de fatos mais ampla, e essa ordem de fatos é estudada por uma ciência, qualquer tentativa para definir os fatos folclóricos como objeto de uma ciência à parte não tem fundamento lógico, "pois uma ciência só tem razão de existir quando possui por matéria uma ordem de fatos que não é estudada pelas demais ciências"[11]. Os fatos folclóricos não passam de um aspecto da cultura totalmente considerada e são fatos que se referem a modalidades diferentes dessa cultura e, por conseguinte, só podem ser explicados a partir dessa mesma cultura.

O folclore, porém, deve ter uma tarefa precisa, consagrada, nesse conjunto, senão nada justificaria a sua existência. Essa questão nos leva a encarar o folclore sob outro aspecto: em si mesmo, ou seja, em relação aos critérios e técnicas empregados na coleta, análise e sistematização dos elementos considerados folclóricos, aos recursos de que poderia dispor particularmente na abordagem desses elementos e à distinção entre o que é propriamente folclórico e o que não é, na cultura considerada como um todo. A esse último item, o mais importante de todos, já nos referimos várias vezes; ele representa o campo possível de trabalho, abrangido pelo folclore, podendo compreender todos os elementos culturais que constituem soluções usual e costumeiramente admitidas e esperadas nos membros de uma sociedade, transmitidas de geração a geração por meios informais. Do ponto de vista da sistematização dos dados folclóricos, essa conceituação tem a vantagem de englobar elementos da cultura material, ergológica, como elementos de natureza não material[12].

O principal problema que os folcloristas se têm proposto é o da determinação das origens dos elementos folclóricos – ou melhor: a determinação das *fontes*, imediatas ou mediatas. Esse modo de encarar o material delimita, implicitamente, as possibilidades do folclore, quer do ponto de vista da explicação – que é abandonada, porque, embora seja "preciso procurar as origens, antes que as causas"[13], origem não significa causa, mas procedência – como do em-

---
11 E. Durkheim, *As regras do método sociológico*, São Paulo, 1937, pp. 314-5.
12 Sobre a conceituação e sistematização do folclore vejam-se particularmente: P. Sébillot, op. cit., p. 6; P. Saintyves, op. cit., p. 61; e "Culture spirituelle et culture materielle", *Revue de Folk-Lore Français et Folk-Lore Colonial*, v. VII, 1936.
13 R. Maunier, *Introduction a la sociologie*, Paris, 1929, p. 61.

prego de métodos, técnicas e critérios, levando os folcloristas a considerarem isoladamente os elementos folclóricos, já que não se poderia passar à origem dos elementos em bloco senão depois das tentativas para estabelecer a de cada um de per si, "biograficamente". Por isso, é nesse setor que se vão apurar um pouco mais os instrumentos de trabalho disponíveis, principalmente em torno do método comparativo que, compreende-se, é o mais usado. Procuram-se, sobretudo, estabelecer as conexões que porventura existiam entre as diversas versões e variantes de um mesmo elemento – encaradas quanto à sua evolução, no tempo, e à sua distribuição, no espaço – através do emprego dos critérios de identidade temática e de identidade formal, o que tem levado alguns folcloristas, em certas ocasiões, ao emprego exagerado do "método lingüístico" e de um critério quantitativo de comparação, o qual implica a decomposição das versões e variantes em seus elementos constitutivos característicos. Esse trabalho comparativo não visa apenas a estabelecer semelhanças e diferenças; procura também evidenciar quais são os caracteres provavelmente primitivos ou fundamentais e os acessórios ou secundários, surgidos durante a transformação do elemento folclórico.

O folclore tem, entretanto, progredido muito pouco, relativamente aos processos, técnicas e critérios especiais de pesquisas. Isso se deve em grande parte à atração pela teoria, revelada pelos folcloristas em geral, mas teoria elaborada no campo alheio, especialmente pela etnografia e etnologia. Em lugar de aproveitarem convenientemente em suas pesquisas a valiosa contribuição metodológica dessas ciências, servindo-se e aperfeiçoando os instrumentos de trabalho que nessas disciplinas provaram sua eficiência na abordagem dos fatos culturais, os folcloristas preferem seguir a lei do menor esforço, adotando uma teoria e projetando dentro dela os elementos pesquisados. Por isso, a contribuição do folclore às ciências sociais compromete-se seriamente, porque, no fundo, o que fica de utilizável geralmente não passa do material recolhido.

Como nem sempre esse material satisfaz todas as condições necessárias, o sociólogo, o antropólogo etc., precisam tomar a iniciativa de trabalhos desse gênero. Daí sempre resultam inconvenientes, pois bem poucos podem enfrentar com sucesso o trabalho propriamente folclórico de filiação histórica, que exige uma especialização e um treino prolongado, embora só no caso da determinação de fontes mediatas essas desvantagens apareçam. Enquanto se ficar na determinação de fontes imediatas (no folclore brasileiro: o português, o índio, o negro, o italiano etc., por exemplo) ou num trabalho puramente descritivo, é preferível que o sociólogo ou o antropólogo recolha, sistematize e interprete ele mesmo os dados folclóricos, não recorrendo ao folclorista propriamente dito. Porque assim pode registrar as ocorrências de acordo com as necessidades de suas pesquisas, tomando em consideração também os demais fatores das ambiências social e cultural, os quais só parcial e raramente não são negligenciados pelos folcloristas.

CAPÍTULO 6 | A burguesia, o "progresso" e o folclore*

Os folcloristas em geral colocam um problema que lhes parece muito sério, ao qual, entretanto, geralmente não respondem: por que o folclore aparece como sistematização de conhecimentos – ou pelo menos uma tentativa de sistematização de conhecimentos – apenas em meados do século XIX, quando já existia, como matéria e assistematicamente, na antigüidade e durante todo o período que daí vai ao século XIX? Até agora, todos os argumentos relativos ao desenvolvimento dos estudos etnográficos e etnológicos, da sociologia ou da influência exercida pelo ambiente criado pelo romantismo têm sido insuficientes para explicar esse "problema". De um lado, porque a influência da etnografia ou da etnologia e da sociologia foi profunda apenas mais tarde, quando os folcloristas começaram a fazer o decalque dos temas daquelas ciências em seu campo de trabalho; mas, nessa época, o folclore já tinha quase ultrapassado o período inicial do pitoresco. Nessa fase, o que impressionou vivamente os folcloristas foi a caracterização de uma mentalidade pré-lógica dos primitivos; ou seja, que a mentalidade dos *povos naturais* diferia radicalmente da mentalidade dos *povos civilizados*. E a caracterização da cultura desses povos, chamados pré-letrados, devido à inexistência de escrita entre eles, também os

---
* *O Estado de S. Paulo*, 19/8/1944.

preocupou, pois o folclore abrangia do mesmo modo a parte da cultura não escrita dos povos civilizados. É essa a grande relação entre o folclore e a etnografia: estudo de iletrados e pré-letrados; porque, se a escrita não existe em um agrupamento humano, noutro ela é ignorada. No fundo, vinha a ser a mesma coisa: o folclore seria o estudo da "cultura dos incultos", tal como a etnografia. Mas, isso, que é delimitação de campo de trabalho, de objeto a analisar, nada explica quanto ao aparecimento do folclore como expressão e como uma tentativa de sistematização de conhecimentos: o problema permanece como foi colocado.

A mesma insuficiência explicativa é revelada pelo romantismo. Ele poderia ter levado à análise ou à coleta daqueles elementos que caracterizavam os costumes e as tradições de um povo. E de fato levou: em todos os países, os autores românticos foram geralmente os que coligiram mais material folclórico. Mas, do ponto de vista da necessidade de sistematização desse material, não nos sugere qualquer avanço. O problema continua colocado nos mesmos termos. Isso porque o romantismo era conseqüência, também, de uma mentalidade que caracteriza as sociedades ocidentais européias nos fins do século XVIII e toma uma feição particular depois da Revolução de 1789; era uma forma de ideologia burguesa, incluindo todos os valores que constituíam a afirmação da classe vitoriosa.

Por isso, o problema precisa ser colocado em outros termos. Talvez historicamente – pois sendo um problema essencialmente histórico, deve ser posto historicamente. Tomando essa posição, somos levados a situar o folclore como uma conseqüência, ou melhor, uma necessidade da filosofia do século XIX. Havia, de fato, outra necessidade, de ordem puramente sentimental, e essa era o caráter "social" das preocupações burguesas pelo *povo*; essa forma de humanidade e de interesse que Sorel afirma ser a constante mais característica das preocupações das classes dominantes pelos dominados, do *burguês* pelo *povo*, nas sociedades liberais-democráticas européias. Mas, essa necessidade sentimental, como forma de ideologia burguesa, estava já incluída nas próprias filosofias a que ela deu origem, com suas formas superiores de cultura que são: a premência, sobretudo, de dar ao *povo* uma "educação" conveniente e um relativo estado de segurança, que evitassem principalmente a sua instabilidade e a sua revolta contra a ordem da sociedade, já fora reconhecida desde Condorcet.

Essa filosofia – a que nos referimos – a filosofia positiva de A. Comte e o evolucionismo inglês de Darwin e H. Spencer – é uma filosofia que retém a idéia do desenvolvimento à imagem do crescimento biológico. É essencialmente uma filosofia reacionária: a revolução já tinha servido à nova classe dominante, comprometendo-se e sendo aproveitada por ela. Era, portanto, inútil persistir na afirmação daqueles princípios que a motivaram. Aí estão as razões que levaram Comte a assentar as bases de sua filosofia sobre o passado, embora estivesse com os olhos no presente. A essência mesma da idéia de "revolução" já era inconveniente e sua lembrança daria calafrios em qualquer bom burguês, como acontece hoje. E Comte vai tentar uma filosofia da ordem, estruturada sobre a organização normal da família e visando a afirmar, sobretudo, que a última etapa da evolução se estava consumando – o estado positivo –, a grande garantia de estabilidade que as sociedades capitalistas do Ocidente precisavam. Por isso é que Comte olha saudoso para a Idade Média, sociedade de equilíbrio e de valores realizados; e também por isso é que vai, por exemplo, insurgir-se contra um dos maiores instrumentos usados pela burguesia para chegar ao poder: o direito. Nisso ia uma profunda compreensão das coisas – o direito como arma de classe tem dois gumes; seria melhor sacrificá-lo a permitir sua inevitável utilização revolucionária, mais tarde, pelas classes dominadas.

Essa filosofia de desenvolvimento por etapas, gradual, que em Augusto Comte foi sistematizada na lei dos três estados (a humanidade deveria passar, em seu desenvolvimento, por um estado religioso, passando depois para um estado metafísico e, posteriormente, para outro chamado positivo, no qual prevaleceria finalmente a explicação racional das coisas), era parcialmente negada em seus detalhes pela persistência, na mesma sociedade, dos dois tipos de explicação: aquela que seria característica de um estado positivo, por exemplo, explicação racional e científica; e doutro lado, tipos de explicação que, nesse esquema, se chamariam irracionais (explicação não lógica). Essa coexistência não preocupou fundamentalmente Comte e Spencer, note-se, mas sua interpretação era de alguma importância e apresentava marcado interesse histórico.

Daí resultou a tentativa de unificação e de sistematização dos conhecimentos, que veio a receber o nome de folclore, englobando todos aqueles elementos – valores, técnicas e formas de conduta – incompatíveis com o estado de "cultura" geral (o estado positivo, por exemplo). O ponto de partida para a explicação desse fenômeno era o de que, embora todas as sociedades passassem em seu desenvolvimento pelos estados ou fases considerados, inevitavelmente, o "progresso" numa sociedade determinada não se realiza uniformemente. Por isso algumas camadas da população não acompanhavam o desenvolvimento geral da "cultura", conservando suas antigas formas de ser, pensar e agir tradicionais (o folclore definido como "saber popular", abrangendo as "sobrevivências"), e essas camadas eram constituídas, em países civilizados, pelos "meios populares", pelo "povo".

O interesse histórico representava a premência de uma réplica, no momento, à concepção de que seriam os indivíduos das classes pobres e destituídas, dominadas – o proletariado, na terminologia marxista –, os únicos capazes de "progresso", afirmação feita pela esquerda hegeliana (particularmente por Marx e Engels, que aplicavam outra concepção do desenvolvimento, fornecida pelo materialismo histórico). Era um interesse de classe, propriamente dito, pois; por isso, os folcloristas puseram particular ênfase no estudo das "sobrevivências", com o fim velado de entremostrar aquilo que vimos acima: nas sociedades civilizadas, as camadas da população que não acompanham o "progresso" constituem o *povo*; ou seja, em outras palavras, só a burguesia é capaz de "progresso". É o que se salienta em todas as conceituações de folclore da época, como na seguinte: "durante o desenvolvimento da vida civilizada, muitas das antigas maneiras, costumes, observância e cerimônias de tempos passados foram rejeitadas pelas camadas superiores da sociedade, vindo a ser gradativamente as tradições e as superstições das classes baixas" (do *First Report of the Council of Folk-lore Society*). Essas afirmações, para terem valor, deveriam ser apresentadas sob a forma de conhecimento científico, aproveitando a mística criada em torno da ciência e da validade de suas induções. Os conhecimentos sobre os elementos folclóricos foram então reunidos e sistematizados sob um nome comum e o caráter de "ciência" do folclore ardentemente defendido pelos folcloristas (que lhe davam, até, um caráter inclusivo, abrangendo ou utilizando as demais ciências sociais), contra os que mostravam a inexistência de um objeto, não estudado pelas demais ciências, que constituísse sua matéria específica de estudos.

CAPÍTULO 7 | O folclore como método*

Quando se encara o folclore com referência à sua contribuição ao conhecimento humano – conhecimento de certas estruturas e funções da cultura de um grupo social – verifica-se que é "menos uma ciência à parte que um método de pesquisas". E com efeito assim tem sido utilizado pelos historiadores, pelos psicanalistas, pelos sociólogos, pelos antropólogos etc., os quais aproveitam o material recolhido e analisado pelos folcloristas ou os resultados de sua interpretação para esclarecerem problemas levantados em seus trabalhos, reforçando hipóteses ou abrindo-lhes novas perspectivas. Essa utilização do folclore, muitas vezes, chega mesmo a caracterizá-lo como progresso, e até como técnica de trabalho, no campo das ciências sociais. Mas esse aspecto tem um interesse muito restrito, mormente para os folcloristas-pesquisadores. Para estes, o folclore pode implicar uma compreensão ampla, abrangendo tanto os elementos que se referem às soluções usuais e costumeiras, que caracterizam os membros de um grupo socialmente, como a sistematização e análise, sob critérios próprios, desses elementos. Por isso, os folcloristas contemporâneos limitam muito mais que os antigos suas pretensões teóricas, enquanto aumentam sua esfera de trabalho e sua contribuição concreta, preocupando-se mais

---

* *O Estado de S. Paulo*, 14/9/1944.

com os problemas práticos de coleta e de pesquisa e adquirindo, desse modo, noção mais exata do que seja o folclore, suas possibilidades e sua função. E o precário da distinção clássica entre folclore objetivo e folclore subjetivo – designações que corresponderiam ao folclore como conteúdo e ao folclore como estudo e sistematização de elementos folclóricos – aparece com toda a nitidez. O folclorista volta sua atenção para os problemas que vão surgindo do material colhido e sistematizado, fundindo, por assim dizer, essa distinção teórica num mesmo conjunto de conhecimentos.

Aí o folclore deve ser considerado sob outra forma, em si mesmo, ou seja, em relação aos critérios e técnicas empregados na sistematização e análise dos elementos folclóricos, aos recursos de que se poderia dispor na abordagem desses elementos e à própria distinção entre o que é propriamente folclórico e o que não o é, na cultura considerada como um todo orgânico. Em outras palavras, o problema se põe nos seguintes termos: considerando o folclore como método, precisamos circunscrever-lhe o sentido, a fim de verificar que espécie de método ele é.

É claro que aqui não poderíamos abordar mais que os problemas gerais, deixando de lado os que são do interesse restrito do especialista – critérios aplicados na determinação da origem dos elementos folclóricos e validade desses critérios do ponto de vista quantitativo e qualitativo; o mecanismo de evolução interna desses elementos; o condicionamento desse mecanismo por fatores localizados no tempo e no espaço etc. – e também os que têm apenas valor secundário.

Importa-nos, primeiramente, já que nos compete abordar a "natureza" dos fatos folclóricos, a análise dos diferentes fenômenos que constituem o campo restrito do folclore. Porém, que critério deveríamos seguir? Noutro método, de grande aplicação nas ciências sociais, a estatística, o problema é muito mais simples, podendo-se caracterizar genericamente os fenômenos, tomando-se por base os fatores que os constituem, distinguindo-os em simples e complexos.

O estatístico, porém, opera sobre números e embora no caso exista um denominador comum – a sociedade – o folclorista não conta com a mesma facilidade para explicar os fenômenos e determinar os seus fatores ou causas. Por isso, as distinções possíveis têm apenas um valor problemático, do ponto de vista científico (embora não se pretenda sobrepor os elementos quantitativos aos qualitativos); distinguem-se os fenômenos, não através de um certo número de fatores, mas de um certo número de caracteres específicos, ou simplesmente considerados predominantes.

Em todo caso, os folcloristas fizeram alguma coisa, estabelecendo categorias – por assim dizer – em que se agrupam os fatos observados. Assim, Saintyves estabeleceu que o "folclore abarca todo o campo da tradição, e a cultura material e a cultura espiritual". Deixando de lado particularidades de alguma importância, podemos notar que essa conceituação exerceu grande influência, servindo de base a muitas definições e classificações do folclore, em que, arbitrariamente, os elementos folclóricos foram "agrupados" segundo um aspecto considerado comum, característico ou predominante, em vez de serem distinguidos sob uma base racional. Essa distinção entre elementos materiais e espirituais, todavia, ainda conserva todo o seu valor fundamental, apesar de as modernas contribuições terem dado bases mais firmes à caracterização do folclórico. De fato, se o folclore trata, sobretudo, da análise dos elementos culturais costumeira e tradicionalmente usados por indivíduos que compartilham de uma mesma configuração sociocultural e esses elementos culturais podem ser materiais (ergológicos) ou espirituais (animológicos), é claro que a distinção se recomenda, pela comodidade que ela pode representar, no estudo desses elementos. Em todo caso, pensamos que os folcloristas não prestaram, até hoje, a atenção devida à contribuição da etnografia e da antropologia, deixando de empregar de modo sistemático os diversos critérios e técnicas de trabalho que provaram sua eficiência na abordagem da cultura nessas disciplinas, e por isso qualquer distinção teórica, por mais objetiva, importante e fecunda que seja, apresenta-se-nos apenas com um valor relativo – já que o valor das distinções teóricas se mede pelos seus resultados reais.

A falta de familiaridade do folclorista com essas disciplinas acarreta outra conseqüência ainda mais grave: o folclorista deixa de encarar o elemento folclórico como parte de um conjunto cultural mais amplo, ou melhor, de uma configuração sociocultural onde ele tem forma, uso, significado e função característicos. Toma-o isoladamente, estuda-o sob o ponto de vista genético – quando o faz ou o pode fazer – e depois o agrupa numa das categorias do folclore material ou do folclore espiritual! Esse tipo de estudo elimina quase que por completo a possibilidade de descobrir as causas dos elementos folclóricos considerados no início, nas condições de sua função, e de sua transformação, posteriormente, já que elas só poderiam ser isoladas dos fatores da ambiência social e cultural. Apresenta-se como uma verdadeira determinação das "origens", entendendo-se por origem o lugar de onde provém o dado e se possível a época, mesmo que hipoteticamente. E embora seja "preciso procurar as origens, antes que as causas", como o quer Maunier, não há dúvida de que o trabalho todo de muitos folcloristas não passa, às vezes, de simples "biografias" de certos elementos folclóricos. Aí a contribuição do folclore às ciências sociais pode ser considerada precária, sujeita a restrições, e a utilização ampla de seu material de valor duvidoso.

CAPÍTULO 8 | Mentalidades grupais e folclore*

O folclore surgiu com um problema prático a resolver: determinar o tipo de conhecimento peculiar ao *povo*, através da análise dos elementos que constituem a sua cultura material e não material (estudo de alguns elementos ergológicos, de vestuários, adornos, lendas, tradições, "superstições", danças, adivinhas, provérbios, encenações do gênero do teatro popular etc. etc.). Partindo de um esquema puramente evolucionista, porém, muito rudimentar e impreciso, os primeiros pesquisadores e os primeiros folcloristas admitiam conceitualmente que folclore abrangia tudo o que culturalmente se explicasse como apego ao passado – às soluções costumeiras e rotineiras –, compreendendo todos aqueles elementos que a secularização da cultura substitui por outros novos, relativos a um estágio cultural mais adiantado: por exemplo, a substituição de práticas mágicas no tratamento de doenças por outras relacionadas ao pensamento científico da medicina. Seria, pode-se falar assim, dentro desse esquema, um conjunto de elementos culturais praticamente ultrapassados, meras "sobrevivências". Os indivíduos das "classes baixas", dos "meios populares", que constituiriam "os grupos atrasados", o "povo", enfim, num *país civilizado*, lançariam mão desses elementos, com exclusividade, e um novo tipo de conhecimento

---

* *O Estado de S. Paulo*, 2/11/1944.

apareceria – "o saber popular". E assim toda uma nova lógica poderia ser evidenciada, característica desse tipo *sui generis* de pensamento. Era a repetição pura e simples do que Lévy-Bruhl fizera ao analisar a cultura dos primitivos, caracterizando uma mentalidade pré-lógica, diversa da mentalidade lógica dos civilizados, apenas com a diferença de que os dois tipos de mentalidade ocorreriam dentro de um mesmo agrupamento humano – nas ditas sociedades civilizadas.

A sociedade seria uma grande dicotomia, em que se poderia distinguir: de um lado, o povo, vivendo exclusivamente desses valores residuais, muitas vezes caracterizados como irracionais; de outro, um grupo homogêneo de indivíduos, com hábitos e formas de conduta radicalmente diferentes, que muito pouco – ou nada – se utilizariam daqueles valores "ultrapassados". Maunier chega a chamar de burguês a esse grupo, evidentemente por pensar que os seus membros estão em condições mais favoráveis para participar do "progresso" da civilização e do pensamento científico racional. De qualquer forma, os modos de ser, de pensar e de agir dos indivíduos pertencentes a cada divisão difeririam por natureza. Um homem do povo, por exemplo, apelaria às práticas mágicas e ao tratamento empírico das doenças, enquanto o burguês procuraria, na mesma situação, a intervenção de um clínico especializado; o burguês jogaria tênis, enquanto o pobre jogaria malha; este usaria predominantemente explicações irracionais, enquanto aquele se utilizaria de explicações lógicas etc... De modo que teríamos, paralelamente, numa mesma sociedade, duas formas de comportamento diversas, nascidas de valores também diversos. No que toca ao folclore, este consistiria, objetivamente, numa cômoda expressão, na "cultura dos incultos".

Felizmente, como aconteceu à sociologia em relação às leis gerais do funcionamento das sociedades, o trabalho de campo lentamente abriu outras perspectivas e pôs de lado essa preocupação inicial de entender-se o folclore como uma "ciência do saber popular" (ou como análise de um novo tipo de pensamento humano). Contudo, o fato de serem os elementos folclóricos considerados isoladamente fez com que até hoje se mantivesse essa tendência de atribuir uma distinção fundamental entre o "povo" e as outras camadas da sociedade, quando, de fato, há apenas uma distinção de grau. Se aqueles pesquisadores não tivessem desligado os elementos folclóricos dos fatores da ambiência social e cultural que os explicam, verificariam que a situação dos indivíduos na escala social pode implicar uma utilização maior ou menor desses elementos. Aqueles valores – considerados "ultrapassados" – são mais acessíveis a um número maior de indivíduos, porque sua transmissão se faz por processos informais, enquanto a educação sistemática, veículo comum do pensamento científico, abre-se ainda hoje, na maioria dos países, a um número bem mais restrito de pessoas. Além disso, há outros elementos que devem ser considerados, e esses se referem aos tipos e intensidades de contatos entre os indivíduos, o meio rural ou urbano em que estes interagem, a própria estratificação social rígida, como nas sociedades de castas, ou permeável, como nas sociedades de classes, os tipos predominantes de atividades econômicas etc. Portanto, a situação social dos indivíduos determina as condições gerais de seu modo de vida, fazendo-os participar de certa maneira da cultura de seu grupo.

Por isso, surgem diferenças de mentalidade entre indivíduos que pertencem a camadas sociais diferentes. Contudo, é uma diferença de grau e não de natureza, como pretendiam os primeiros folcloristas, que se poderia evidenciar aqui. Todos compartilham, pouco mais ou menos, de valores comuns. E assim podemos verificar, como fizemos em São Paulo, que as mesmas práticas mágicas, as mesmas "superstições" e as mesmas "crendices" ocorrem entre pessoas do "povo", como entre membros das classes "elevada" e "cultas". Do mesmo modo, crianças pobres ou ricas brincam de roda ou disputam os mesmos jogos; pessoas adultas, sem distinção, empregam modos de explicação considerados geralmente não racionais (atribuir insucessos ao "peso", ao "mau-olhado" etc.); e o pobre só não joga tênis porque não pode, nada impedindo ao burguês a prática do jogo de malha (nos clubes ou em sítios), enquanto a elevação do padrão de vida muitas vezes faculta ao primeiro recreações caras.

Essa diferença de mentalidade, todavia, é bem visível no comportamento dos membros de classes diferentes e traduz-se a todo momento nas diversas formas de conduta e na interpretação de coisas e ações. Como é uma diferença de grau e não de natureza, porém, é suscetível de modificar-se, acompanhando o desenvolvimento da sociedade ou as mudanças de situações dos indivíduos ou grupos de indivíduos.

Parece conveniente frisar – coisa que alguns daqueles folcloristas, pelo menos, deveriam ter considerado – que o ideal social, criado pela sociedade, sob a forma de valores e, portanto, cristalizado também em elementos folclóricos, abrange indistintamente todas as classes sociais, sobrepondo-se às variações restritas da vida de seus membros e às diferenciações ocasionadas por essas variações. Uma mesma regra, desde que se inclua entre os *mores*, vale para todos os indivíduos, enquanto membros de uma sociedade, já que são coletivas. Embora o fato de se ter um certo *status* possa implicar alguns privilégios (ou a ausência deles), é óbvio que a vida social seria impossível se pelo menos os elementos considerados básicos para a sobrevivência da sociedade não fossem compartilhados e obedecidos por todos. Essas regras, quando cristalizadas sob a forma de elementos folclóricos – os quais, vimos, devido à desigualdade com que podem ocorrer nas classes diversas, funcionam como agentes com expressões de diferenciação social – passam a operar, de modo amplo, como um veículo de uniformização dos padrões de comportamento, contribuindo para tornar possível a vida em sociedade e criar uma mentalidade característica da própria sociedade como um todo, pelo menos quanto aos valores comuns essenciais.

CAPÍTULO 9 | Educação e folclore*

O folclore possui algum valor educativo? As crianças aprendem alguma coisa através de folguedos que praticam, das cantigas de acalanto, das adivinhas ou dos contos populares? Essas perguntas têm sido feitas de várias maneiras. Houve época em que se supunha ser o folclore uma "relíquia" do passado longínquo – algo tosco mas ingênuo, típico saber do "homem rústico". Admitia-se que ele devia ser preservado, não porque fosse essencial, porém porque de sua preservação dependeria a veneração do passado, dos costumes e das tradições do "povo".

Em nossos dias, a resposta que se dá à mesma pergunta é diferente. Primeiro, os folcloristas evidenciaram a seu modo o *valor educativo* do folclore. Quem leia Amadeu Amaral, por exemplo, constata como ele percebeu com finura o que se poderia designar como as conexões psicossociais do folclore. Sem dúvida, há diversão atrás das atividades folclóricas: mas há também uma mentalidade que se mantém, que se revigora e que orienta o comportamento ou as atitudes do homem. A criança ou o adulto, por seu intermédio, não só participam de um sistema de idéias, sentimentos e valores. Pensam e agem em função dele, quando as circunstâncias o exigem.

---

* Suplemento literário de *O Estado de S. Paulo*, nº 195, 20/8/1960.

Essa constatação foi confirmada, posteriormente, pelos estudiosos que viram o folclore de uma perspectiva psicológica, etnológica ou sociológica. Verificou-se que a perpetuação não representa mero fenômeno de inércia cultural. Se as crianças continuam a "brincar de roda", esse folguedo preserva para elas toda a significação e a importância psicossocial que teve para as crianças do passado. Não se trata de uma "sobrevivência", literalmente falando; mas de continuidade sociocultural. O contexto histórico-social se alterou, é verdade; contudo, preservaram-se condições que asseguram vitalidade e influência dinâmica aos elementos folclóricos. Daí se poder evidenciar seu valor real em dois planos distintos. Primeiro, no das relações humanas. A atualização de um jogo cênico ou de um brinquedo de roda exige todo um suporte estrutural, fornecido pelas ações e atividades das crianças. Há tarefas prescritas a executar. Para realizá-las, segundo os modelos consagrados, as crianças precisam organizar coletivamente o seu comportamento. Segundo, cada um dos *jogos* ou dos *brinquedos* envolve composições tradicionais e gestos convencionais. Essas composições ou esses gestos conservam algo mais do que "fórmulas mortas": mantêm representações da vida, do homem, dos sentimentos e dos valores, pondo a criança em contato com um mundo simbólico e um clima moral que existe e se perpetua através do folclore.

Portanto, os cientistas sociais confirmam as conclusões dos folcloristas, dando-lhes nova base empírica e teórica. O folclore possui um valor educativo. Pelo jogo e pela recreação, a criança se prepara para a vida, amadurece para tornar-se um adulto em seu meio social. Nos dois planos mencionados, são variáveis as influências socializadoras do folclore, como se poderia descrevê-las positivamente. De um lado, a criança aprende a agir como "ser social": a cooperar e a competir com seus iguais, a se submeter e a valorizar as regras sociais existentes na herança cultural, a importância da liderança e da identificação com centros de interesses suprapessoais etc. De outro lado, introjeta em sua pessoa técnicas, conhecimentos e valores que se acham objetivados culturalmente. As composições folclóricas tratam de amor, de obrigações de pais e filhos, de namoro e casamento, de atividades profissionais, da lealdade, do significado do bem ou do mal etc. Quase que insensivelmente, a criança assimila esses elementos culturais, introduzindo-os em seu horizonte cultural e passando a ver as coisas muitas vezes através deles. Em outras palavras, pois, as influências socializadoras do folclore, nesses dois planos, se dão tanto formalmente quanto por meio do conteúdo dos processos sociais.

A essas duas dimensões – a do folclorista e a dos cientistas sociais – acrescenta-se uma terceira: a do pedagogo. O nosso educador raramente se preocupa com assuntos dessa ordem. Para ele, as questões relacionadas com a educação sistemática têm maior interesse que as vinculadas à educação informal. No entanto, um ou outro tem-se proposto aquelas perguntas e respondido com reservas. É que a qualidade da experiência possui para o educador um significado especial – não importa apenas saber como a criança aprende e o que a criança aprende; mas o que ela pode fazer com o que aprende. Sob certo ponto de vista, as influências socializadoras do folclore são construtivas. Elas amadurecem a capacidade de atuação social da criança. Participando do seu próprio mundo social, a criança adquire experiências e possibilidades de atuação social que aumentam suas potencialidades de ajustamento ao meio social e de correspondência às expectativas dos outros. Contudo, de outro ponto de vista, essas influências vêm marcadas pelo signo de um mundo simbólico e moral desaparecido. Mantêm no presente símbolos, interesses e valores que tiveram plena atualidade no passado remoto. Se o indivíduo se apegar a eles, pode encontrar dificuldades de ajustamento e, mesmo, sofrer decepções sérias. Esclarecido pelo folclorista e pelo cientista social, o educador oferece-nos duas respostas. Aquela influência é inegavelmente "boa" no plano formal, na medida em que favorece o amadurecimento da capacidade de atuação social da criança. No segundo plano, entretanto, seria forçoso reconhecer que nem todas as influências dos conteúdos das composições folclóricas correspondem a exigências atuais da situação histórico-social. Não é que elas sejam irremediavelmente "más" – a questão é outra: elas se distanciam, variavelmente, do mundo que se formou sobre os escombros da antiga ordem social, na qual o folclore se constituiu e com a qual ele era coerente.

Essa breve digressão mostra que o nosso tema, atrás de uma simplicidade aparente, levanta questões complicadas, diversas por sua natureza ou por suas implicações pragmáticas, científicas e pedagógicas. Ninguém pode ignorar, em nossos dias, o valor educativo do folclore. Mas ninguém deve ignorar a complexidade e a delicadeza dos problemas suscitados por sua utilização deliberada como instrumento de educação. Enquanto suas influências socializadoras se dão espontaneamente, não existem problemas. A criança "aprende" na rua. Alarga sua experiência e amadurecimento, convivendo com outros. No entanto, quando se pensa em introduzir o folclore na escola e em tirar proveito deliberado do folclore como "técnica de educar", passa-se para outro nível de reflexão e de ação. Seria preciso, no mínimo, levar em conta as reservas que podem ser levantadas a partir dos dados de fato mais elementares.

Há tempo, tomei posição nesse assunto. Parece-me que os folcloristas agitaram a questão de ângulos superficiais. Eles recomendaram a introdução simultânea do folclore no currículo do ensino primário e no do ensino superior – neste, como disciplina acadêmica. Acho que se deve atender às duas recomendações nas formas propostas. Deve-se dar maior atenção às influências construtivas do folclore e aproveitá-las, onde for possível, na educação sistemática. Porém, de forma criteriosa e independentemente de complicação do currículo. O folclore pode ser transmitido através de várias matérias – sob os pretextos mais diversos! A questão, portanto, seria antes de valorização e utilização de um "recurso educacional", existente no ambiente. Professores de português, de história, de geografia, de ginástica etc., poderiam tirar amplos proveitos construtivos desse recurso educativo. Doutro lado, nada justifica a introdução do folclore, como disciplina independente, no currículo de qualquer nível do ensino – inclusive do superior. Neste, poderia considerar-se útil a criação da matéria em cursos de especialização. Ao fazer algo nessa direção, seria preciso introduzir outras matérias, de significação similar ou ainda maior para o estudo da cultura. Semelhante inovação acarretaria sério encarecimento do ensino superior, nas seções em que ele se efetivasse, sem falar nas complicações do currículo. Por isso, por enquanto, não é recomendável. A alternativa que podemos pôr em prática, no momento, consiste em dar maior expansão ao ensino da matéria em cursos de antropologia, seja no nível de graduação, seja no de especialização.

Em resumo, podemos encarar a influência educativa do folclore de vários ângulos. Na vida cotidiana, onde ela se dá é construtiva: corresponde a motivações desencadeadas pelas próprias condições de existência dos indivíduos. A exploração racional dela no sentido sistemático merece ainda algum estudo. Pode-se incentivá-la, independentemente da criação de matérias novas, pela simples transformação da atual orientação pedagógica, que não valoriza, suficientemente, os recursos educativos do meio social ambiente. Por fim, a inclusão do folclore no ensino superior, no currículo das Faculdades de Filosofia, ainda não é oportuna.

CAPÍTULO 10 | Entre o romance e o folclore*

Pode-se encarar as relações do romance com o folclore sob vários aspectos, desde o mais elementar aproveitamento do material folclórico como um fator de realce na observação direta, até a possibilidade de uma estética que permita um contato e uma comunhão maior entre o público e o escritor. Mas há uma questão que afeta qualquer tentativa, ampla ou restrita, do aproveitamento desse material por parte do romancista: sua validade e limites. Sim, porque é preciso considerar que o romancista faz literatura e não folclore e que além disso os folcloristas podem também ter suas idéias sobre o assunto. A questão coloca-se, pois, em termos das relações entre o folclore e a literatura.

Disse que se deve considerar também o ponto de vista particular do folclorista. Deve-se, é claro, porém, mais por uma razão de ordem que por uma questão de precedência. O folclorista foi dos últimos a tratar dos fatos folclóricos – lendas, tradições, mitos, "superstições", "crendices", técnicas de cozimento do barro, de modelação, formas de cultivo da terra, estilos típicos de vida etc. – e quando ele surgia no século XIX tinha diante de si um trabalho de notação tão grande, que poderia iniciar o estudo do folclore indiretamente, nas grandes obras, começando pela antigüidade clássica

---

* *Folha da Manhã*, 12/1/1945.

no teatro grego e em Homero, passando por Virgílio e Petrônio, até chegar a Gil Vicente, Cervantes, Mistral... O folclore confundia-se na literatura, embora não houvesse preocupação alguma em se fazer *arte popular*. É, aliás, uma convicção dessa fase muito extensa a idéia de que o folclore constitui uma parte da literatura.

O aparecimento dos folcloristas modificou um pouco essa visão das coisas. De um lado, porque eles distinguiam o folclore – cujo termo também criaram – em folclore subjetivo, no qual se procura sistematizar e estudar os elementos folclóricos, buscando por aí atingir uma formulação científica e teórica, sob os auspícios do positivismo, e em folclore objetivo, item sob o qual seriam agrupados todos os elementos folclóricos, todas as danças, as cantigas, as "superstições", as "crendices", os provérbios, aqueles modos de ser e de agir típicos de um povo ou de uma região, o próprio conteúdo do folclore, pois. Já aí ficou feita uma divisão de trabalho. O estudo propriamente dito do material folclórico compete ao folclorista, ou qualquer outro especialista em ciências sociais. O literato, como tal, nada tem que ver com o *folclore subjetivo*. E é óbvio, pouco lhe interessam as questões teóricas e os aspectos técnicos do folclore; quando o romancista, por exemplo, se utiliza de material folclórico, faz notação ou faz estilização. Põe-se em contato direto com o fato folclórico – personagem mítico, como a Iara ou o Saci – nas esferas do folclore objetivo, sem nenhuma outra preocupação.

Os folcloristas do século XIX e alguns deste século, entretanto, desvendaram um novo modo possível de encarar as relações entre o folclore e a literatura – ou, mais precisamente, de situar a um e outro, partindo do próprio conceito de folclore. O folclore seria a cultura dos meios populares, das camadas baixas da população – nas zonas rurais e urbanas –, em poucas palavras: a "cultura dos incultos". Seria, pois, o conjunto de conhecimentos, técnicas e modos de ser dos iletrados, transmitido oralmente. Distinguia-se da literatura, cultura dos meios elevados, dos letrados e dos "cultos". A diferença entre a literatura popular e a literatura erudita é apresentada como uma diferença fundamental, de natureza: duas formas culturais antagônicas e, em certo sentido, exclusivas. O burguês e o homem do povo – terminologia de Saintyves e de Maunier – seriam a expressão desse antagonismo. Aquele vivendo a idade positiva comtiana, pensando racional e logicamente as coisas, capaz também de progresso; enquanto o segundo revelaria uma etapa anterior do desenvolvimento das sociedades ocidentais, surgindo como um homem imobilizado pelo passado e sufocado sob o peso da tradição, pensando as coisas de modo anti-racional e ilógico. A diferença de mentalidade seria irredutível. Contudo, ela não é inata: o homem herda-a socialmente, revelando-a à medida que traduz o seu próprio meio social e cultural, a sua "cultura" – a sua literatura e o seu folclore. Mas essa irredutibilidade, essa diferença de natureza (ou de grau, como seria melhor situá-la), abre um abismo entre o folclore e a literatura. Por isso, diante do artista – romancista ou poeta – que se orientasse por essa concepção, haveria só três caminhos possíveis. Primeiro, aproveitar o folclore como fonte de sugestão. Aí o tema folclórico seria mero ponto de partida, e o que se incorporaria à literatura seria uma estilização do fato folclórico, e não o próprio fato folclórico. A essência da literatura, portanto, conservar-se-ia salva. O romance *Pedro-Malasarte*, do sr. José Vieira, é um exemplo. Segundo, o folclore surge como uma fonte de argumentos estranhos, exóticos e fortes – de motivos e temas novos, dando uma *cor* ao fundo do romance, um ambiente de vida desconhecido. O trabalho do romancista, no caso, se reduz a um aproveitamento superficial dos fatos folclóricos. É a notação rápida dos "costumes populares" dos românticos. Nunca ultrapassam os limites do descritivo e não há nenhum esforço no sentido de entender o homem sob o ângulo daqueles elementos folclóricos. Por fim, o terceiro caminho, que é a tentativa mais arrojada: tentar uma conciliação entre as duas culturas, entre os dois "tipos" de homem. O tema folclórico deixa de ser simples ponto de partida para assumir uma importância nova – o artista acaba atribuindo uma realidade essencial ao mito, submetendo-se-lhe definitivamente. É a fascinação do abismo, pois o artista pode se despenhar de uma vez no folclore, como Mistral, adotando uma atitude de participação, sem que se possa avaliar até onde a solução pode ser aceita como intermediária ou integrativamente criadora. A finalidade maior do artista, entretanto, muitas vezes é consciente, neste caso! A revelação essencial e integral de um povo, dando uma amostra do conflito das duas mentalidades e um começo de síntese. Parece-me ser a de Goethe a tentativa mais vigorosa, no gênero; no entanto, ele já estaria esquecido, se não ficasse mais próximo da "cultura" que da simples peça de títeres que era o *Fausto*. O resultado e o destino dessas aventuras é sempre esse: fatalmente o artista dá maior ênfase aos valores de seu meio restrito, distanciando-se dos valores do *povo* à medida que as duas esferas de valores também se distanciam.

Modernamente, esboça-se um movimento que tende ao aproveitamento mais profundo desses valores folclóricos. De um lado, liga-se a uma concepção mais ampla de folclore. O folclore como uma expressão das condições presentes, típicas, da vida do povo, envolvendo todo o seu estilo de vida. Essa concepção abre uma nova ponte entre a literatura e o folclore porque, então, desaparece aquela imagem do homem do povo vivendo imobilizado pela tradição e incapaz de progresso, surgindo em seu lugar o ser humano que ele é. Ou seja, a atenção do artista desloca-se dos fatos folclóricos propriamente ditos para as pessoas que eles caracterizam. Surge aí o homem que interessa à literatura contemporânea, revelando em suas canções, em suas cantigas, em suas modinhas, em seus desafios, em seus abecês, aquilo que ele pensa, que ele crê no momento e também o que ele deseja e o revolta. Os valores folclóricos como uma forma, mesmo, de expressão da história contemporânea do povo e também de sua ideologia política. Aí é possível encarar o aproveitamento do material folclórico de outra maneira. Primeiro, em si mesmo como documentário; segundo, como uma espécie de busca da verdadeira imagem do "homem do povo". É o que acontece, por exemplo, no romance de um Jorge Amado ou de um Ciro Alegria. A estilização é relegada e à notação segue-se um trabalho profundo de compreensão do homem em função de seus valores típicos. Os limites entre a literatura e o folclore não só se tornam menos nítidos e rígidos, como a literatura se apresenta como uma forma fecunda de revelação do folclore.

SEGUNDA PARTE
Tendências dos estudos folclóricos em São Paulo

CAPÍTULO 11 | Os estudos folclóricos em São Paulo*

Introdução

O folclore pode ser entendido tanto como realidade objetiva quanto como ponto de vista especial, que permite observar e descrever essa realidade. Na presente exposição, só iremos cuidar do folclore na segunda acepção, limitando-nos, além disso, à análise das orientações que inspiraram ou fomentaram o desenvolvimento dos estudos folclóricos em São Paulo.

Atendo-nos ao essencial, são três as orientações que têm dirigido as preocupações dos nossos folcloristas. Uma delas se caracteriza pelo recurso a critérios estéticos de reconstrução e de apreciação das manifestações folclóricas; outras, pela aspiração de converter o folclore em disciplina científica autônoma; a terceira, enfim, pela subordinação dos estudos folclóricos a critérios de investigação fornecidos pelas ciências sociais, especialmente pela sociologia e pela etnologia.

A análise dessas orientações, ainda que perfunctória, apresenta interesse evidente. De um lado, ela serve para nos esclarecer acerca dos móveis intelectuais, que vêm dando sentido ao labor dos nossos folcloristas. De outro, ela oferece, aos que pretendem alcançar uma visão de conjunto, um quadro de referências no qual é fácil

---

* Trabalho publicado parcialmente no suplemento literário de *O Estado de S. Paulo*, em números de novembro e dezembro de 1956 e janeiro de 1957. Publicado na forma atual em *A etnologia e a sociologia no Brasil*, cap. VII.

situar as diversas tendências assumidas pelos estudos folclóricos em São Paulo. Como ela prescinde de levantamentos bibliográficos exaustivos e da formação de juízos críticos sobre as contribuições individuais de cada folclorista, possui a vantagem de eliminar os embaraços e as dificuldades inerentes aos balanços de caráter histórico.

Os critérios de discussão adotados são limitativos apenas em um ponto. É que eles nos levarão a deixar de lado as contribuições dos cronistas, como Anchieta, Cardim ou Nóbrega; dos viajantes do século XIX, como Saint-Hilaire, Mawe ou Florence; e dos historiadores que incluíram as ocorrências folclóricas no âmbito de suas investigações, como Antônio Egídio Martins, Nuto Sant'Ana, Afonso de Taunay, Alice Canabrava, Ernâni da Silva Bruno ou Richard Morse. Semelhantes lacunas, entretanto, só poderão ser evitadas em trabalhos mais amplos, que se proponham estudar todas as tentativas de focalização das manifestações do folclore paulista.

O FOLCLORE COMO EXPRESSÃO ESTÉTICA DA MENTALIDADE POPULAR

As primeiras tentativas de descrição sistemática do folclore paulista se inspiraram em propósitos de natureza literária. Os contistas é que descobriram e tentaram fixar explicitamente os temas da *vida popular*, através de documentação reunida com esse objetivo. José Piza[1], Leôncio de Oliveira[2] e Valdomiro Silveira[3] estão entre as principais figuras dessa orientação inicial dos estudos folclóricos em São Paulo. Coube a Cornélio Pires[4], todavia, realizar o esforço

---
1 José Piza, *Contos da roça*. Precedidos de uma Carta Literária de Gomes Cardim. Ilustrações de Benedito de Matos. São Paulo, Andrade, Melo & Cia., 1900.
2 Leôncio C. de Oliveira, *Vida roceira (contos regionais)*, São Paulo, 1919.
3 Valdomiro Silveira, *Os caboclos*, São Paulo, edição da *Revista do Brasil*, 1920. Outros contistas da época foram postos de lado, porque os três autores escolhidos parecem ser os mais característicos, tendo-se em vista os propósitos de nossa análise.
4 Cornélio Pires, *Versos, cenas e paisagens da minha terra. Versos velhos. Musa caipira*, São Paulo, Empresa Gráfica Moderna, 1912; *Conversas ao pé do fogo. Estudinhos – Costumes – Contos –*

mais persistente e contínuo, graças ao qual a coleta e a exposição de materiais folclóricos se libertaram de alvos poéticos ou novelísticos, embora se conservasse o teor narrativo literário.

As contribuições de José Piza, Leôncio de Oliveira e Valdomiro Silveira merecem ser encaradas como uma exploração estética da "mentalidade do caipira". Por causa de necessidades criadas pela comunicação com o leitor (em geral, pouco ou mal informado sobre as condições de existência do caipira) e devido à própria construção literária (em particular, dependente de dados a serem focalizados e expostos com fidelidade), o estudo folclórico se transformou em instrumento de trabalho do conto, enquanto este, por sua vez, se tornou o veículo literário do folclore. Essa fusão do pesquisador e do contista nem sempre se fez sem prejuízo do folclore e da literatura. Isso, porém, não nos interessa aqui, já que nos compete tratar apenas de suas conseqüências sobre o desenvolvimento dos estudos folclóricos em São Paulo.

Nesse plano, cumpre admitir que as conseqüências foram indubitavelmente frutíferas. Primeiro, porque os temas escolhidos permitiam concentrar a atenção dos estudiosos sobre culturas diretamente ameaçadas pelo influxo do "progresso". Segundo, porque eles também contribuíam para alargar o campo de observação da vida rural brasileira, conferindo ao caipira e a seus modos de vida a dignidade de objeto relevante de indagação. Terceiro, porque muitas informações são ainda hoje utilizáveis, em investigações de reconstrução histórica ou de âmbito comparativo. A preocupação de conter a "liberdade literária" nos limites da criação artística pro-

---

Anedotas – Cenas da escravidão, São Paulo, 1921. Vejam-se também: *Sambas e cateretês (folclore paulista), modas de viola, recortados, quadrinhas, abecês* etc., São Paulo, Gráfico-Editora Unitas, s.d.; *Quem conta um conto: contos regionais*, São Paulo, Tipografia Piratininga, 1919; *Patacoadas: anedotas, simplicidades e astúcias de caipiras*, São Paulo, Ferraz, 1926; *Mixórdia – Contos – Anedotas*, São Paulo, Nacional, s.d.; *Meu samburá – anedotas e caipiradas*, 2. ed., São Paulo, Nacional, 1928; *Tarrafadas: contos, anedotas e variedades*, São Paulo, Nacional, 1932; *Só rindo: anedotas e pilhérias*, Rio de Janeiro, Civilização Brasileira, 1934; *Tá no bocó: anedotas colhidas, escolhidas, catadas e adaptadas. Variedades e curiosidades*, São Paulo, Nacional, 1935; *Enciclopédia de anedotas e curiosidades*, São Paulo, Cornélio Pires, 1945.

priamente dita, especialmente, fez com que a deformação dos materiais de natureza folclórica fosse antes superficial que substancial. Piza, por exemplo, afirma: "Procurei dar aos meus despretensiosos contos o cunho característico do caipira paulista, quer quando escrevi em português corrente, quer na maneira especialíssima do seu estilo e do seu modo de falar."[5] Mas, é em Leôncio de Oliveira que a referida preocupação melhor serviu ao conto e ao folclore, levando-o a separar, com relativo cuidado, o que procedia do registro folclórico, mais ou menos livre, do que se prendia à imaginação do contista: "Concluindo, o que me levou a discorrer ligeiramente sobre os usos, costumes, crenças e linguagem dos nossos patrícios sertanejos, neste pequeno estudo, servindo de preâmbulo a tão despretensiosos contos, foi o desejo de que o leitor, ao lê-los, neles não julgue ver fantasia [...]. Para escrever não fui beber a outra fonte, a não ser a verdadeira, entre os mesmos caipiras, com quem convivi, estudando-lhes os costumes. É possível que esses, por defeito de observação, sejam, por sua vez, mal reproduzidos nestas páginas, reservando, contudo, o autor, para si, o mérito de, estudando os nossos patrícios do sertão, procurar ser sincero e consciencioso."[6]

É óbvio que as contribuições folclóricas, contidas nesses contos, são mais apreciáveis nas passagens meramente descritivas: na focalização das cenas reais da vida caipira, no arrolamento de costumes e de tradições, na reprodução do linguajar caipira e na ordenação do vocabulário correspondente. Onde aparece a intenção de caracterizar o caipira e de avaliar os traços psicoculturais de sua mentalidade, há pouco que aproveitar. Atrás dos critérios estéticos de reconstrução e de apreciação da cultura popular, estavam móveis abertos de "reabilitação" do caipira – de suas peculiaridades pessoais e de seus modos de existência. Daí o sentido apologético dos contos e as lacunas que dele derivavam. A "valorização" do cai-

---
5 José Piza, op. cit., p. 153.
6 Leôncio de Oliveira, op. cit., pp. 97-8.

pira não emana do uso direto de materiais folclóricos, mas de sentimentos produzidos pelas reações etnocêntricas aos sucessos da colonização estrangeira. Os dados folclóricos apenas forneceram a moldura e o leve toque realístico dessa *reabilitação literária*, sob muitos aspectos fictícia e inócua para as camadas populares, cujo valor se pretendia redefinir.

As limitações dessa orientação também se evidenciam na obra de Cornélio Pires. Em sua produção poética original, prevalece a representação romântico-bucólica da vida caipira, tão falsa e caricatural quanto as deformações pessimistas do mesmo tema[7]. Em *Conversas ao pé do fogo* procura retratar "o caipira como ele é", contra os que fizeram dele uma entidade patológica. Assim, pergunta: "E o nosso progresso? E a grandeza e desenvolvimento desta pátria de mais de trinta milhões de habitantes? E as nossas riquezas agrícolas e pastoris? Quem as desenvolve e sustenta? Os nossos amigos estrangeiros, em pequeno número, relativamente à população nacional? Eles nos têm ajudado, mas toda a base, toda a segurança e riqueza da pátria estão no fazendeiro brasileiro, no caipira lavrador ou campeiro, nos seus pastoreios pelas claras e monótonas solidões das verdejantes campinas sertanejas."[8] Sobre esse pano de fundo, desenha um caipira heróico, "que há de vencer, mesmo contra a vontade do 'civilizado' que o avilta e o cobre de defeitos"[9]. Contudo, essas apreciações descansam em extrema intimidade com o assunto. Onde a apologia não se manifesta, ganha relevo certa tendência à compreensão endopática da cultura caipira e o reconhecimento de que o caipira é, acima de tudo, o produto humano de condições espoliativas de existência social.

A pretensão de explorar materiais em fins artísticos acabou se atenuando, a ponto de ser substituída pelo afã de formar amplas

---

7 Consulte-se, em particular, as composições de *Musa caipira* intituladas "A vida do lavrador" e "Sítio de caboclo" (in *Versos*, pp. 125-7 e 143-4).
8 Cornélio Pires, *Conversas*, op. cit., p. 4.
9 Idem, p. 5.

coleções, mais ou menos impregnadas de "cor local"[10]. Não obstante, Cornélio Pires manteve os padrões de trabalho que asseguravam extensa liberdade ao escritor, no tratamento do material folclórico – tanto em sua reprodução literária quanto em sua identificação, ordenação e classificação. Com isso, conseguiu atrair o interesse de diferentes tipos de leitores e facilitou enormemente as tarefas ligadas com a acumulação de dados sobre diferentes aspectos do folclore paulista. Mas comprometeu o alcance de suas contribuições, pelo teor impressionista dos relatos, as insuficiências no registro das composições e o caráter assistemático de apresentação dos dados.

A obra folclórica de Cornélio Pires terá que ser avaliada de dois ângulos distintos. Primeiro, pelo que significa como fonte de divulgação de anedotas, de composições poéticas e de todo gênero de curiosidades da *vida caipira*. Graças a seu estilo despretensioso, pitoresco e límpido de "contador de causos", granjeou notoriedade mesmo em camadas pouco acessíveis à literatura erudita. Seus livros sobre o folclore caipira e suas coleções de anedotas preenchem, assim, uma função criadora, tanto na difusão de conhecimentos sobre o mundo rural brasileiro quanto na perpetuação e revitalização de estereótipos favoráveis à malícia, à energia, à sobriedade e à sabedoria do homem do campo, correntes nos meios citadinos. Segundo, pelo que significa como contribuição empírica para a investigação dos aspectos lúdicos do folclore brasileiro. Seus melhores trabalhos sobre a cultura caipira em São Paulo e suas copiosas coleções de anedotas abrem consideráveis perspectivas para os estudiosos de formação científica e lhe asseguram uma posição de relevo entre os folcloristas brasileiros. Contudo, é evidente que não conseguiu fixar "o caipira como ele é" – nem mesmo nos limites das atividades lúdicas tradicionais. Um objetivo tão complexo dificilmente poderia ser atingido por meio de dados folclóricos coli-

---

10 Cf. *Sambas*, op. cit., p. 5, em que Cornélio Pires se refere explicitamente a essa preocupação.

gíveis através da observação direta assistemática e sem o recurso regular a manipulações de cunho interpretativo.

Depois desse breve escorço, seria conveniente indagar o que representa, atualmente, essa orientação dos estudos folclóricos. É freqüente uma avaliação negativa, segundo a qual ela teria perdido toda significação, superada como foi pela renovação científica da pesquisa folclórica e pelas investigações etnológicas ou sociológicas do folclore. Mas essa argumentação é válida apenas para o presente e seus fundamentos só são parcialmente legítimos. A conexão entre a literatura e o folclore, no passado, pode ser interpretada, de fato, como produto de uma contingência histórica. Se os estudos folclóricos estivessem mais adiantados e difundidos, seria prescindível alargar o âmbito da atividade intelectual do artista até a observação e a reconstrução *objetivas* do folclore. Como ambas as condições não ocorreram, defrontamo-nos com uma conexão histórica, cujo sentido não poderá ser superado, nem pelo desenvolvimento posterior dos estudos folclóricos, nem pelo da literatura.

Portanto, de uma perspectiva histórica, a orientação que associa o estudo folclórico a ambições e a padrões artísticos de produção literária encontra pleno fundamento em condições de trabalho intelectual, que prevaleceram, durante certo tempo, no passado. Sob esse prisma, as obras mencionadas acima, independentemente de sua importância como "estudos folclóricos", constituem documentos de uma situação histórico-cultural. Parece-nos que, como documentos, elas indicam como a desagregação da ordem social, vinculada ao antigo regime de castas e de estamentos, e a formação do sistema de classes sociais se refletiram na reorganização do "saber erudito" e nas relações dele com o "saber popular". O isolamento relativo dos dois tipos de saber foi solapado pela própria transformação da sociedade, pois as condições de existência, que começaram a prevalecer depois da desagregação do regime servil, aceleraram o intercâmbio cultural dos grupos sociais que possuíam sistemas diferentes e relativamente fechados de concepção do mundo.

As exigências literárias do conto e da poesia, que convertiam o escritor em ensaísta, se ligam a esse processo cultural mais amplo, através do qual os agentes do "saber erudito" e do "saber popular" passaram a se influenciar mutuamente. No plano em que consideramos a questão, podemos perceber como o "saber popular" repercutiu no "saber erudito" e como este procurou redefinir o valor – seria melhor dizer: a significação axiológica – daquele saber e dos seus portadores.

A discussão sistemática conduz a resultados similares. Como Rickert já demonstrou, o critério permite conhecer aspectos da realidade que são inacessíveis à indagação histórica e à investigação experimental. No estudo do folclore, esse critério abre perspectivas para a descrição de conexões psicoculturais das atividades humanas que só são acessíveis, vistas através de situações concretas de existência, à exposição intuitiva. Daí o contraste que se pode estabelecer entre a orientação estética e a orientação científica na reconstrução do folclore. A pesquisa folclórica, de orientação científica, visa a reconstruir o objeto e a explicá-lo por meio da abstração dos elementos formais, estruturais ou funcionais que se repetem com certa regularidade ou que variam dentro de um intervalo reconhecível de flutuação. Ela é incapaz, portanto, de reunir evidências que permitam representar o objeto através dos elementos cuja variação não possa ser compreendida nos limites comuns: *a)* do que se repete com regularidade; *b)* do que se alerta dentro de um intervalo definido de flutuação. A abordagem estética, ao contrário, comporta a reconstrução do folclore a partir desses elementos. Pela observação e pela compreensão endopática, ela pode estabelecer dentro de que limites os efeitos irregulares, que transcendem à capacidade média ou comum de percepção social e da reação condicionada, se inserem no contexto das ocorrências folclóricas, caracterizando-as de modo profundo. Com isso, o excepcional é excluído da esfera do contingente e passa a servir como fonte de reconstrução e de explicação das condições ou das situações em que pode ocorrer.

Os estudos de Ruth Benedict ilustram, admiravelmente, como o peculiar e variável podem ser explorados na explicação folclórica: ela verificou que não existe, no folclore Zuni, o que os folcloristas consideram como *a* versão típica de determinado conto. Cada narrador nativo desfruta de liberdade criadora comparável à do músico ou à do poeta em nossa sociedade e a utiliza, naturalmente, em conformidade com os padrões narrativos de sua cultura. Ao narrar, tanto pode misturar o velho com o novo quanto expor o que é conhecido de maneira original. Em conseqüência, os mesmos contos encontram soluções estilísticas distintas, que revelam o talento criador do artista e sua capacidade de lidar com os auditórios. Para se evidenciar os padrões narrativos de semelhante tipo de criação artística, de nada adiantaria escolher uma variante mais completa e encará-la como a versão característica dos Zuni, como costumam fazer os especialistas em folclore comparado. Seria preciso agrupar as variantes dos mesmos contos, identificar através delas o estilo dos diversos narradores nativos e, por meio dos conhecimentos assim obtidos, caracterizar os padrões narrativos inerentes a essa espécie de produção artística[11].

É natural que o exemplo fornecido pelo estudo do estilo narrativo Zuni não situe senão a significação interpretativa do que é peculiar e variável na observação do folclore. A reconstrução estética do folclore envolve, além disso, o próprio modo de lidar com os dados, relevantes para a descrição sintética da realidade. Para ela, possui pouca importância distinguir o verdadeiro do falso e prever o que é viável ou plausível. O que é essencial na reconstrução científica, é acessório ou negligenciável na reconstrução estética. Por isso, ela não procura determinar os quadros exteriores, as unifor-

---

11 Ruth Benedict, *Zuni mythology*, Nova York, Columbia University Press, 1935, v. I, cf. pp. XIII-XLIII.

midades de coexistência ou de seqüência, no fluxo da vida humana, mas o que nela pode ser encarado como fidedigno ou como autêntico – aquilo que se apresenta como inevitável, dadas certas condições de conceber e de viver a existência. Os romances de Thomas Mann sobre os episódios da vida de José nos oferecem a ilustração mais completa da natureza e do alcance da reconstrução estética do folclore. Os resultados da reconstrução positiva do mítico e do histórico sempre estão presentes, em qualquer ponto crucial da narrativa. Entretanto, o papel desses resultados, na reconstrução estética do mítico, é meramente informativo e condicionante: a descrição reconstrutiva se projeta, diretamente, no plano imediato da atualização do mito como realidade, através do viver humano. Às vezes, o virtuoso erudito de Thomas Mann chega a exasperar o leitor. Em nenhuma passagem, todavia, ele se transforma em pesquisa positiva ou em exposição de um saber positivo, mantendo-se integralmente como instrumento de um saber intuitivo, de contextura e substância míticas.

Em suma, não procedem nem histórica nem sistematicamente as impugnações à legitimidade e à validade da exploração de critérios estéticos na reconstrução do folclore. A segunda parte de nossa discussão sugere, entretanto, em que consistem as limitações dos autores que examinamos. Faltou-lhes coerência, no aproveitamento dos resultados das sondagens folclóricas. Na produção propriamente artística, os dados folclóricos se superpõem ao trama da ficção, em vez de servir para iluminá-lo e para desvendar o encantamento da vida; e, nos ensaios folclóricos, a exposição raramente persegue os temas que deviam ser esclarecidos pela penetração estética no assunto, mesmo no que concerne às manifestações artísticas da vida popular. Contudo, essas limitações se explicam, por sua própria natureza, como aplicações deficientes dos critérios estéticos de reconstrução do folclore. Seria de todo desejável que os escritores modernos, a exemplo do que fez Mário de Andrade, em

Macunaíma, se aventurassem a realizar essas experiências literárias, sob muitos aspectos imprescindíveis para o amadurecimento intelectual de um povo.

O FOLCLORE COMO DISCIPLINA CIENTÍFICA AUTÔNOMA

A orientação científica se instaurou nos estudos folclóricos em São Paulo por duas vias diferentes. De um lado, pela preocupação de estudar o paulista antigo, por meio de evidências das tradições orais. Semelhante preocupação se revela originalmente na obra de Afonso de Freitas[12], na qual se combinam intuitos históricos, sociográficos e folclóricos. De outro, pela influência das investigações folclóricas, realizadas em várias regiões do país, por Celso de Magalhães, Sílvio Romero, João Ribeiro e tantos outros[13]. As contribuições de Edmundo Krug[14], de Alberto Faria[15] e de Amadeu Amaral[16] sofreram essa influência, antes estimuladora que formativa. Nelas prevalece a aspiração de dar um cunho científico-positivo à pesquisa folclórica, o que fez com que aqueles autores se interessassem, sobretudo, pela formação de coleções, pela análise genético-comparativa (antes erudita que sistemática), ou pelos problemas teóricos e metodológicos do folclore.

---

12 Afonso A. de Freitas, *Tradições e reminiscências paulistanas*, São Paulo, edição da *Revista do Brasil*, 1921; "Folganças populares do velho São Paulo", *Revista do Instituto Histórico e Geográfico de São Paulo*, São Paulo, 1916-1921, v. XXI, pp. 5-31.

13 Em Amadeu Amaral, "Os estudos folclóricos no Brasil" (in *Tradições populares*, São Paulo, Instituto Progresso Editorial, 1948, pp. 1-12), se acha uma análise bastante lúcida da situação dos estudos folclóricos no Brasil, naquela época, que deixa entrever como as correntes dos estudos folclóricos brasileiros se refletiram em São Paulo.

14 Edmundo Krug, *A superstição paulistana* (conferência realizada na Sociedade Científica de São Paulo), São Paulo, 1910; "Deus e os santos na superstição brasileira", *Revista do Instituto Histórico e Geográfico de São Paulo*, 1925, v. XXIII, pp. 157-207; "Curiosidades da superstição brasileira", *Revista do Instituto Histórico e Geográfico de São Paulo*, dezembro de 1938, v. XXXV, pp. 227-56.

15 Alberto Faria, *Aérides – Literatura e folclore*, Rio de Janeiro, Jacinto dos Santos, 1918; *Acendalhas – Literatura e folclore*, Rio de Janeiro, Leite Ribeiro & Maurilo, 1920.

16 Amadeu Amaral, "O dialeto caipira. Gramática – vocabulário", in *Tradições populares*, prefácio de Paulo Duarte, São Paulo, Anhembi, 1955.

As inspirações intelectuais de Afonso de Freitas transparecem na transcrição de Michelet, com que abre *Tradições e reminiscências paulistanas*. Através da observação do contemporâneo e do atual, pretendia reconstruir e explicar a mentalidade étnica dos antigos povoadores de São Paulo. "Nosso objetivo coligindo as reminiscências do povo paulista, perscrutando-lhe as mínimas particularidades em seu agir, as exteriorizações espontâneas, as mais insignificantes, do seu espírito e da sua índole, não é, por certo, proporcionar leitura amena e agradável, nem fazer literatura mas exclusivamente registrar, embora sem minúcias de análise e de crítica, os traços que porventura se conservem ainda visíveis nas massas populares da nossa terra, da independência de caráter, do alevantado espírito de iniciativa, das extraordinárias qualidades e, digamos também, dos defeitos do primitivo paulista que, aliás, foi um dos mais admiráveis povos da terra."[17] Por isso, seus interesses no folclore provinham de uma concepção da história social, que associava a análise histórica à descrição de evidências do passado, contidas no próprio fluxo da vida social no presente.

Os fundamentos teóricos desse esforço de reconstrução do passado coincidem, entretanto, com os que serviram para justificar a criação do folclore como disciplina científica autônoma. As camadas populares conservariam "a sabedoria de um mundo esquecido" – o mundo dos antigos paulistas. Sondando-os metodicamente, seria possível coligir os elementos para a "reconstituição psíquica dos nossos avós"[18]. Portanto, o que parece verdadeiramente importante, em sua orientação, é a delimitação do folclore como uma disciplina histórica. Suas "achegas" ao folclore projetam as ocorrências folclóricas dentro do ambiente social e cultural em que se desenrolam. E oferecem ponto de apoio para indagações mais amplas, sobre a influência dos contatos com a civilização européia na trans-

---

17 Afonso de Freitas, op. cit., p. 7.
18 Afonso de Freitas, op. cit., p. 9.

formação da herança cultural paulista. As conclusões a que chegou, de que as influências externas deviam ser assimiladas lenta e seletivamente, de acordo com as condições de "evolução natural" interna, são demasiado estreitas. Ditadas, como o foram, por disposições de conservantismo cultural, apenas focalizavam os efeitos do fenômeno que pareciam, aos componentes das camadas dominantes, negativos ou perturbadores. Não obstante, coube-lhe o mérito de discutir questões desse alcance no âmbito dos estudos folclóricos.

A obra de Afonso de Freitas pode parecer lacunosa ao estudioso moderno. Mas ela não deve ser considerada através de exigências a que não podia corresponder na época. Tal como foi concebida e realizada, possui importância evidente. Do ponto de vista metodológico, porque procurou encarar o folclore como uma realidade histórico-cultural. Do ponto de vista empírico, porque preservou rica documentação sobre o folclore paulistano nos começos do século[19]. Como acontece com Edmundo Krug e Amadeu Amaral, principalmente, sua figura de pioneiro dos estudos folclóricos em São Paulo tem ganho crescente relevo com o correr do tempo.

Outro é o espírito que anima os trabalhos dos autores que se propunham, especificamente, a tarefa de investigar o folclore paulista. A contribuição de Edmundo Krug, escrita para ser lida na forma de conferências, padece dos males desse meio de comunicação com o público. Eis o que lhe ocorre, por exemplo, como comentário ao seguinte verso da dança de São Gonçalo:

São Gonçalo é bom santo
Livrou o seu pai da forca
Livrai-me, santo, livrai-me
De mulheres de má boca!

---
19 Pelo que se infere da nota de rodapé da p. 91, *Tradições e reminiscências paulistanas* já estavam preparadas para a edição em 11 de dezembro de 1917.

"Ah! se assim fosse! quanta gente não faria uso deste versinho."[20] Apesar disso, é um ensaio conduzido com método e com alguma documentação original, colhida diretamente, em zonas rurais e urbanas, especialmente entre caipiras. Nele já se evidencia a preocupação pela formação de coleções de dados folclóricos, que iria empolgar Cornélio Pires e marcar tão profundamente as atividades dos folcloristas posteriores. Alberto Faria, ao contrário, atribuía maior importância ao estudo da origem e evolução dos temas folclóricos. Em geral, suas contribuições possuem o caráter de digressões eruditas, nas quais prevalece a ambição de descobrir as fontes imediatas de certas composições do folclore brasileiro[21]. Amadeu Amaral tentou fundir essas duas tendências de coleta e de interpretação, partindo da idéia de que a "história natural dos produtos do folclore" exige tanto a observação direta quanto a análise interpretativa dos dados folclóricos. Apesar de diferirem entre si, de modo substancial, as três direções indicadas – que orientavam o trabalho do folclorista para a formação de coleções, para o estudo de filiação histórica ou para a pesquisa folclórica sistemática – tinham em comum uma suposição diretriz: que o folclore constitui uma especialidade científico-positiva, com campo e métodos próprios de investigação. No estudo da cultura popular, o folclorista se considerava, assim, antes etnógrafo que historiador.

É verdadeiramente ímpar a posição ocupada por Amadeu Amaral na história dos estudos folclóricos em São Paulo. Tendo em vista o que nos interessa aqui[22], é preciso salientar: 1º) que suas contribuições revelam o grau de consciência teórica alcançado, em nosso meio, sobre a natureza do folclore como disciplina científica; 2º)

---

20 Edmundo Krug, *A superstição*, op. cit., p. 10.
21 Veja-se, especialmente, em *Aérides*: "Brasileirismos", pp. 33-44; "Cantigas da serra", pp. 59-61; "Pirolito", pp. 101-2; "Papagaios", pp. 153-60; "Amores da fonte", pp. 179-90; "Paremiografia", pp. 221-5; e "Adivinhas", pp. 245-8; e, em *Acendalhas*: "Magia simpática", pp. 111-2; e "Cucularia", pp. 147-56.
22 Sobre a significação e importância da contribuição folclórica de Amadeu Amaral, conforme adiante: "Amadeu Amaral e o folclore brasileiro".

que insistiam realisticamente sobre as limitações e possibilidades da pesquisa folclórica no Brasil; 3º) e que propugnavam uma solução viável para o incremento, em bases seguras, dos estudos folclóricos em São Paulo. Amadeu Amaral compartilhava das convicções dos folcloristas europeus de que o folclore é uma ciência positiva autônoma. "O folclore", "escreve, estuda os produtos da mentalidade popular. O povo tem uma ciência a seu modo, uma arte, uma filosofia, uma literatura – ciência, arte, filosofia e literatura anônimas. Tem também um direito, uma religião e uma moral que se distinguem dos que lhes são impostos pela cultura da escola ou lhe vêm por infiltração natural de influências ambientes..."[23] Na investigação dessa realidade, o folclore precisa empregar procedimentos positivos de observação e de classificação, de modo a tratar "os produtos dessas 'instituições' na sua história, no seu domínio territorial, nas influências cultas que recebem e nas influências que exercem sobre a cultura"[24]. Por causa dessa concepção do objeto e da natureza do folclore, Amadeu Amaral encarecia a necessidade de pesquisa folclórica sistemática, que conduzisse à formação de coleções precisamente constituídas, e repelia a tendência às "construções teóricas" prematuras ou inconsistentes. Ambas as condições nem sempre têm sido respeitadas ou encarecidas pelos folcloristas brasileiros, cujas investigações Amadeu Amaral examinou criticamente, com admirável ponderação. "Realmente, à parte o que haja de meritório em mais de um trabalho excepcional, salta aos olhos que ainda reina muita confusão e muita indecisão nestes estudos. Ora, são feitos por mero diletantismo ou passatempo, sem objetivo, sem método e sem seguimento; ora, por simples literatura, visto que o campo das tradições, e especialmente o da poesia popular, fornece abundante matéria para divagações e fantasia; ora, enfim, por outros intuitos

---

23 "Por uma sociedade demológica em São Paulo", op. cit., p. 52.
24 Idem, p. 53.

não só estranhos à pura investigação, como nocivos a ela por isso mesmo."²⁵ Ressaltando o significado das contribuições de Sílvio Romero, nem por isso deixou de assinalar que as coleções de materiais folclóricos precisam ser feitas segundo critérios mais complexos e objetivos. "Sem querer desfazer dos trabalhos de ninguém, os quais, ao contrário, me prezo de levar muito a sério e de estimar deveras, é impossível não reconhecer que algumas das colheitas registradas em livros ou divulgadas em revistas e jornais ainda trazem muito visíveis os traços de um pernicioso diletantismo – um diletantismo que, parecendo querer subordinar-se ao espírito da ciência, não tem, na verdade, nem a curiosidade científica, nem a gravidade, nem a objetividade, e antes leva a brincar com os assuntos: e a divertir o leitor fácil de contentar."²⁶ Para banir os dois efeitos mais graves das investigações folclóricas no Brasil – as coleções feitas sem método nem rigor científico e as explicações gerais mas estéreis – é que lutava pela instituição de uma Sociedade de Estudos Folclóricos em São Paulo e se empenhava na divulgação dos padrões positivos da pesquisa folclórica²⁷. Ele próprio deu o exemplo, empenhando-se com entusiasmo no estudo do dialeto caipira, da poesia popular, e graças à colaboração dos companheiros dedicados, como Paulo Duarte e Francisco Damante, de outros aspectos do folclore paulista.

As tentativas e as sugestões de Amadeu Amaral caíram em terreno sáfaro. Sua influência foi certamente útil, mas os alvos mais construtivos e ambiciosos de sua atividade deixaram de ser atingidos. É que as instituições de pesquisa científica não se improvisam... Elas precisam nascer de necessidades ou de aspirações intensas no meio social, para poderem contar com recursos materiais ou humanos e para conseguirem imprimir continuidade à própria pes-

---

25 "Os estudos folclóricos no Brasil", op. cit., p. 3.
26 "Folclore e dialetologia", op. cit., pp. 20-1.
27 Consulte-se, especialmente, "Uma tarefa a executar" (op. cit., pp. 25-38) e as indicações fornecidas por Paulo Duarte, na introdução dessa obra.

quisa científica. Somente com a criação do Departamento Municipal de Cultura (1935) e com a fundação da Sociedade de Etnografia e Folclore (1937), iriam surgir condições mais propícias aos estudos folclóricos baseados em pesquisa empírica sistemática. Então, coube a Mário de Andrade inspirar esses estudos e, às vezes, concorrer para a realização deles, o que fez com notável dedicação, atraindo energias moças e amparando propósitos bem definidos de investigação[28]. Sua influência incentivadora e aglutinadora ainda hoje permanece viva, tanto no trabalho individual de vários folcloristas, cujos talentos descobriu e orientou inicialmente, quanto em instituições que vêm contribuindo para o progresso das pesquisas folclóricas em São Paulo, como a Discoteca Pública Municipal e o Centro de Pesquisas Folclóricas Mário de Andrade, do Conservatório Dramático e Musical de São Paulo.

No Departamento de Cultura, Mário de Andrade orientou as pesquisas folclóricas segundo as concepções que faziam do folclore uma especialidade científica. O inquérito devia servir de base à formação de coleções de textos literários e musicais, à confecção de mapas, relativos à distribuição espacial das ocorrências folclóricas investigadas, e às elaborações mais ambiciosas, de intentos classificatórios ou comparativos. Essa, pelo menos, era a direção que tomava a sua atividade de estimulador e de orientador das investigações folclóricas. Pessoalmente, procedia de forma eclética e até tumultuária: em suas contribuições quase sempre se misturam, de modo relativamente livre, a exposição de documentação original,

---

28 Mário de Andrade: *Ensaio sobre música brasileira*, São Paulo, I. Chiarato, 1928; *Modinhas imperiais*, São Paulo, I. Chiarato, 1930; *Compêndio de história da música*, 2. ed., São Paulo, 1933; *Namoros com a medicina: I – Terapêutica musical; II – A medicina dos excrementos*, Porto Alegre, Globo, 1939; *Músicos do Brasil*, Curitiba, Guaíra, 1941; *Pequena história da música*, São Paulo, Martins, 1942; "Romanceiro de Lampião", in *O baile das quatro artes*, São Paulo, Martins, s.d., pp. 73-103; "A música e a canção populares no Brasil", *Revista do Arquivo Municipal*, jan./1936, v. XIX, pp. 249-62; "O samba rural paulista", *Revista do Arquivo Municipal*, nov./1937, v. XLI, pp. 37-116, com fotografias fora do texto; "A nau catarineta", *Revista do Arquivo Municipal*, jan./1941, v. LXXIII, pp. 61-76; para as indicações concernentes à coleção de melodias populares feita por Mário de Andrade, conforme adiante, nota 30. É claro que várias das obras indicadas apenas consideram aspectos parciais do folclore musical brasileiro.

colhida por observação direta ou por meio de informantes, as inspirações de vastas leituras e a análise mais ou menos paciente dos temas, na qual o erudito e o teórico muitas vezes se esclarecem mutuamente, no exame das mais variadas questões (da significação estética das ocorrências descritas à sua função prática ou mágico-religiosa, à sua distribuição espacial, à sua evolução formal etc.). Talvez por isso, julgava-se *folclorista amador*, tão pronto a corresponder afetiva e amorosamente às manifestações estéticas da cultura popular, quanto a descrever e a explicar o folclore como uma realidade, que precisa ser entendida objetivamente[29].

A figura de Mário de Andrade, apesar da importância de sua produção folclórica, avulta como a de um grande e fecundo animador. Generoso e entusiasta, compreendia e estimulava as vocações jovens, incentivando-as a trilhar o caminho modesto mas seguro da pesquisa folclórica, orientada positivamente. Nesse sentido, deu continuidade e completou, com apreciável espírito prático, as preocupações pelo estudo científico do folclore brasileiro, que vinham da época de Amadeu Amaral. As próprias funções documentativas do Departamento de Cultura facilitaram esse processo, pois elas tendiam a incrementar e a valorizar, naturalmente, as tarefas descritivas e colecionadoras na investigação do folclore. Com isso, os folcloristas se encaminharam, de fato, para a pesquisa, mas acabaram restringindo demais o alcance de suas contribuições. De um lado, o levantamento empírico sistemático dos dados deu lugar a um registro predominantemente simplificado das ocorrências folclóricas, quase sempre descritas apenas sob seus aspectos formais. De outro, a análise folclórica propriamente dita, de caráter histórico ou comparativo, passou a ser subestimada ou negligenciada, sob o fundamento de que os "trabalhos de gabinete" não são essenciais ou podem ser atacados em qualquer momento.

---

29 Sobre a obra folclórica de Mário de Andrade, veja-se adiante: "Mário de Andrade e o folclore brasileiro."

Assim, a ambição de converter o folclore em ciência positiva autônoma mantém-se, produtivamente, através de contribuições de natureza descritiva. Entre elas, algumas possuem inegável valor artístico e científico, como as publicações da Discoteca Pública Municipal[30]. Outras apresentam sérias lacunas, como acontece com os trabalhos levados a efeito no Centro de Pesquisas Folclóricas Mário de Andrade[31], em geral muito descuidados, apesar de aproveitáveis e úteis. Em conjunto, porém, elas ampliam, de forma consi-

---

30 Essas publicações foram organizadas e editadas por Oneyda Alvarenga: 1. "Arquivo folclórico da Discoteca Pública Municipal": 1º v. – *Melodias registradas por meios não mecânicos*, Prefeitura do Município de São Paulo, Departamento de Cultura, 1946 (reúne as coleções feitas por Mário de Andrade, Oneyda Alvarenga, Camargo Guarnieri e Martin Braunwieser); 2º v. – *Catálogo ilustrado do Museu Folclórico*, Prefeitura do Município de São Paulo, Discoteca Pública Municipal, 1950 (documentação relativa a coleções formadas por Camargo Guarnieri e Luís Saia, com a colaboração de Martin Braunwieser, Benedito Pacheco e Antônio Ladeira). 2. "Registros sonoros de folclore musical brasileiro": 1º v. – *Xangô. Discos FM. 15 a 28-A*, Prefeitura do Município de São Paulo, Discoteca Pública Municipal, 1948 (material coligido por Luís Saia, com a colaboração de Martin Braunwieser e de Benedito Pacheco e Antônio Ladeira); 2º v. – *Tambor-de-mina e tambor-crioulo. Discos FM. 1 a 14*, Prefeitura do Município de São Paulo, Discoteca Pública Municipal, 1948 (material coligido por Luís Saia, com a colaboração de Martin Braunwieser e de Benedito Pacheco e Antônio Ladeira); 3º v. – *Catimbó. Discos FM. 28B a FM. 38*, Prefeitura do Município de São Paulo, Discoteca Pública Municipal, 1948 (material coligido por Luís Saia, com a colaboração de Martin Braunwieser e de Benedito Pacheco e Antônio Ladeira); 4º v. – *Babassué. Discos FM. 39 a FM. 51*, Prefeitura do Município de São Paulo, Discoteca Pública Municipal, 1950 (material coligido por Luís Saia, com a colaboração de Martin Braunwieser e de Benedito Pacheco e Antônio Ladeira); 5º v. – *Chegança de marujos. Discos 72 e 73, 82-B a 86, 97 a 104*, Prefeitura do Município de São Paulo, Discoteca Pública Municipal, 1955 (material coligido por Luís Saia, com a colaboração de Martin Braunwieser e de Benedito Pacheco e Antônio Ladeira).

31 Conforme, especialmente: *Folclore nacional* (referência sobre fatos folclóricos de interesse musical, apresentados em trabalhos realizados pela classe de 1945), São Paulo, Centro de Pesquisas Folclóricas Mário de Andrade, Conservatório Dramático e Musical, 1946; "Caderno de folclore", nº 1: *Poesias e adivinhas*, coligidas e editadas sob a responsabilidade de Rossini Tavares de Lima, São Paulo, Departamento Estadual de Informações, 1947; os seguintes trabalhos publicados na *Revista do Arquivo Municipal* (jul.-ago.-set./1948, v. CXIX): "Mitos do Estado de São Paulo", registrados pela classe de folclore nacional de 1947 e colecionados por Rossini Tavares de Lima (pp. 5-25); Rossini Tavares de Lima, "Congadas de Piracaia" (pp. 27-30); Wanny Brufato, "Festa do Santo Rei ou dos Três Reis Magos" (pp. 45-50); Noêmia Ferreira, "Congadas de São Tomás de Aquino (Minas Gerais)" (pp. 42-5); Maria de Lourdes Gimenez, "Congadas de Sorocaba" (pp. 30-42), que é, diga-se de passagem, a melhor contribuição da coletânea. E os seguintes trabalhos, publicados na revista *Folclore*: Rossini Tavares de Lima, "Quadro comparativo de alguns fatos folclóricos coreográfico-musicais no presente e no passado de oitenta e sete cidades paulistas" (1952, v. I, nº 1, pp. 53-73); Centro de Pesquisas Folclóricas Mário de Andrade, "Fórmulas sobre o vender fiado" (1952, v. I, nº 2, pp. 65-79); Jamile Japur, "Apelidos usados na Cidade de São Paulo", material coligido pelos alunos da classe de Folclore Musical do Conservatório Dramático e Musical de São Paulo (1952, v. I, n. 3, pp. 39-46); Rossini Tavares de Lima, "Gestos populares em São Paulo", material coligido pelos alunos da classe de Folclore Musical do Conservatório Dramático e Musical de São Paulo, de 1952 (v. II, nº 2, pp. 5-13).

derável, os nossos conhecimentos sobre o folclore paulista e brasileiro. O que se perdeu, no que concerne à consciência das diretrizes gerais da investigação folclórica, ganhou-se na exploração intensiva de certas áreas de pesquisa, como as do folclore musical, do folclore caipira, da literatura popular, do folclore mágico-religioso, do folclore infantil etc.

O levantamento bibliográfico foge aos nossos propósitos de discussão do assunto. Todavia, para documentar a afirmação que fizemos, parece-nos necessário indicar pelo menos as principais contribuições dos folcloristas hodiernos. Pelo volume, qualidade ou continuidade das contribuições, salientam-se as figuras de Oneyda Alvarenga[32], no campo de folclore musical, de Aluísio de Almeida[33], especialmente no da literatura popular e no do folclore infantil, e de Alceu Maynard Araújo[34], no do folclore caipira. Os três são

---

32 Oneyda Alvarenga: *Música popular brasileira*, com 133 exemplos musicais (85 inéditos), 52 fotografias inéditas, Porto Alegre, Globo, 1950; "Cateretês do sul de Minas Gerais", *Revista do Arquivo Municipal*, dez./1936, v. XXX, pp. 31-70; "Comentários a alguns cantos e danças do Brasil", *Revista do Arquivo Municipal*, nov.-dez./1941, v. LXXX, pp. 209-46; e os importantíssimos trabalhos publicados pela Discoteca Pública Municipal (conforme a nota 30).

33 Aluísio de Almeida; *50 contos populares de São Paulo*, São Paulo, Revista dos Tribunais, 1947; *Contos do povo brasileiro*, Rio de Janeiro, Vozes, 1949; "142 histórias brasileiras colhidas em São Paulo", *Revista do Arquivo Municipal*, nov.-dez./1951, v. CXLIV, pp. 161-332; "Notas de folclore infantil sul paulista", *Revista do Arquivo Municipal*, maio-jun./1946, v. CVIII, pp. 113-19: "Alguns materiais de folclore", *Revista do Arquivo Municipal*, jul./1951, v. CXLI, pp. 19-40; "Poesias infantis do sul de São Paulo", *Revista do Arquivo Municipal*, fev.-mar./1952, v. CXLVI, pp. 7-16; "Contos populares do Planalto", *Revista do Arquivo Municipal*, abr.-maio/1952, v. CXLVII, pp. 3-50; "Tradições orais religiosas", *Investigações*, São Paulo, dez./1950, n° 24, pp. 7-36; "O vigarista Malazarte", *Investigações*, abr./1951, n° 28, pp. 83-101; "Arquivo de folclore", *Investigações*, jun./1951, n° 30, pp. 23-36; "Notas de folclore", *Investigações*, set./1951, n° 33, pp. 37-55; "Lendas e contos do planalto e do litoral", *Investigações*, fev./1952, n° 38, pp. 33-61; "Religião e folclore", *Investigações*, maio/1952, n° 41, pp. 23-37; "'Saraus' e 'Assustados' do século XIX em Sorocaba", *Investigações*, set.-out./1952, n° 45, pp. 35-41; "Pesquisas de folclore", *Investigações*, jan.-fev./1953, n° 47, pp. 27-32; "De um a outro pouso", *Investigações*, maio-jun./1953, n° 49, pp. 41-48; farta colaboração em jornais, especialmente em *O Estado de S. Paulo*, que não podemos enumerar aqui.

34 Alceu Maynard Araújo: *Documentário folclórico paulista*, fotos e diagramas do autor, ilustrações de Osny Azevedo, Prefeitura do Município de São Paulo, Departamento de Cultura, 1952; "Documentário folclórico paulista e instrumentos musicais e implementos", *Revista do Arquivo Municipal*, jul.-dez./1953, v. CLVII, pp. 7-210 (a primeira parte, pp. 9-145, reproduz sob forma gráfica diversa o trabalho anterior); *Cururu*, Publicações do Instituto de Administração da Universidade de São Paulo, n° 18, 1948; *A cavalhada de São Paulo do Paraitinga*, Boletim n° 2, Sociedade de História e Folclore de Taubaté, 1948; "O jongo de São Luís do Paraitinga", *Fundamentos*, São Paulo, jun./1948, n° 1, pp. 44-50; "Jongo", *Revista do Arquivo Municipal*, out./1949, v. CXXVIII, pp. 45-54; "Carreira de cavalos em Itapetininga há cinqüenta anos", *Sociologia*, São Paulo, 1949, v. XI, n° 4, pp. 423-32; em colaboração com Manuel An-

trabalhadores infatigáveis, que se distinguem tanto pela tenacidade com que se devotam à formação de coleções quanto pela ambição de alcançar algum domínio geral sobre setores limitados do folclore brasileiro. E, a rigor, a obra de qualquer um deles poderia ilustrar a convicção de Oneyda Alvarenga, de que a exposição descritiva representa uma "condição essencial do método folclórico"[35].

Apenas Aluísio de Almeida arrisca, em escritos para jornais ou revistas, incursões esporádicas pelo setor do folclore comparado, as quais lembram o padrão de trabalho erudito dos antigos folcloristas brasileiros.

Considerando-se separadamente os diversos desenvolvimentos hodiernos dos estudos folclóricos, verifica-se que, ressalvadas certas interpenetrações inevitáveis, são as seguintes as áreas mais concorridas de pesquisa: a do folclore musical, com os trabalhos de Mário de Andrade[36], Oneyda Alvarenga[37], Luís Saia[38], Camargo Guarnieri[39], Martin Braunwieser[40], Nicanor Miranda[41], Cornélio Pires[42], Alceu Maynard Araujo e Manuel Antônio Franceschini[43], João Chiarini[44], José Nascimento de Almeida Prado[45], Rossini Tavares de Lima

---

tônio Franceschini, *Danças e ritmos populares de Taubaté*, Publicações do Instituto de Administração da Universidade de São Paulo, n.º 33, 1948; "Folia de Reis de Cunha", *Revista do Museu Paulista*, N. S., São Paulo, 1949, pp. 413-64, XXII pranchas; "Folclore do mar", *Revista do Centro de Ciências, Letras e Artes de Campinas*, jan.-jun./1955, n° 62-63, pp. 18-40.
35 *Música popular brasileira*, p. 11.
36 Indicações bibliográficas, cf. notas 28 e 30.
37 Cf. notas 32 e 30.
38 Cf. nota 30.
39 Cf. nota 30.
40 Cf. nota 30.
41 Nicanor Miranda, "Achegas ao folclore musical do Brasil", *Revista do Arquivo Municipal*, out.-nov.-dez./1945, v. CV, pp. 41-61.
42 Cornélio Pires, especialmente *Sambas*, op. cit., *passim*; *Mixordia*, op. cit., pp. 43-66 (indicações bibliográficas cf. nota 4).
43 Alceu Maynard Araújo: cf. nota 34, inclusive o trabalho em colaboração com Manuel Antônio Franceschini.
44 João Chiarini, "Cururu", música de Erotides Campos, fotografias da coleção do autor, *Revista do Arquivo Municipal*, jul.-ago.-set./1947, v. CXV, pp. 81-198.
45 José Nascimento de Almeida Prado, "Baile pastoril do sertão da Bahia", *Revista do Arquivo Municipal*, nov.-dez./1951, v. CXLIV, pp. 61-160; "Cantadores paulistas de porfia ou desafio", *Revista do Arquivo Municipal*, jul.-ago.-set./1947, v. CXV, pp. 199-254; "Alguns encontros de cantadores célebres do sul do Estado", *Investigações*, jan.-fev./1953, n.º 47, pp. 93-8.

e seus colaboradores – como Frederico Lane, Jamile Japur, Maria de Lourdes Gimenez, Wanny Brufatto e Noêmia Ferreira[46] –, Afonso Dias[47], Amadeu Amaral Jr.[48] e Evanira Mendes[49]; a do folclore mágico e religioso, com os trabalhos de Mário de Andrade[50], José Nascimento de Almeida Prado[51], Sebastião Almeida Oliveira[52], Cornélio Pires[53], Maria de Lourdes Borges Ribeiro[54], Conceição Borges Ribeiro[55], Rossini Tavares de Lima[56], Geraldo Brandão[57], Hernâni Donato[58], Dalmo Belfort de Mattos[59], Benedito Pires de Almeida[60], Carlos Borges Schimidt[61] e Marciano dos Santos[62]; a do fol-

---

46 Cf. trabalhos discriminados na nota 31; Rossini Tavares de Lima, "Trinta e dois documentos de Folclore Musical", *Abecê do folclore*, Publicação do Conservatório Dramático e Musical de São Paulo, 1952, pp. 63-100 e 117-29; Frederico Lane, Jamile Japur e Rossini Tavares de Lima, "Notas sobre o atual batuque ou tambu do Estado de São Paulo", *Folclore*, 1952, v. I, n.º 1, pp. 44-52, fotos no texto.
47 Afonso Dias, "O batuque em Tietê", *Folclore*, 1952, v. I, n.º 4, pp. 46-78.
48 Amadeu Amaral Jr., "Reisado", "Bumba meu boi" e "Pastoris", *Revista do Arquivo Municipal*, fev./1910, v. LXIV, pp. 273-84.
49 Evanira Mendes, "Dorme-nenê", *Folclore*, 1952, v. I, n.º 3, pp. 23-38.
50 Mário de Andrade, *Namoros com a medicina* (cf. nota 28).
51 José Nascimento de Almeida Prado, "Trabalhos fúnebres na roça, região sul do Estado", *Revista do Arquivo Municipal*, jul.-ago.-set./1947, v. CXV, pp. 11-80.
52 Sebastião Almeida Oliveira, *Expressões do populário sertanejo. Vocabulário e superstições*, São Paulo, Revista dos Tribunais, 1940, pp. 177-219; *Folclore e outros temas*, Limeira, Empresa Gazeta de Limeira, 1948, especialmente pp. 25-32, 33-40, 46-50, 56-61, 62-7, 84-91, 92-7 e 104-8; "O eufemismo perante a religião e o folclore", *Revista do Arquivo Municipal*, set.-out./1939, v. LXI, pp. 285-90; "Divagações pelos domínios do folclore", *Revista do Arquivo Municipal*, maio-jun./1942, v. LXXXIII, pp. 25-32 (reproduzido em *Folclore e outros temas*, pp. 25-32.
53 Cornélio Pires, *Conversas*, op. cit., pp. 157-82.
54. Maria de Lourdes Borges Ribeiro, "Chico Santeiro", *Folclore*, 1952, v. I, n.º 1, pp. 74-79 (fotos no texto); "Festa de São Benedito em Aparecida", *Folclore*, 1952, v. I, n.º 4, pp. 5-31.
55 Conceição Borges Ribeiro, "Alguns aspectos do culto a Nossa Senhora Aparecida", *Folclore*, 1952, v. I, n.º 1, pp. 7-37.
56 Rossini Tavares de Lima, "Superstições e crenças benéficas em São Paulo", *Folclore*, 1952, v. I, n.º 2, pp. 5-23; "Crendices e superstições maléficas", *Folclore*, 1952, v. I, n.º 3, pp. 5-18.
57 Geraldo Brandão, "Aspectos folclóricos de uma comunidade paulista", *Folclore*, 1952, v. I, n.º 4, pp. 100-14 (parte relativa às "superstições").
58 Hernâni Donato, "Dois mitos botucatuenses", *Folclore*, 1952, v. I, n.º 2, pp. 25-6; "O amor, o noivado e o casamento nas superstições rurais paulistas", *Folclore*, 1953, v. II, n.º 2, pp. 49-53.
59 Dalmo Belfort de Mattos, "As macumbas em São Paulo", *Revista do Arquivo Municipal*, jul.-ago./1938, v. XLIX, pp. 151-58.
60 Benedito Pires de Almeida, "A Festa do Divino", *Revista do Arquivo Municipal*, jul./1939, v. LIX, pp. 33-6; "Festas e tradições de Tietê", *Revista do Arquivo Municipal*, mar.-abr./1946, v. CVII, pp. 59-77.
61 Carlos Borges Schimidt, "Pedras de raio", *Sociologia*, 1947, v. IX, n.º 2, pp. 113-32.
62 Marciano dos Santos, "A dança de São Gonçalo", *Revista do Arquivo Municipal*, mar./1936, v. XXXIII, pp. 85-116.

clore caipira, com os trabalhos de Cornélio Pires[63], Sebastião Almeida Oliveira[64], Alceu Maynard Araújo[65], João Chiarini[66], José Nascimento de Almeida Prado[67], A. Paulino de Almeida[68], Gentil de Camargo[69] e Dalmo Belfort de Mattos[70]; a dos contos populares, com os trabalhos de Aluísio de Almeida[71], Cornélio Pires[72], Rossini Tavares de Lima[73], Dalmo Belfort de Mattos[74], Dorival Teixeira Vieira[75] e Manuel Hipólito do Rego[76]; a da paremiologia, com os trabalhos de Sebastião Almeida Oliveira[77], Amadeu de Queirós[78], Osvaldo Bastos de Meneses[79] e Hernâni Donato[80]; a da poesia popular, com os trabalhos de Cornélio Pires[81], João Chiarini[82], Sebastião Almeida Oliveira[83],

---

63 Cf. nota 4.
64 Sebastião Almeida Oliveira, *Expressões*, op. cit., *passim*; *Folclore*, op. cit., pp. 56-61, 62-7, 109-16, 148-55.
65 Cf. nota 34.
66 "Cururu", op. cit.
67 José Nascimento de Almeida Prado, "Trabalhos fúnebres", op. cit.
68 A. Paulino de Almeida, "Usos e costumes praianos", *Revista do Arquivo Municipal*, ago.-set./ 1945, v. CIV, pp. 67-80.
69 Gentil de Camargo, "Sintaxe caipira do Vale do Paraíba", *Revista do Arquivo Municipal*, jul./1937, v. XXXVII, pp. 49-54.
70 Dalmo Belfort de Mattos, "O folclore praiano de São Paulo", *Revista do Arquivo Municipal*, maio/1939, v. LVII, pp. 151-56.
71 Cf. nota 33.
72 Cornélio Pires, especialmente *Quem conta um conto*, op. cit. (cf. nota 4).
73 Cf. nota 31.
74 Dalmo Belfort de Mattos, "Folclore paulista. O ciclo dos tesouros escondidos", *Revista do Arquivo Municipal*, mar./1935, v. X, pp. 43-6; "A mãe de ouro", *Revista do Arquivo Municipal*, jul.-ago./1938, v. XLIX, pp. 151-8.
75 Dorival Teixeira Vieira, "O saci", *Revista do Arquivo Municipal*, jan.-fev.-mar./1944, v. XCIV, pp. 163-8.
76 Manuel Hipólito do Rego, *A lenda no litoral paulista*, São Paulo, Revista dos Tribunais, 1951.
77 Sebastião Almeida Oliveira, *Folclore*, op. cit., especialmente pp. 41-5, 51-5, 74-8, 131-47, 156-61 (cf. nota 52); "Contribuição à paremiologia matrimonial luso-brasileira", *Revista do Arquivo Municipal*, mar./1938, v. XLV, pp. 121-4.
78 Amadeu de Queirós, "Provérbios e ditos populares", *Revista do Arquivo Municipal*, ago./1937, v. XXXVIII, pp. 3-46.
79 Osvaldo Bastos de Meneses, "A genética no folclore", *Revista do Arquivo Municipal*, abr./1944, v. XLV, pp. 101-11.
80 Hernâni Donato, "Alguns provérbios rurais paulistas", *Folclore*, 1952, v. I, n.º 3, pp. 19-22.
81 Cornélio Pires, especialmente *Conversas*, op. cit., pp. 183-98; *Sambas*, op. cit., *passim*; *Mixórdia*, op. cit., pp. 43-66 e 199-256 (cf. nota 4).
82 "Cururu", op. cit.
83 Sebastião Almeida Oliveira, *Folclore*, op. cit., especialmente pp. 148-55; "Cancioneiro tanabiense", *Revista do Arquivo Municipal*, maio-jun./1947, v. CXIV, pp. 159-71.

Rossini Tavares de Lima[84], Geraldo Brandão[85], Frank Goldman[86] e José Luís de Melo Pati[87]; a do folclore infantil, com os trabalhos de Aluísio de Almeida[88], Elsa Dellier Gomes[89], Henrique Rosa F. Braga[90] e Hernâni Donato[91]; a das adivinhas, com os trabalhos de Sebastião Almeida Oliveira[92] e Rossini Tavares de Lima[93]; a do anedotário popular, com os trabalhos de Cornélio Pires[94]. Além desses desenvolvimentos, merecem particular atenção as obras de Nicanor Miranda[95] e de Maria Amália Corrêa Giffoni[96], em que se afirmam as primeiras tentativas sérias de aproveitamento pedagógico das atividades lúdicas folclóricas, e as contribuições de Carlos Borges Schimidt[97], Luís Saia[98],

---

84 Rossini Tavares de Lima, *Poesias e adivinhas*, op. cit.; e *Abecê do folclore*, pp. 63-100 e 117-29; "Franquelo, um poeta do cururu", *Folclore*, 1953, v. II, n.º 1, pp. 10-27 (fotografia no texto).

85 Geraldo Brandão, "Aspectos folclóricos", op. cit. (parte relativa ao cancioneiro popular e ao moçambique).

86 Frank Goldman, "O folclore norte-americano no Brasil", *Folclore*, 1952, v. I, n.º 1, pp. 38-43.

87 José Luís de Melo Pati, "Poesia e linguagem do cururu", *Folclore*, 1952, v. I, n.º 3, pp. 89-93.

88 Cf. nota 33.

89 Elsa Dellier Gomes, "A influência francesa nas rodas infantis do Brasil", *Folclore*, 1952, v. I, n.º 2, pp. 36-63.

90 Henrique Rosa F. Braga, "O cancioneiro folclórico infantil como fator de educação", *Folclore*, 1953, v. II, n.º 2, pp. 14-8.

91 Hernâni Donato, "O folclore e a literatura infantil", *Folclore*, 1952, v. I, n.º 4, pp. 80-99.

92 Sebastião Almeida Oliveira, "Cem adivinhas populares", *Revista do Arquivo Municipal*, abr.-maio/1940, v. LXVI, pp. 59-76.

93 Rossini Tavares de Lima, *Poesias e adivinhas*, op. cit.

94 Cf. nota 4.

95 Nicanor Miranda, "Jogos motores para crianças de 4 a 6 anos", *Revista do Arquivo Municipal*, jan.-fev./1943, v. LVIII, pp. 237-68; "Jogos motores para crianças de 7 a 9 anos", *Revista do Arquivo Municipal*, out.-nov./1943, v. XCIII, pp. 163-241; "Jogos motores para crianças de 10 a 12 anos", *Revista do Arquivo Municipal*, jul.-ago./1944, v. XCVII, pp. 63-93; *200 jogos infantis*, Porto Alegre, Globo, 1947.

96 Maria Amália Corrêa Giffoni, *Danças folclóricas brasileiras. Sistematização pedagógica*, São Paulo, Martins, 1955.

97 Carlos Borges Schimidt, *Paisagens rurais*, São Paulo, Secretaria da Agricultura, Indústria e Comércio, 1944; *Alguns aspectos da pesca no litoral paulista*, São Paulo, Secretaria de Agricultura, Indústria e Comércio, 1948; "Aspectos da vida agrícola no Vale do Paraitinga", *Sociologia*, 1943, v. IV, n.º 1, pp. 35-56; "Taipas, taipais e taipeiros", *Sociologia*, 1946, v. IV, n.º 3, pp. 151-60; "Taipas de hoje e de ontem", *Sociologia*, 1947, v. IX, n.º 3, pp. 272-77; "A habitação rural na região do Paraitinga", *Boletim Paulista de Geografia*, out./1949, n.º 3, pp. 34-50.

98 Luís Saia, *Fontes primárias para o estudo das habitações, das vias de comunicação e dos aglomerados humanos, no século XVI*, publicação do Instituto de Administração da Universidade de São Paulo, n.º 25, 1948; "Um detalhe de arquitetura popular", *Revista do Arquivo Municipal*, out./1937, v. XL, pp. 15-22, com gravuras no texto; colaboração na constituição das coleções do Museu Folclórico da Discoteca Pública Municipal (cf. nota 30); "Notas sobre a arquitetura rural paulista do Segundo Século", *Revista do Serviço do Patrimônio Histórico e Artístico*, 1944, v. VIII, pp. 211-75.

Frederico Lane[99] e Gentil de Camargo[100], que abordam aspectos ergológicos ou tecnológicos do folclore. No terreno da reconstrução histórica, ressaltam os estudos de Fernando Mendes de Almeida[101], que procura traçar a origem lusitana de usos e costumes brasileiros, o de Joaquim Ribeiro[102] sobre o folclore dos bandeirantes, e o de Rossini Tavares de Lima[103], sobre o folclore na literatura colonial. Por fim, na esfera das preocupações metodológicas, cumpre mencionar os artigos de Nicanor Miranda[104] e de Dalmo Belfort de Mattos[105] e o ensaio de Rossini Tavares de Lima[106], no qual são discutidos, resumidamente, os temas do curso de folclore, ministrado no Conservatório Dramático e Musical de São Paulo. É certo que esse balanço poderia ser aumentado consideravelmente, se se alargasse o levantamento bibliográfico de modo a abranger, também, as contribuições publicadas em jornais ou em revistas não especializadas. O essencial, todavia, é que ele oferece uma imagem aproximada dos centros de interesse que prevalecem, atualmente, nos estudos folclóricos em São Paulo.

As transformações por que passaram os estudos folclóricos em São Paulo são facilmente compreensíveis. A idéia de converter o

---

99 Frederico Lane, "Notas sobre o uso do 'barbilho', ou 'trança', nos Estados centrais do Brasil", *Arquivos do Museu Paranaense*, 1943, v. III, pp. 233-7 (ilustrações fora do texto); "Notas sobre o uso do barbilho", *Revista do Museu Paulista*, N. S., 1948, v. II, pp. 287-93 (ilustrações fora do texto); "Notas sobre as rabecas do Ribeirão Fundo", *Folclore*, 1952, v. I, n° 2, pp. 81-94 (ilustrações no texto); "Aspectos da cultura material sertaneja", *Folclore*, 1952, v. I, n° 3, pp. 70-83 (fotografias no texto).

100 Gentil de Camargo, "Cerâmica popular de Taubaté", *Folclore*, 1952, v. I, n° 2, pp. 27-34 (fotografias no texto).

101 Fernando Mendes de Almeida, "O folclore nas ordenações do Reino", *Revista do Arquivo Municipal*, abr./1939, v. LVI, pp. 5-126.

102 Joaquim Ribeiro, *Folclore dos bandeirantes*, Rio de Janeiro, José Olympio, 1946. (É óbvio que a inclusão desse trabalho, no presente levantamento bibliográfico, se justifica pela própria natureza do tema nele abordado.)

103 Rossini Tavares de Lima, "O folclore na literatura Colonial", *Folclore*, 1952, v. I, n° 4, pp. 32-45.

104 Nicanor Miranda, "O Congresso Internacional de Folclore", *Revista do Arquivo Municipal*, dez./1937, v. XLII, pp. 79-96.

105 Dalmo Belfort de Mattos, "Escolas e métodos no folclore", *Revista do Arquivo Municipal*, fev./1940, v. LXIV, pp. 284-8; "Os folclores regionais do país", *Revista do Arquivo Municipal*, out./1940, v. LXX, pp. 95-111.

106 Rossini Tavares de Lima, *Abecê do folclore*, publicação do Conservatório Dramático e Musical de São Paulo, 1952; a parte propriamente teórica e metodológica é tratada nas pp. 15-61.

folclore em ciência positiva autônoma trazia, consigo, limitações e dificuldades insuperáveis. Está fora de qualquer dúvida que o folclore pode ser objeto de investigação científica. Mas, conforme o aspecto do folclore que se considere cientificamente, a investigação deverá desenvolver-se no campo da história, da lingüística, da psicologia, da etnologia ou da sociologia. O folclore, como ponto de vista especial, só se justifica como disciplina humanística, na qual se poderão aproveitar os resultados das investigações científicas sobre o folclore ou técnicas e métodos científicos de levantamento e ordenação de materiais folclóricos.

Nem por isso, a sua complexidade e importância serão menores. O campo de trabalho do folclorista é simétrico ao dos especialistas no estudo das artes, da literatura e da filosofia. Apenas duas diferenças parecem relevantes: *a)* o folclorista precisa fundir, com freqüência, indagações que podem ser feitas separadamente por aqueles especialistas; *b)* quando o folclorista trata de expressões orais ou dramáticas do folclore, muitas vezes se vê obrigado a *documentar*, ele próprio, os exemplares que pretende investigar. De qualquer forma, parece claro que as tarefas específicas do folclorista começam depois de constituídas as coleções de materiais folclóricos, como nos sugerem os trabalhos de Aarne e Thompson. Elas se revelam na análise dos temas, no estudo de sua distribuição cronológica e espacial, na comparação deles entre si, através de diferentes sistemas folclóricos, tudo dentro de "uma atmosfera puramente humanística"[107].

Ainda assim, pode admitir-se que o folclorista tenha especial interesse na formação de coleções e que, ao envolver-se em tarefas dessa natureza, precisa aplicar técnicas científicas de registro, reprodução e colecionação das ocorrências folclóricas observadas. Com o progresso da pesquisa empírica sistemática no campo das ciên-

---

107 Expressão usada por Marian W. Smith, ao tratar dos dois folcloristas mencionados (conforme verbete "folclore", in *Dictionary of Folklore, Mythology and Legend*. Maria Leach (ed.). Nova York, Funk & Wagnalls, 1948, p. 402, v. I.

cias sociais, porém, tende a diminuir a importância dessas tarefas, puramente documentativas. Quem pretenda estudar a mitologia Zuni do ponto de vista folclórico, por exemplo, não precisa encarregar-se do levantamento dos dados. Esse já se encontra feito, de forma rigorosa, pelos etnólogos. Poderia argumentar-se que isso ocorre somente em relação aos "povos primitivos". A extensão dos critérios da investigação etnológica a outros povos, campesinos e industriais, está se operando com certa rapidez e é inegável que dela resultam novas perspectivas de colaboração entre a etnologia e o folclore. Tome-se como ponto de referência as investigações de Redfield e seus colaboradores na península de Iucatan; os resultados dela permitem descrever diferentes tipos de aglomerações humanas, da *aldeia tribal* à *cidade*, oferecendo dados e indicações que podem ser reexplorados interpretativamente pelos folcloristas.

O que se torna difícil é manter as antigas ambições, de conferir ao folclore a condição de ciência positiva autônoma. É sabido que essas ambições descansavam em suposições verdadeiras e incontestáveis: o folclore, como realidade objetiva, pode e deve ser investigado cientificamente. Mas levaram a uma conclusão falaciosa, pois o estudo científico do folclore não pode ser "unificado" – cada ciência social investiga o folclore de um ponto de vista próprio, sendo ainda evidente que não se poderia afirmar, por enquanto, que caberia ao folclore, como disciplina especial, reduzir os diferentes pontos de vista a um denominador comum. Pode-se falar em "ciência do folclore" e em "estudo científico do folclore". Sob tais expressões, entretanto, subentende-se, apenas, que o folclore poderá ser objeto de investigação científica, não que o "folclore" constitua uma ciência positiva autônoma.

Daí não se deve inferir que o folclore, como um ponto de vista especial, esteja condenado a desaparecer. Sua especificidade, como disciplina autônoma, não procede das investigações científicas, mas das indagações humanísticas. Estas é que podem considerar sistematicamente, acima dos limites do psiquismo individual e do condicionamento sociocultural, as regras, os ideais e os estilos da produção artística, literária e filosófica de natureza folclórica. Em outras palavras, o folclore, como disciplina humanística, versa conhecimentos que escapam ao âmbito das investigações científicas ou que caem dentro dele de forma parcial e fragmentária. De um lado, isso indica que o estudo científico do folclore não nos oferece – nem poderia oferecer – os conhecimentos que podem ser descobertos pelas investigações folclóricas propriamente ditas, de inspiração humanística. De outro, conduz-nos a colocar em outras bases a questão da interdependência entre o folclore e as ciências sociais. Como muito bem sugeriu Herskovits, "um conhecimento completo dos dados do folclore exige, ao mesmo tempo, os recursos dos que fixam os aspectos formais das produções criadoras e dos que podem analisar a significação social dessas formas"[108]. Sob esse aspecto, as contribuições específicas dos folcloristas podem ser de grande utilidade para os cientistas sociais. Lindgren, por exemplo, reconhece que o *Motif-index of Folk Literature*, elaborado por Stith Thompson, pode facilitar o estudo psicológico do humor e dos interesses dos grupos sociais[109].

A discutir-se as coisas nesses termos, poucos folcloristas brasileiros mereceriam tal qualificativo. Em virtude da influência das concepções positivistas dos folcloristas portugueses e franceses, especialmente, que encaravam o folclore como uma espécie de *etnografia dos setores populares dos países civilizados*, eles foram antes precursores dos estudos etnológicos que fundadores dos estudos folclóricos em nosso país. A única exceção marcante talvez diga respeito a João Ribeiro, cujas preocupações eruditas induziram-no, com freqüência, a fazer indagações que caem no campo específico da aná-

---

[108] Melville J. Herskovits, "Folklore: Social Science or Humanistic Discipline?", *Journal of American Folklore*, jan.-mar., 1951, v. LXIV, nº 251, p. 129.
[109] E. J. Lindgren, "The Collection and Analysis of Folk-lore", in *The Study of Society. Methods and Problems*. Sir Frederic Bartlett, M. Ginsberg, E. J. Lindgren e R. H. Thouless (eds.). Londres, Routledge & Kegan Paul, 1938, cap. XIV, p. 369.

lise folclórica. Em São Paulo, apenas Amadeu Amaral, em passagens de seus ensaios sobre poesia popular, e Mário de Andrade, em diversas de suas sondagens do folclore musical, marcadas pela aspiração de ser útil a "poetas e músicos", ou em escritos do gênero de *A nau catarineta*, realizaram obra propriamente de folclorista. Os demais – e eles mesmos sob outros aspectos – trabalharam, mais ou menos defeituosamente por falta de formação especializada, no campo da investigação etnográfica.

Os resultados da presente discussão do assunto exigem um comentário especial. É que não temos a intenção de subestimar, de forma alguma, os estudos folclóricos feitos sob inspiração científica ou cientificista. Mas, exclusivamente, expor argumentos que se tornam inevitáveis em um debate atual do problema. Quanto à produção dos nossos folcloristas, que subordinaram suas investigações à referida orientação, pensamos que ela pode ser apreciada positivamente tanto do ângulo do folclore, como disciplina humanística, quanto do das ciências sociais. Primeiro, porque as coleções com intuitos especificamente documentativos representam um importante começo para os estudos propriamente folclóricos. Eles poderão encontrar, nas coleções realizadas, um rico e indispensável ponto de partida. Segundo, porque essas coleções registram ocorrências que, de outro modo, não seriam "documentadas". Como tais ocorrências interessam, direta ou indiretamente, às investigações históricas, lingüísticas, psicológicas, etnológicas e sociológicas, é óbvio que os futuros desenvolvimentos das ciências sociais no Brasil terão muito que aproveitar das contribuições precursoras dos folcloristas. Isso quer dizer que a discussão crítica do assunto, em vez de conduzir a uma apreciação negativista, permite avaliar, com espírito positivo, o significado e o alcance da obra pioneira dos nossos folcloristas.

O FOLCLORE COMO ESFERA DA CULTURA
E COMO FENÔMENO SOCIAL

Parece claro que as duas tendências de observação e descrição do folclore, já consideradas, foram incapazes de conduzir ao conhecimento das manifestações folclóricas como parte dinâmica da vida humana em sociedade. As tentativas de reconstrução estética do folclore caipira, por causa da inserção de elementos folclóricos ricos reais em situações de existência concebidas através da liberdade proporcionada à imaginação criadora pela ficção. As inspirações que orientaram a maneira de encarar a vida caipira não tinham suficiente consistência para favorecer uma compreensão realista das condições de existência e dos valores culturais dos "nossos caboclos". Por isso, o resultado final da mistura da ficção com a observação direta foi um produto híbrido, pouco autêntico e fidedigno sob vários aspectos. As tentativas de reconstrução do folclore, fundadas em propósitos científicos ambiciosos, nunca tentaram fixar senão os aspectos formais das manifestações folclóricas. É verdade que, de Amadeu Amaral a Rossini Tavares de Lima e Alceu Maynard de Araújo, manteve-se constante a idéia de que o folclore constitui uma expressão da vida social e cultural de um povo. Todavia, essa idéia não produziu conseqüências práticas: nem episodicamente foram as ocorrências folclóricas descritas como um todo. Tal procedimento, por parte do folclorista, é justificável e compreensível, na medida em que a observação do folclore tem sentido imediato, para ele, como instrumento de trabalho, que lhe permite levantar materiais para a análise de elementos formais. Isso não exclui, porém, a necessidade de observar-se e conhecer-se o folclore como uma dimensão psicocultural das condições de existência social. Em São Paulo, esse tipo de abordagem do folclore começou a ser explorado graças à renovação intelectual, produzida pela instalação de centros universitários de ensino das ciências sociais.

O folclore oferece um campo ideal de investigação para os cientistas sociais. É que ele permite observar fenômenos que lançam enorme luz sobre o comportamento humano, como a natureza dos valores culturais de uma coletividade, as circunstâncias ou condições em que eles se atualizam, a importância deles na formação do horizonte intelectual de seus portadores e na criação ou na motivação de seus centros de interesse, a relação deles e das situações sociais em que emergem com os sentimentos compartilhados coletivamente, a sua significação como índices do tipo de integração, do grau de estabilidade e do nível civilizatório do sistema sociocultural etc. Ao contrário do folclorista, o psicólogo, o etnólogo, o sociólogo não estudam o folclore propriamente dito, mas a sua inserção e influência na organização da personalidade, da cultura e da sociedade. Se precisam, como o folclorista, formar coleções de materiais folclóricos, o fazem movidos por outras ambições intelectuais, e suas descrições devem reter aspectos das manifestações folclóricas que podem ser negligenciadas pelos folcloristas, porque só são relevantes para a compreensão e a interpretação da dinâmica da personalidade, da cultura e da sociedade.

Nos limites da presente discussão, devemos tratar, apenas, das implicações dos pontos de vista, explorados nos estudos etnológicos e sociológicos do folclore, feitos em São Paulo. Restringindo-nos ao essencial, três espécies de implicações merecem particular atenção: 1º) as que envolvem uma atitude crítica diante da tendência a conceber o folclore como disciplina científica autônoma; 2º) as que dizem respeito à delimitação do folclore como realidade objetiva; 3º) as que resultam do modo de encarar as conexões estruturais e funcionais do folclore com as demais esferas da cultura e com a dinâmica social.

Os dois primeiros tipos de implicações merecem escassa consideração de nossos especialistas. A tendência a definir o folclore como disciplina científica autônoma lança profundas raízes em nosso passado intelectual, o mesmo ocorrendo com os professores universitários franceses, que tiveram oportunidade de ocupar-se com o assunto, entre nós. Daí as acomodações intelectuais que acabaram prevalecendo, mesmo com referência às dificuldades criadas nas relações do folclore, concebido ao velho estilo, com as ciências sociais. Por volta de 1941, por exemplo, a assistente encarregada de orientar as pesquisas folclóricas dos alunos, em um curso universitário de sociologia, subordinava suas instruções às regras de registro de dados, de formação de coleções e de interpretação formuladas por autores como Sébillot e Saintyves! Essas influências se atenuavam, em parte por causa dos ensinamentos de Varagnac[110], quando se tratava de identificar as vinculações dos fatos folclóricos com outros fatos sociais. Mas ainda aqui elas se faziam sentir, inspirando uma delimitação demasiado ampla do fato folclórico, de acordo com a qual o folclore compreenderia, praticamente, todas as manifestações ou elementos da "cultura popular".

A idéia de que o folclore não é uma ciência positiva autônoma foi defendida, embora de forma incompleta, pelo autor do presente trabalho[111]. A discussão do assunto demonstrou que algumas concepções fundamentais para a definição do caráter científico do folclore repousam em verdadeiras prenoções. Assim, partindo da conhecida fórmula de Saintyves, segundo a qual "o folclore é a ciência da cultura tradicional nos meios populares dos países civilizados"[112], foi fácil indicar a procedência extracientífica e as inconsistências dos argumentos em que se basearam os folcloristas que defendem aquelas concepções. Dois resultados da discussão possuem algum interesse geral. Primeiro, que "não existe um conjunto de fatos folclóricos relacionados causalmente, cuja *natureza* o caracterizasse

---

110 André Varagnac, *Définition du folklore*. Suivie de notes sur folklore et psychotéchnique et sur l'agriculture temporaire, la préhistoire et le folklore. Paris, Société d'Éditions, 1938.
111 Florestan Fernandes, "Sobre o folclore", *Filosofia, Ciências e Letras*, set./1945, n? 9, pp. 59-66; conforme ainda: "O folclore, o progresso e a burguesia", *O Estado de S. Paulo*, 19/8/1944; "Folclore como método", *O Estado de S. Paulo,* 14/9/1944; "Mentalidades grupais e folclore", *O Estado de S. Paulo*, 2/11/1944.
112 Cf. Pierre Saintyves, *Manuel de folklore*, Paris, E. Nourry, 1936, pp. 38-9.

como objeto específico de uma ciência nova, com um campo de estudo *sui generis* – o folclore, no caso. Os fatos apresentados e caracterizados como folclóricos estão compreendidos numa ordem de fenômenos mais ampla – a cultura – e podem ser estudados como aspectos particulares da cultura de uma sociedade, tanto pela sociologia cultural como pela antropologia"[113]. Segundo, que a especificidade do folclore, como disciplina independente, deriva de procedimentos de interpretação fundamentalmente opostos aos que são empregados nas ciências sociais. Os folcloristas precisam considerar os elementos folclóricos de modo a abstraí-los de seus contextos culturais e sociais, seja na análise de identidades formais e temáticas, seja nas investigações de intuitos classificatórios ou genéticos. Daí as desvantagens das improvisações, que podem resultar de incursões dos psicólogos, dos etnólogos ou dos sociólogos pelos domínios do folclorista, "pois bem poucos podem enfrentar com sucesso o trabalho propriamente folclórico de filiação histórica que exige uma especialização e um treinamento prolongados"[114]. Naquela época, entretanto, o autor compartilhava do ponto de vista de que o folclore é "menos uma ciência à parte que um método de pesquisas"[115]. Só mais tarde, graças ao estudo dos procedimentos interpretativos explorados por Stith Thompson, em particular, é que chegaria à conclusão de que o folclore constitui uma disciplina humanística.

Quanto à delimitação do folclore, como realidade objetiva, é possível distinguir três direções diferentes. Uma, que se inspira diretamente em Boas mas se faz sentir entre nós mediante a influência de Herskovits, restringe o folclore aos limites das objetivações culturais que se manifestam através dos mitos, dos contos, da poesia, das adivinhas, dos provérbios, da música e da dança. Ela pode ser

---

113 Florestan Fernandes, "Sobre o folclore", op. cit., pp. 64-5.
114 Idem, p. 66.
115 Esse ponto de vista é defendido por vários folcloristas; a formulação apresentada ocorre no artigo de Jeanroy, sobre folclore, in *La grande encyclopédie*, t. XVII, p. 43.

ilustrada pelos trabalhos de Otávio da Costa Eduardo. Outra, que se prende principalmente à influência de Redfield, amplia essa noção do folclore, de modo a abranger, também, técnicas, crenças e comportamentos rotineiros, de cunho tradicional, observáveis nas relações do homem com a natureza, com seu ambiente social ou com o sagrado. Ela pode ser exemplificada com os estudos de Gioconda Mussolini. Por fim, a mais inclusiva e elástica, freqüente nas investigações sociológicas, que converte o folclore em verdadeiro sinônimo da noção de *"folk culture"* ou "cultura popular". Ela transparece nas contribuições de Roger Bastide e de seus discípulos, de Lavínia Costa Vilela e Osvaldo Elias Xidieh ao autor do presente artigo. De acordo com suas implicações, chegamos a encarar o folclore como compreendendo "todos os elementos culturais que constituem soluções usual e costumeiramente admitidas e esperadas dos membros de uma sociedade, transmitidas de geração a geração por meios informais" e a supor que, "do ponto de vista da sistematização dos dados folclóricos, essa conceituação tem a vantagem de englobar elementos da cultura material, ergológica, como elementos de natureza não material"[116]. Parece-nos evidente, atualmente, a vantagem de conceituações mais restritas e precisas, como as preferidas pelos etnólogos. Estes possuem, aliás, melhores recursos para situar o folclore como esfera da cultura e para defini-lo como fenômeno cultural, através de caracteres específicos, fundamentais e universais. Isso não nos deve impedir de reconhecer que o folclore se objetiva por meio de elementos culturais de ordem variável: como um artefato, certa técnica de cura ou determinado processo de lidar com a madeira e a pedra. O que cai nos limites do folclore, em casos semelhantes, não é o artefato, a técnica ou o processo como tais. Mas as emoções, os conhecimentos e as crenças que lhes são subjacentes, os únicos dados que nos facultam indagar, de modo direto ou indireto, quais são e como operam os

---

116 Florestan Fernandes, "Sobre o folclore", op. cit., p. 65.

móveis intelectuais que orientam o comportamento social humano – individual ou coletivo – em ocorrências daquela espécie. As implicações relacionadas com a maneira de encarar as conexões estruturais e funcionais do folclore com as demais esferas da cultura e com a dinâmica social têm merecido maior atenção. A razão disso é simples: é que nelas se concentram os focos de interesse empírico e teórico dos estudos etnológicos ou sociológicos do folclore. Já nas primeiras tentativas de investigação se fizeram sentir, de modo claro, as tendências a analisar os aspectos dinâmicos da integração do folclore à cultura e à estrutura social. Assim, Mário Wagner Vieira da Cunha[117] tenta explicar as transformações e a decadência da festa de Bom Jesus de Pirapora pelas repercussões da mudança social na estrutura e nas funções da festa, as quais modificaram de forma profunda as relações entre o sagrado e o profano. Florestan Fernandes[118] procura descrever como a preservação, a transformação e as funções socializadoras do folclore se vinculam à estabilidade de certas formas de organização da vida grupal ou ao ritmo de mudança da sociedade paulistana como um todo. Antonio Candido[119] examina, através das reações à revivescência do

---

117 Mário Wagner Vieira da Cunha, "Descrição da festa de Bom Jesus de Pirapora", *Revista do Arquivo Municipal*, nov./1937, v. XLI, pp. 5-36 (pesquisa realizada em 1937).
118 Florestan Fernandes: "Folclore e grupos infantis", *Sociologia*, 1942, v. IV, n° 4, pp. 396-406; "Educação e cultura infantil", *Sociologia*, 1943, v. V, n° 2, pp. 136-46; "Aspectos mágicos do folclore paulistano", *Sociologia*, 1944, v. VI, n°s 2 e 3, pp. 79-100 e 175-96, respectivamente; "As trocinhas do Bom Retiro. Contribuição ao estudo folclórico e sociológico da cultura e dos grupos infantis", *Revista do Arquivo Municipal*, prefácio de Roger Bastide, mar.-abr./1947, v. CXIII, pp. 7-124; "Cantigas de ninar paulistanas", *Trópico*, São Paulo, 1950, n° 1, pp. 21-3 e 46; "Contribuição para o estudo sociológico das adivinhas paulistanas", *Revista de História*, São Paulo, 1952, n° 9, pp. 107-64 (esses trabalhos constituem uma tentativa de aproveitamento parcial dos materiais recolhidos em pesquisa realizada em 1941, junto à Cadeira de Sociologia I da Faculdade de Filosofia, Ciências e Letras). Em 1942, o autor realizou uma pesquisa em Sorocaba, para a Cadeira de Antropologia daquela instituição, de que resultaram os seguintes trabalhos: "Congadas e batuques em Sorocaba", *Sociologia*, 1943, v. V, n° 3, pp. 242-54; "Contribuição para o estudo de um líder carismático", *Revista do Arquivo Municipal*, fev.-mar./1951, v. CXXXVIII, pp. 19-34, com ilustrações fora do texto.
119 Antonio Candido: "Opinião e classes sociais em Tietê", *Sociologia*, 1947, v. IX, n° 2, pp. 97-112 (pesquisa realizada em 1943, junto às cadeiras de Sociologia I e II da Faculdade de Filosofia, Ciências e Letras); "A vida familiar do caipira", *Sociologia*, 1954, v. XVI, n° 4, pp. 341-67.

batuque em Tietê, como a evolução da estrutura social se reflete nas significações axiológicas associadas às tradições, quebrando a homogeneidade ideológica delas e introduzindo critérios discrepantes de avaliação das atividades lúdicas tradicionais. Lavínia Costa Vilela[120] mostra como o substrato social das danças populares cria conexões de sentido e funções socioculturais que condicionam e determinam a forma de integração e a importância relativa de ocorrências folclóricas na organização social. Osvaldo Elias Xidieh[121] revela como operam, no mundo rural, os fatores de conservantismo e de renovação das técnicas ou conhecimentos mágico-religiosos tradicionais e quais são os efeitos das pressões desagregadoras da urbanização. Roger Bastide[122], o grande estimulador de quase todos esses estudos, sugere-nos como explorar o folclore na investigação da sociedade brasileira: seja na análise das origens e evolução das instituições mágico-religiosas afro-brasileiras; seja na interpretação das influências dinâmicas – de natureza geográfica, econômica, psicocultural ou social – que permitem esclarecer as trans-

---

120 Lavínia Costa Vilela, "Algumas danças populares no Estado de São Paulo", em ms., São Paulo, março de 1945, 156 pp., com ilustrações e fotografias fora do texto. (A referência a esse trabalho, em ms., se justifica, pois se trata da primeira tese de doutoramento em sociologia que tomou por objeto específico um tema de folclore. Seu orientador foi Roger Bastide.)

121 Osvaldo Elias Xidieh: "Elementos mágicos no folk mojiano", *Sociologia*, 1943, v. V, n.º 2, pp. 116-33; "Um elemento ítalo-afro-brasileiro na magia mojiana", *Sociologia*, 1944, v. VI, n.º 1, pp. 5-14; "Elementos mágicos no folk paulista: o intermediário", *Sociologia*, 1945, v. VII, n.ºˢ 1-2, pp. 11-29; "Subúrbio", *Revista do Arquivo Municipal*, maio-jun./1947, v. CXIV, pp. 173-84.

122 Roger Bastide: *Imagens do nordeste místico em branco e preto*, Rio de Janeiro, Empresa Gráfica "O Cruzeiro", 1945 (especialmente os caps. II, III e V); *Estudos afro-brasileiros*, 1.ª série, Boletim LIX da Faculdade de Filosofia, Ciências e Letras da Universidade de São Paulo, 1946 ("Contribuição ao estudo do sincretismo católico-fetichista", "A cadeira de Ogan e o poste central" e "Macumba paulista"); *Estudos afro-brasileiros*, 3.ª série, Boletim n.º 154 da Faculdade de Filosofia, Ciências e Letras da Universidade de São Paulo, 1953 (especialmente: "Cavalos de santo", "Algumas considerações em torno de uma *lavagem de contas*" e o "Ritual angola do axexê); "Estudos afro-brasileiros", *Revista do Arquivo Municipal*, set.-out./1944, v. XCVIII, pp. 8-103; "Structures sociales et religions afro-brésiliennes", *Renaissance*, Nova York, 1945, v. II e III, pp. 13-29; "Medicina e magia nos candomblés", *Boletim Bibliográfico*, São Paulo, 1945, n.º XVI, pp. 7-34; "As congadas do sul do Brasil", *Província de São Pedro*, 1948, n.º 10; "Le batuque de Porto Alegre", in *Acculturation in the Americas*, Sol Tax (ed.). Proceedings of the 29th. International Congress of Americanists, The University of Chicago Press, 1952, v. II, pp. 195-206; em colaboração com Pierre Verger, "Contribuição ao estudo da adivinhação no Salvador (Bahia)", *Revista do Museu Paulista*, N. S., 1953, v. VII, pp. 357-80 (conforme a nota 167).

formações do folclore europeu no Brasil e sua fusão com outros folclores, nativos ou africanos.

Com referência às investigações etnológicas observamos a mesma orientação. Herbert Baldus[123] procura descrever como as condições da vida social indígena ou as diferentes situações de contato com os "civilizados" se refletem na perpetuação, perda ou substituição de elementos básicos das cosmologias tribais. Egon Schaden[124] estuda as mitologias indígenas tendo em vista estabelecer como a elaboração dos temas míticos se relaciona com a organização social, com as instituições religiosas ou com os valores dominantes nos diversos sistemas nativos de concepção do mundo, e como o mito contribui para manter ou restaurar o equilíbrio da vida social tribal. Gioconda Mussolini[125] focaliza processos como a representação da doença e da morte em comunidades indígenas ou a adaptação a condições estáveis do meio físico ambiente e a comunicação simbólica em comunidades caiçaras, através dos mecanismos de per-

---

123 Herbert Baldus: *Ensaios de etnologia brasileira*, prefácio de Afonso de E. Taunay, São Paulo, Nacional, 1937 (especialmente pp. 29-69, 163-86, 187-275 e 276-321); *Lendas dos índios do Brasil* (Selecionadas e comentadas), São Paulo, Brasiliense, 1946; "Die Allmutter in der Mythologie zweier südammerikanischer Indianerstämme", *Archiv für Religionwissenschaft*, Leipzig, 1932, XXXIX, heft 3-4, pp. 285-92; "O conceito de tempo entre os índios do Brasil", *Revista do Arquivo Municipal*, out./1940, v. LXXI, pp. 87-94; "Kanaxivue", *Cultura*, Rio de Janeiro, 1951, v. IV, pp. 39-50; "Lendas dos índios tereno", *Revista do Museu Paulista*, N. S., 1950, v. IV, pp. 217-32 (com uma prancha fora do texto).

124 Egon Schaden: "Ensaio etno-sociológico sobre a mitologia heróica de algumas tribos indígenas do Brasil", *Sociologia*, 1945, v. VII, n.º 4, pp. 1-172; *Aspectos fundamentais da cultura Guarani*, São Paulo, 1954 (caps. VIII, IX e X); "Fragmentos da mitologia kayuá", *Revista do Museu Paulista*, N. S., 1947, v. I, pp. 107-23; "Mitos e contos dos ugúd-krág", *Sociologia*, 1947, v. IX, n.º 3, pp. 257-71; "A erva do diabo", *América Indígena*, jul./1948, v. III, n.º 3, pp. 165-169; "A origem e a posse do fogo na mitologia guarani", *Anais do XXXI Congresso Internacional de Americanistas*, São Paulo, Anhembi, 1955, v. I, pp. 217-27.

125 Gioconda Mussolini: "Os meios de defesa contra a moléstia e a morte em duas tribos brasileiras: kaingang de Duque de Caxias e boróro oriental", *Revista do Arquivo Municipal*, set.-out./1946, v. CX, pp. 9-152; "Notas sobre os conceitos de moléstia, cura e morte entre os índios vapidiana", *Sociologia*, 1944, v. VI, n.º 2, pp. 134-55; "O cerco da tainha na ilha de São Sebastião", *Sociologia*, 1945, v. VII, n.º 3, pp. 135-47; "O cerco flutuante: uma rede de pesca japonesa que teve a ilha de São Sebastião como centro de difusão no Brasil", *Sociologia*, 1946, v. VIII, n.º 3, pp. 172-83; "Os 'pasquins' do litoral norte de São Paulo e suas peculiaridades na ilha de São Sebastião", *Revista do Arquivo Municipal*, jul.-ago./1950, v. CXXXIV, pp. 7-68; "Aspectos da cultura e da vida social no litoral brasileiro", *Revista de Antropologia*, São Paulo, dez./1953; v. I, n.º 2, pp. 81-97; "Persistência e mudança em sociedades de 'folk' no Brasil", *Anais do XXXI Congresso Internacional de Americanistas*, São Paulo, Anhembi, 1955, pp. 333-55.

petuação ou de reintegração da herança cultural tradicional. Otávio da Costa Eduardo[126] combina a análise das origens e da evolução temático-formal dos contos africanos à interpretação dos fatores que permitem explicar como e por que esses contos puderam perpetuar-se no Brasil, mediante a incorporação a novas formas de existência comunitária. Darcy Ribeiro[127] examina os temas míticos e os padrões estéticos dos Kadiuéu através de suas vinculações com a cosmologia, a organização das atividades mágico-religiosas e as condições ou ideais de vida característicos de uma tribo senhorial, na qual o mito representa uma modalidade de auto-afirmação coletiva e a mulher ocupa uma posição proeminente na produção artística. Antônio Rubbo Müller[128] sugere como a vida cerimonial do caipira, atrás da aparente reprodução de um calendário transplantado, traduz o ritmo do ciclo ecológico regional e as exigências de uma economia própria, trazendo importante confirmação empírica a interpretações desenvolvidas por Roger Bastide.

É lógico que a descrição e a análise de conexões estruturais e funcionais do folclore com a cultura ou com a organização social exigem a formação de coleções folclóricas, segundo critérios positivos de reprodução das ocorrências observadas. Daí a importância dos estudos etnológicos e sociológicos do folclore para os folcloristas. Neles os folcloristas encontram duas espécies de contribuições fundamentais. De um lado, as próprias coleções de materiais folclóricos, que se prestam, naturalmente, ao tipo de análise temático-formal, que lhes cabe realizar. De outro, uma reconstrução do

---

126 Otávio da Costa Eduardo: *The Negro in Northern Brazil. A Study in Acculturation*, Nova York, J. J. Augustin Publisher, 1948 (especialmente caps. V e VI); "Three Way Religious Acculturation in a North Brazilian City", *Afroamerica*, 1946, v. II, pp. 81-90; "Aspectos do folclore de uma comunidade rural", *Revista do Arquivo Municipal*, nov.-dez./1951, v. CXLIV, pp. 11-60.
127 Darcy Ribeiro: *Religião e mitologia kadiuéu*, Rio de Janeiro, Ministério de Agricultura, Serviço de Proteção aos Índios, publicação nº 106, 1950; "Arte dos índios kadiuéu", *Cultura*, 1951, v. IV, pp. 147-90.
128 Antônio Rubbo Müller, "Ritos caboclos no Estado de São Paulo", *Anais do I Congresso Brasileiro de Sociologia*, São Paulo, Sociedade Brasileira de Sociologia, 1955, pp. 161-88.

folclore que pode tomar em consideração tanto as situações de existência em que as atividades folclóricas se desenrolam quanto as relações das ocorrências folclóricas com a dinâmica da sociedade e da cultura. A última espécie de contribuição parece ser a mais importante, pois o folclorista carece de recursos próprios para obter tais conhecimentos. Todavia, a parte mais considerável dos estudos etnológicos ou sociológicos do folclore, feitos em São Paulo, revela que a intenção de formar coleções de dados folclóricos também prevaleceu entre os etnólogos e os sociólogos. Isso significa que a importância de seus trabalhos, para os folcloristas, é mais empírica que explicativa ou teórica.

O seguinte levantamento indica as áreas em que essa contribuição é mais rica ou variada: a do folclore em comunidades indígenas, com os trabalhos de Herbert Baldus[129], Egon Schaden[130], Darcy Ribeiro[131], Gioconda Mussolini[132], Fernando Altenfelder Silva[133], Mauro Wirth[134] e Harald Schultz[135]; a do folclore em comunidades afro-brasileiras ou afro-ibéricas, com os trabalhos de Roger Bastide[136], Otávio da Costa Eduardo[137], Rui Coelho[138] e Florestan Fernan-

---

129 Cf. nota 123.
130 Cf. nota 124.
131 Cf. nota 127.
132 Cf. nota 125.
133 Fernando Altenfelder Silva, "Mudança cultural dos Terena", *Revista do Museu Paulista*, N. S., 1949, v. III, pp. 271-379 (especialmente pp. 348-72); "Terena religion", *Acta Americana*, 1946, v. IV, pp. 214-23; "O estado de uanki entre os bakairi", *Sociologia*, 1950, v. XII, n° 3, pp. 259-71.
134 Dom Mauro Wirth, "A mitologia dos vapidiana do Brasil", *Sociologia*, 1943, v. V, n° 3, pp. 257-68; "Lendas dos índios vapidiana", *Revista do Museu Paulista*, N. S., 1950, v. IV, pp. 165-216; "Apontamentos para um estudo sobre magia e ritos de iniciação", *Sociologia*, 1953, v. XV, n° 2, pp. 153-65.
135 Harald Schultz, "A criação dos homens. Lenda dos índios umutina", *Revista do Arquivo Municipal*, out./1949, v. CXXVIII, pp. 64-8; "Notas sobre magia krahô", *Sociologia*, 1949, v. XI, n° 4, pp. 450-63; "Como as moléstias vieram ao mundo", *Revista do Arquivo Municipal*, set./1950, v. CXXXVI, pp. 97-9; "Lendas dos índios krahô", *Revista do Museu Paulista*, N. S., 1950, v. IV, pp. 49-164; "A pesca tradicional do pirarucu entre os índios karajá", *Revista do Museu Paulista*, N. S., 1953, v. VII, pp. 249-55.
136 Cf. nota 122.
137 Cf. nota 126.
138 Rui Coelho, "As festas dos caribes negros", *Anhembi*, dez./1952, v. IX, n° 25, pp. 54-72.

des[139]; a do folclore em comunidades rurais, com os trabalhos de Gioconda Mussolini[140], Antonio Candido[141], Emílio Willems[142], Donald Pierson[143], Osvaldo Elias Xidieh[144], Lavínia Costa Vilela[145], Mário Wagner Vieira da Cunha[146], Welmann Galvão de França Rangel[147], J. V. Freitas Marcondes[148], Geraldo Brandão[149], Romano Barreto[150],

---

139 Cf. nota 118 (dois últimos trabalhos); e "O negro na tradição oral", *O Estado de S. Paulo*, 1º, 15 e 22 de julho de 1943.
140 Cf. nota 125.
141 Cf. nota 119.
142 Emílio Willems, *Cunha. Tradição e transição em uma cultura rural do Brasil*, São Paulo, Secretaria da Agricultura do Estado de São Paulo, 1947, especialmente pp. 104-75; em colaboração com Gioconda Mussolini, *Buzios Island. A Caiçara Community in Southern Brazil*, Nova York, J. J. Augustin Publisher, 1952 (especialmente caps. XIII-XVI).
143 Donald Pierson, *Cruz das Almas. A Brazilian Village* (com a colaboração de Levi Cruz, Mirtes Brandão Lopes, Helen Batchelor Pierson, Carlos Borges Teixeira e outros), Washington, Smithsonian Institution, Institute of Social Anthropology, 1951, publicação nº 12, especialmente pp. 142-84 e 197-210; em português, boa parte do material foi publicado da seguinte forma: "O estudo de Cruz das Almas", *Sociologia*, 1950, v. XII, nº 1, pp. 33-43; "Status e prestígio em Cruz das Almas", *Sociologia*, 1950, v. XII, nº 2, pp. 113-29; "Isolamento e contato em Cruz das Almas", *Sociologia*, 1950, v. XII, nº 3, pp. 185-203; "Caipira versus *cidadão* em Cruz das Almas", *Sociologia*, 1950, v. XII, nº 4, pp. 312-22; "Festas religiosas em Cruz das Almas", *Revista do Arquivo Municipal*, nov.-dez./1950, v. CXXXVII, pp. 23-38; "Mudança e desorganização sociais em Cruz das Almas", *Sociologia*, 1951, v. XIII, nº 1, pp. 44-57; "Status e papel da mulher em Cruz das Almas", *Sociologia*, 1951, v. XIII, nº 2, pp. 148-62; "Ritual, cerimônia e crença em Cruz das Almas", *Sociologia*, 1951, v. XIII, nº 3, pp. 209-29; "Relações raciais em Cruz das Almas", *Sociologia*, 1952, v. XIV, nº 1, pp. 64-75; "A etiqueta em Cruz das Almas", *Sociologia*, 1952, v. XIV, nº 2, pp. 131-45; "Almas e a Santa Cruz numa comunidade paulista", *Sociologia*, 1952, v. XIV, nº 3, pp. 244-55; "O dialeto caipira empregado em Cruz das Almas", *Sociologia*, 1952, v. XIV, nº 4, pp. 310-26; "Santos em Cruz das Almas", *Sociologia*, 1953, v. XV, nº 1, pp. 31-43; "A população de Cruz das Almas", *Sociologia*, 1953, v. XV, nº 2, pp. 131-52; "O passado de Cruz das Almas", *Sociologia*, 1953, v. XV, nº 3, pp. 260-176; "A família e o compadrio numa comunidade rural paulista", *Sociologia*, 1954, v. XVI, nº 4, pp. 368-89 (vários desses capítulos não tratam, naturalmente, do folclore).
144 Cf. nota 121.
145 Cf. nota 120; também: "Festa do divino em São Luís do Paraitinga em 27 a 29/5/1944", *Estudos Afro-Brasileiros*, Boletim LIX da Faculdade de Filosofia, Ciências e Letras da Universidade de São Paulo, 1946, pp. 115-22.
146 "Descrição da festa", op. cit.
147 Welmann Galvão de França Rangel, "Algumas contribuições espanholas ao folclore paulista", *Revista do Arquivo Municipal*, nov.-dez./1951, v. CXLIV, pp. 395-446.
148 J. V. Freitas Marcondes, "Mutirão or Mutual Aid", *Rural Sociology*, dez./1948, v. XIII, pp. 374-84; em colaboração com T. Lynn Smith, "The caipira of the Paraitinga Vallery, Brazil", *Social Forces*, 1952, v. XXXI, nº 1, pp. 47-53.
149 Geraldo Brandão, *Notas sobre a dança de São Gonçalo de Amarante*, São Paulo, 1953 (ilustrações no texto); "Notas sobre a dança de São Gonçalo", *Folclore*, 1952, v. I, nº 2, pp. 95-101; "Aspectos folclóricos de uma comunidade paulista", *Folclore*, 1952, v. I, nº 4, pp. 100-14.
150 Romano Barreto, "Um líder carismático", *Sociologia*, 1942, v. IV, nº 3, pp. 230-38; em colaboração com Emílio Willems, "Os fanáticos de Guareí. Uma reportagem sociológica", *Sociologia*, 1940, v. II, nº 2, pp. 187-96.

Maria Isaura Pereira de Queirós[151], Carlo Castaldi[152], Eunice T. Ribeiro[153], Carolina Martuscelli[154], Antônio Rubbo Müller[155], Otávio Ianni[156], Frederico Heller[157] e Florestan Fernandes[158]; a do folclore em comunidades urbanas, com os trabalhos de Emílio Willems[159], José Querino Ribeiro[160], Mário Miranda Rosa[161], Donald Pierson[162], Nicolau Boer[163] e Florestan Fernandes[164]; a do folclore em minorias étnicas, com os trabalhos de Emílio Willems[165] e na vida social dos

---

[151] Maria Isaura Pereira de Queirós, "Tambaú, cidade dos malacacheta", *Anhembi*, ago./1955, v. XIX, nº 57, pp. 515-30; set./1955, v. XX, nº 58, pp. 49-69; e out./1955, v. XX, nº 59, pp. 269-88.

[152] Carlo Castaldi, "Um exemplo de catolicismo de folk na Bahia", *Sociologia*, 1955, v. XVII, nº 3, pp. 231-53; "O demônio em malacacheta", *Anhembi*, ago./1955, v. XIX, nº 57, pp. 515-30; "O demônio no catulé. O grupo e seus problemas sócio-econômicos", *Anhembi*, fev./1956, v. XXI, nº 63, pp. 475-502; "O demônio no catulé. Os fatos", *Anhembi*, abr./1956, v. XXII, nº 65, pp. 250-68; "O demônio no catulé. Conclusões", *Anhembi*, ago./1956, v. XXIII, nº 69, pp. 477-82.

[153] Eunice T. Ribeiro, "O diabo no catulé. A difusão do 'adventismo da promessa' no catulé", *Anhembi*, mar./1956, v. XXII, nº 64, pp. 28-45.

[154] Carolina Martuscelli, "O demônio no catulé. Estudo psicológico do grupo", *Anhembi*, maio/1956, v. XXII, nº 66, pp. 508-31; "O demônio de catulé. Discussão dos resultados do estudo psicológico do grupo", *Anhembi*, jul./1956, v. XXIII, nº 68, pp. 303-21.

[155] "Ritos caboclos", op. cit.

[156] Otávio Ianni, "O samba de terreiro de Itu", *Revista de História*, abr.-jun./1956, nº 26, pp. 403-26.

[157] Frederico Heller, "Canudos, símbolo de um conflito cultural", *Sociologia*, 1942, v. IV, nº 3, pp. 239-50.

[158] Cf. nota 118 (os dois últimos trabalhos).

[159] Emílio Willems, "A formação da santidade. Investigação coletiva sobre o caso de Antonio Rocha Marmo", *Sociologia*, 1940, v. II, nº 3, pp. 278-293.

[160] José Querino Ribeiro, "Investigações sobre o culto de Santo Antônio", *Sociologia*, 1941, v. III, nº 1, pp. 20-8.

[161] Mário Miranda Rosa, "O papel da magia no futebol", *Sociologia*, 1944, v. VI, nº 4, pp. 5-14.

[162] Donald Pierson, "Hábitos alimentares em São Paulo", *Revista do Arquivo Municipal*, set.-out./1944, v. XCVIII, pp. 45-79 (contém interesse para o estudo do folclore).

[163] Nicolau Boer, "Classes sociais e prática religiosa numa paróquia operária de São Paulo", *Anuário da Faculdade de Filosofia "Sedes Sapientiae" da Universidade Católica de São Paulo*, 1953, pp. 53-77 (contém material de interesse para o estudo do folclore).

[164] Cf. nota 118 (todos os trabalhos relativos ao município da Capital).

[165] Emílio Willems, *Assimilação e populações marginais do Brasil* (Estudo sociológico dos imigrantes germânicos e seus descendentes), São Paulo, Nacional, 1940 (especialmente caps. XI, XIII e XV); *A aculturação dos alemães no Brasil* (Estudo antropológico dos imigrantes alemães e seus descendentes no Brasil), São Paulo, Nacional, 1946 (especialmente caps. X, XIV e XVII); *Aspectos da aculturação dos japoneses no Estado de São Paulo*, Boletim LXXXII da Faculdade de Filosofia, Ciências e Letras da Universidade de São Paulo, 1948 (especialmente pp. 52 e ss.); "Recreação e assimilação entre imigrantes alemães e japoneses e seus descendentes", *Sociologia*, 1941, v. III, nº 4, pp. 302-10.

tuberculosos com o trabalho de Oracy Nogueira[166]; a do folclore brasileiro, considerado como um todo, com os trabalhos de Roger Bastide[167].

Como se vê, são mais numerosos os trabalhos que tratam do folclore no mundo rural ou entre populações indígenas. Mas, mesmo nessas áreas, as contribuições dos etnólogos e dos sociólogos não prescindem da análise dos dados, que pode ser feita pelo folclorista. Tendo que encarar o folclore como parte de constelações socioculturais mais amplas, aqueles especialistas acabam deixando de lado – tanto nas investigações monográficas quanto nas comparativas – muitas questões cruciais, que dizem respeito à elaboração formal dos temas folclóricos e às implicações literárias dos padrões práticos, estéticos ou filosóficos, inerentes à produção intelectual de cunho folclórico. Não obstante, elas podem ser enfrentadas e resolvidas por investigadores como os folcloristas, que possuem recursos para concentrar o esforço de observação e de análise nos processos da vida intelectual peculiares a formas de criação artístico-filosófica e a padrões de gosto estético que se exprimem através do contato pessoal, em situações grupais, e se diferenciam ou se perpetuam pela transmissão oral. Por aqui se evidencia, mais uma vez, o caráter especializado das tarefas dos estudiosos do folclore – ou seja: do folclorista em face do etnólogo e do sociólogo – e a interdependência desses estudos, que tomam por objeto a mesma realidade, mas de pontos de vista diferentes. Assim como a etnologia e a sociologia puderam beneficiar-se dos materiais acumulados pelos folcloristas brasileiros, a análise folclórica propriamente dita terá muito que aproveitar das contribuições dos etnólogos e

---

166 Oracy Nogueira, *Vozes de Campos do Jordão* (Experiências sociais e psíquicas do tuberculoso pulmonar no Estado de São Paulo), São Paulo, editado pela revista *Sociologia*, 1950 (contém abundante material de interesse para o estudo do folclore).

167 Roger Bastide: "Sociologia do folclore brasileiro", série de artigos publicados em *O Estado de S. Paulo*, a 18 de setembro de 1949; 4, 11, 18, 25 e 31 de dezembro de 1949; 7, 21 e 31 de janeiro de 1950; 23 de fevereiro e 7 de março de 1950; "O folclore brasileiro e a geografia", *Boletim Paulista de Geografia*, jul./1951, n.º 8, pp. 19-34.

dos sociólogos ao conhecimento do folclore brasileiro. É de presumir que essa interdependência se torne mais nítida e frutífera nos próximos anos, com o progresso das duas ordens de investigações do folclore em direção aos alvos humanístico-literários ou científicos, que as justificam e as orientam para centros de interesse diversos.

CAPÍTULO 12 | Amadeu Amaral e o folclore brasileiro*

Introdução

A edição dos trabalhos esparsos de Amadeu Amaral[1] constituiu o acontecimento mais importante, este ano, no campo dos estudos folclóricos no Brasil. A publicação de *Tradições populares* tem significado especial, transcendendo, por várias razões, o sentido que usualmente se atribui a semelhantes realizações editoriais. Em primeiro lugar, o livro de Amadeu Amaral contém uma lição que deve ser aproveitada pelos nossos estudiosos e pelos próprios editores. Em conjunto, os estudos reunidos na obra em apreço evidenciam a riqueza dos pequenos ensaios, publicados ao sabor das circunstâncias em jornais, em revistas e como folhetos, ou realizados sob a forma de conferências. E o sucesso alcançado patenteou o interesse do público brasileiro por trabalhos desse gênero: as publicações folclóricas deixaram de ser, do ponto de vista financeiro, empresas duvidosas e arriscadas. Em segundo lugar, o livro dá ensejo a uma revisão de julgamentos, propiciando condições mais favoráveis ao exame crítico e sistemático da obra folclorística de Amadeu Amaral. Em terceiro lugar, contém um apreciável acervo de

---

* A presente parte deste trabalho foi publicada em *O Estado de S. Paulo*, nos dias 21 e 28 de novembro de 1948 e 5, 12 e 19 de dezembro de 1948, e na *Revista do Arquivo Municipal*, set.-out./1951, v. CXLIII, pp. 3-28. Na forma atual, apareceu em *A etnologia e a sociologia no Brasil*, cap. VIII.

1 Amadeu Amaral, *Tradições populares*, edição realizada sob a direção e com uma introdução de Paulo Duarte, São Paulo, Instituto Progresso Editorial, 1948.

materiais, composto de peças folclóricas registradas por Amadeu Amaral ou por seus colaboradores, o qual poderá ser reaproveitado pelos especialistas.

O presente trabalho foi escrito com a finalidade de chamar a atenção dos estudiosos para a contribuição folclorística de Amadeu Amaral, desconhecida ainda no seu exato valor e no seu real alcance – mesmo por parte dos especialistas. O Sr. Joaquim Ribeiro, por exemplo, afirma que Amadeu Amaral conta entre os "poucos discípulos" conquistados por seu pai, integrando-se, assim, entre os representantes da "escola" de João Ribeiro[2]! Tamanho falseamento da posição ocupada por Amadeu Amaral na história do folclore brasileiro só se justifica em função do desconhecimento quase completo e do esquecimento a que foi relegada a obra do nosso folclorista. Aliás, os próprios companheiros de Amadeu Amaral duvidavam da seriedade dos estudos folclóricos que realizou e do valor de sua contribuição. Cheguei a ouvir de alguns deles – dos mais devotados à memória do autor de *Dialeto caipira* – que os estudos folclóricos constituíam um simples passatempo agradável do poeta, fascinado diante da beleza rústica da poesia popular...

Evidentemente, a reunião dos trabalhos esparsos conhecidos de Amadeu Amaral, em um volume, abre perspectivas à crítica, facilitando a interpretação do papel por ele desempenhado no desenvolvimento do folclore no Brasil, e especialmente em São Paulo, e a avaliação de sua obra folclorística. Parece-me, no entanto, que se deva começar a empresa com propósitos bastante limitados: é preciso, para se fazer algo construtivo em proveito do conhecimento da obra de Amadeu Amaral, ficar rente aos textos dos seus ensaios. Essa é a razão em virtude da qual, neste artigo, analisei apenas os três problemas seguintes, tratados em função dos materiais e sugestões oferecidos por *Tradições populares*: primeiro, a posição

---

2 Joaquim Ribeiro, *Folclore brasileiro*, Rio de Janeiro, Zélio Valverde, 1944, pp. 217-8.

ocupada por Amadeu Amaral na história do folclore brasileiro, caracterizando-a principalmente através das críticas e restrições que fez às tendências do folclore brasileiro, representadas por Sílvio Romero e João Ribeiro; segundo, suas idéias a respeito do objeto e do método do folclore; terceiro, os aspectos mais consistentes de sua contribuição ao estudo do folclore brasileiro. Evitei deliberadamente a sedução da síntese, das interpretações definitivas; tais interpretações constituem autênticas aventuras do espírito quando não repousam sobre uma sólida base analítica. Como esta ainda é muito pobre, com relação à obra folclorística de Amadeu Amaral, compete-nos agora construí-la com simpatia e devotamento.

POSIÇÃO DE AMADEU AMARAL NA HISTÓRIA DO FOLCLORE BRASILEIRO

Amadeu Amaral atravessou a vida em um estado de contínuo encantamento. Deslumbrou-se diante da beleza suprema do espírito humano e sentiu fortemente o fascínio e a sedução da terra bonita e fecunda que o viu nascer. Senhor de uma inteligência aberta e de uma sensibilidade viva, apreendeu com penetração e com equilíbrio as difíceis facetas da "realidade brasileira". O peso da erudição diluiu-se em suas interpretações, realçando a força da simpatia e a graça delicada de um temperamento de esteta. Para ele, a *poesia do povo*, por exemplo, são "florezinhas do campo". "A questão está", ensina, "em olhar com um pouco de carinho e um pouco de paciência." Pois, nessa poesia "há coisas... que são milagres de arte, reunindo a maior espontaneidade à maior força de expressão, o mais doce lirismo ao realismo mais intenso – límpidas condensações de verdade, de beleza e de graça"[3]. Contudo, essa linguagem, pura e simples, não foi cabalmente compreendida pelos contem-

---

3 "Poesia da viola", in *Tradições populares*, pp. 66-7.

porâneos. Era alegórica demais, para ser aceita sem reservas: demasiado bela e humana, para ser considerada "científica". A conseqüência disso aí está: ainda em nossos dias, os nossos folcloristas lutam com dificuldades quando tratam da localização da obra de Amadeu Amaral na história do desenvolvimento do folclore no Brasil e da crítica de sua contribuição.

Tal qual Mário de Andrade, Amadeu Amaral tinha o cuidado de assinalar o caráter amadorístico de suas atividades de folclorista: "não sou folclorista profissional, não ando propriamente 'enfronhado' nesta ordem de assuntos, não pretendo de modo algum entrar em competição com os que nela tomaram assento e ganharam uma autoridade difícil de conquistar"[4]. Essas idéias, filhas da modéstia e da honestidade intelectual, não impediram nem a um nem a outro de se colocarem entre os grandes folcloristas brasileiros. Contudo, ao contrário do que ocorreu com Mário de Andrade, Amadeu Amaral não teve o prazer de ver reconhecido, com idêntico calor, a sua autoridade de folclorista. Não contou com os seguidores, não formou discípulos e também não saboreou os estímulos causados pelo entusiasmo permanente de um público orgânico. O seu trabalho foi nobre, paciente, isolado e silencioso; alguns anos depois deslumbra-nos, no entanto, a profundidade ou alcance da contribuição que nos legou. Com peculiar maestria, estudou a poesia popular de São Paulo, dedicando-se ainda a outras investigações, através das quais esclareceu problemas ligados à nossa paremiologia, ao ciclo de Pedro Malasartes, às "crendices" e "superstições" do povo paulista, ao culto popular de Santo Antônio, às nossas adivinhas e cantigas de ninar, a restos de velhos romances portugueses e a versões de romances rústicos brasileiros. Os trabalhos que escreveu a respeito desses setores do folclore brasileiro seriam suficientes para atribuir a Amadeu Amaral uma posição de relevo na história do desenvolvimento do folclore no Brasil. Mas seria difícil

---

4 "Uma tarefa a executar", op. cit., p. 27.

localizá-lo justamente, considerando-se apenas as referidas contribuições especiais.

A singularidade da posição de Amadeu Amaral procede de um conjunto de preocupações fundamentais, que animaram as suas investigações folclóricas e desencadearam os ímpetos de proselitismo, episodicamente ligados às suas atividades acadêmicas e jornalísticas. Essas preocupações, ou convicções, se preferirem, constituem o remate espiritual da série de experiências a que se lançara a inteligência brasileira, através do folclore. De fato, de Celso de Magalhães, Sílvio Romero, Couto de Magalhães e Nina Rodrigues a João Ribeiro fora trilhado um longo caminho e acumulara-se um acervo apreciável de conhecimentos. Depois do célebre curso de João Ribeiro, os trabalhos dos pioneiros passaram a sofrer críticas mais severas: elevara-se repentinamente o padrão dos estudos folclóricos, colocando-se os intelectuais brasileiros, interessados por esse ramo de investigação, diante do dilema e das exigências da especialização. Mas esta é uma coisa que não se obtém da noite para o dia. De modo que os folcloristas brasileiros continuaram a cometer os mesmos erros dos pioneiros dos estudos folclóricos no Brasil, ou cometiam outros, procurando "elevar" o nível dos próprios trabalhos através de uma erudição fácil. A questão fundamental, relativa à formação especializadora, foi relegada para segundo plano: assim, Amadeu Amaral pôde constatar, examinando criticamente a situação do folclore brasileiro, que a maioria dos nossos "folcloristas" era constituída ou por coletores de curiosidades ou por incoercíveis teoricizantes. "Realmente, escreve, à parte o que haja de meritório em mais de um trabalho excepcional, salta aos olhos que ainda reina muita confusão e muita indecisão nestes estudos. Ora são feitos por mero diletantismo ou passatempo, sem objetivo, sem método e sem seguimento; ora, por simples literatura, visto que o campo das tradições, e especialmente o da poesia popular, fornece abundante matéria para divagações e fantasias; ora, enfim, por outros intuitos não só estranhos à pura investigação, como nocivos a ela por isso mesmo".[5] Adiante, caracteriza causticamente as preocupações científicas dos folcloristas brasileiros: "aqui quase sempre, o folclorista é atraído ao estudo das criações populares por uma espécie de admiração romântica de seus conterrâneos, pelo transparente desejo de os glorificar, provando que eles são muito inteligentes, muito engraçados ou muito imaginosos"; "depois do sentimentalismo, há outros dois males não menores a considerar: de uma parte, excesso de teorizações imaginosas e precoces; de outra parte excesso de diletantismo erudito"[6].

As citações são expressivas. Amadeu Amaral assumiu uma posição crítica diante da contribuição dos folcloristas brasileiros e contra a pseudociência que muitos escritores pretendiam passar como investigação folclórica. Com relação ao trabalho honesto, de coleta de dados que fosse, evidencia uma atitude de extrema simpatia como se pode verificar numa alusão ao esforço de Sílvio Romero, "tão solitário e tão mal compreendido por tanto tempo". Com relação às tentativas de exploração teóricas do material recolhido, os elogios a João Ribeiro, Lindolfo Gomes, e outros, bem como a defesa sistemática do método científico, revelam claramente as suas intenções. Em uma época em que a maioria dos folcloristas brasileiros discutia seriamente a questão de saber quem determinara primeiro a origem de "macaco olha o seu rabo", Amadeu Amaral lançava-se na crítica positiva das principais orientações do folclore no Brasil, procurando uniformizar a investigação folclórica e instaurá-la sob o modelo científico. Por isso, a sua crítica é serena e equilibrada, toda ela vazada na linguagem comedida e racionada de quem pretende menos destruir do que modificar. "Sem querer desfazer dos trabalhos de ninguém, os quais, ao contrário, me prezo de levar muito a sério e de estimar deveras, é impossível não reconhecer que algumas das colheitas registradas em livros ou divulgadas

---

5 "Os estudos folclóricos no Brasil", op. cit., p. 3.
6 "Os estudos folclóricos no Brasil", op. cit., pp. 3 e 4; ver também "Bons sintomas e boas novas", pp. 289 e 292.

em revistas e jornais ainda trazem muito visíveis os traços de um pernicioso diletantismo – um diletantismo que, parecendo querer subordinar-se ao espírito da ciência, não tem, na verdade, nem a curiosidade científica, nem a gravidade, nem a objetividade, e antes leva a brincar com os assuntos: e a divertir o leitor fácil de contentar".[7] Estávamos em uma encruzilhada histórica, no desenvolvimento do folclore no Brasil. Superar posições constituía um imperativo; contudo, era preciso evitar a perda das experiências e dos conhecimentos conquistados com tanto sacrifício e algum ridículo.

Como se sabe, o folclore tanto pode ser compreendido como uma realidade cultural viva nas ações e no pensamento de seres humanos quanto como estudo dessa realidade. A geração de Sílvio Romero via no segundo um método racional para o conhecimento do primeiro, ou seja, em termos particulares, para o conhecimento do povo brasileiro. As correntes teóricas ou teoricizantes ficaram indecisas entre essa atitude e uma posição "desinteressada". Amadeu Amaral deu um passo decisivo na colocação completa do problema sugerindo a existência de um ponto de equilíbrio nas relações do folclore, como método científico, com a realidade que ele apreende e procura explicar. Parecia-lhe que a investigação científica, como instrumento de consciência da realidade, é tanto parte da vida cultural de um povo quanto a própria realidade por ela apreendida. Por isso, ao defender a uniformização dos estudos folclóricos e a estrita submissão ao método científico, de modo a que se fizesse uma "história natural dos produtos do folclore", pensava ao mesmo tempo que aí estavam as bases para o estabelecimento de uma "ciência brasileira". "*Ciência brasileira?* Sim, uma ciência não apenas feita de generalidades aprendidas e de verdades por outrem descobertas e alhures investigadas, mas também construída com os 'nossos' recursos e baseada na observação direta e independente das 'nossas' coisas, impulsada pelas iniciativas livres da 'nos-

---

[7] "Folclore e dialectologia", op. cit., pp. 20-1.

sa' razão experimental diante das interrogações da 'nossa' natureza, e assim capaz de não ser apenas aluna submissa da grande ciência universal e sem pátria, mas colaboradora operosa e original, que a enriqueça e também a corrija, que é maneira não menos valiosa de enriquecer."[8] Desde que o folclore evoluísse na direção do método positivo, estaria caminhando no sentido de se tornar um instrumento de análise e de interpretação da realidade brasileira, desempenhando realmente a função de disciplina científica...

Essas breves notas permitem compreender a importância da contribuição de Amadeu Amaral ao folclore brasileiro. Atuando em um momento em que as investigações tendiam para dois modelos distintos, embora na realidade complementares, fornecidos por Sílvio Romero e João Ribeiro, procurou superar as duas orientações por meio da racionalização científica da pesquisa folclórica. Em uma, via o perigo da imposição de esquemas gerais e preconcebidos aos dados de fato; na outra, enxergava os inconvenientes da perda da visão de conjunto[9]. "Ambas as tendências têm produzido resultados interessantes, devidos ao valor pessoal de alguns estudiosos e não aos métodos que eles supõem. Basta lembrar, quanto à primeira, o grande esforço sistemático de Sílvio Romero de que proveio tanta coisa aproveitável; e, quanto à segunda, os trabalhos sempre instrutivos e deleitosos do eminente João Ribeiro. Mas, à parte esses méritos individuais, as duas orientações, consideradas na sua larga impessoalidade, se me afiguram igualmente prejudiciais."[10] A aplicação rigorosa do método científico racionalizaria a investigação folclórica, seja afastando ou limitando a interferência de fatores imponderáveis, ligados à "capacidade" e aos dotes pessoais dos "testarudos" que se dedicam ao estudo do folclore brasileiro, seja fornecendo um padrão de trabalho para a coleta, a siste-

---

8 "Uma tarefa a executar", op. cit., pp. 29-30; conforme também: "Bons sintomas e boas novas", p. 291.
9 "Os estudos folclóricos no Brasil", op. cit., pp. 4 e 5.
10 "Os estudos folclóricos no Brasil", op. cit., p. 5.

matização e a interpretação dos dados de fato. Por isso, Amadeu Amaral viveu e representa o terceiro grande momento na história do folclore brasileiro. Aquele, exatamente, em que o grau de maturidade estimulava desenvolvimentos definitivos no sentido da investigação científica, e favorecia uma compreensão mais adequada da função do folclore, seja como forma de conhecimento científico, seja como técnica racional de "autoconsciência" da realidade brasileira. O presente trabalho visa exatamente a situar Amadeu Amaral como folclorista, através da análise de suas concepções teóricas e de sua contribuição concreta.

Objeto e método do folclore

A reunião dos estudos folclóricos de Amadeu Amaral oferece-nos uma excelente oportunidade para refletirmos sobre o conteúdo teórico de suas concepções a respeito do objeto e do método do folclore. O folclore desenvolveu-se no Brasil segundo o esquema conceitual fornecido pelos autores europeus, especialmente os franceses. E quanto a Amadeu Amaral, reconhece-se pela leitura de suas obras a influência marcante e particular de Van Gennep (tanto os estudos sobre o objeto e o método do folclore, a conceituação de "tradições populares" e a teoria sobre a formação das lendas, quanto as sínteses, sobre os ritos de passagem). O reconhecimento dessa circunstância não deve limitar ou impedir, porém, como pensam certos estudiosos brasileiros, a análise dos problemas suscitados pela aceitação de uma orientação metodológica mais ou menos firmada no seio do folclore. Ao contrário, penso que esse tipo de reflexão se impõe em todos os setores das ciências humanas, em seu desenvolvimento no Brasil; ela constitui mesmo, sem dúvida alguma, uma condição para o refinamento e o "progresso" da investigação científica entre nós. A obra de Amadeu Amaral apresenta sérios atrativos, quando encarada deste ponto de vista graças à peculiaridade da posição por ele ocupada na história do folclore brasileiro. Expoente de um clima intelectual bastante amadurecido, em que a inquietação pelo conhecimento da realidade não se divorciava da preocupação teórica e dos princípios do pensamento científico, seus estudos revelam de forma característica as possibilidades mais amplas de criação e de realização do folclorista brasileiro. Assim, exprimem fielmente uma parte da trajetória percorrida pelo folclore, em sua integração à esfera intelectual do nosso sistema sociocultural, e marcam claramente os limites, quanto à natureza e ao sentido, das tentativas de reinterpretação do folclore, empreendidas por especialistas brasileiros.

A definição e a conceituação do folclore, apresentadas por Amadeu Amaral, reproduzem aproximadamente os termos clássicos de proposição do problema, adotados pelos primeiros folcloristas europeus. "O folclore estuda os produtos da mentalidade popular. O povo tem uma ciência a seu modo, uma arte, uma filosofia, uma literatura – ciência, arte, filosofia e literatura anônimas. Tem também um direito, uma religião e uma moral que se distinguem dos que lhe são impostos pela cultura da escola ou lhe vêm por infiltração natural de influências ambientes – muito embora possam ter tido uma origem cultural remota, mas já trabalhada por um inconsciente processo de adaptação da psique coletiva."[11] Ao nascer, as pretensões científicas daquela disciplina consciente e ardorosamente defendidas pelos folcloristas só reconheciam limites nas fronteiras do "primitivo" (campo da etnografia), ou do estabelecido "oficialmente" – isto é, nas esferas da "cultura": na ciência "positiva", na técnica "racional", no direito "codificado", na moral e na religião "sagradas", e na literatura, na arte e na filosofia "eruditas". Todo esse jogo de palavras inclui certamente confusões e incongruências lógicas. Mas esses eram os conceitos através dos quais os folcloristas se entendiam e tais eram os símbolos do "pensamento

---

11 "Por uma sociedade demológica em São Paulo", op. cit., pp. 52-3.

científico" no folclore! Amadeu Amaral seguia na esteira dos mestres europeus, o que equivalia a tomar uma posição intelectual favorável a essa espécie de "enciclopedismo folclórico". Mas, ao lado dessas limitações, características da própria indecisão reinante no campo do folclore até o começo deste século, e que se perpetuam na obra de muitos folcloristas contemporâneos, nota-se em suas afirmações a respeito do folclore como realidade social e da atitude a ser tomada pelo especialista diante dessa realidade uma interessante tendência construtiva. Aqui está, inegavelmente, o melhor da contribuição teórica legada por Amadeu Amaral aos folcloristas brasileiros.

De acordo com os fins visados por este trabalho, é de toda conveniência começar a discussão do aspecto positivo de sua contribuição pela parte relativa à orientação metodológica que defendia e recomendava. Sente-se plenamente em Amadeu Amaral o fascínio que as ciências naturais exerceram sobre a mentalidade do homem moderno. Parecia-lhe que o desenvolvimento do folclore como ciência dependia em particular da aceitação do modelo de investigação científica fornecido pelos pesquisadores de laboratório. Ao folclorista competiria, como a estes no estudo da natureza, "fazer a história natural dos produtos do folclore"[12] – procedendo, certamente, "com a mesma objetividade do naturalista"[13]. Em síntese, na indagação da verdade, o folclorista precisa adotar os processos do método indutivo, passando da acumulação dos dados de fato à crítica, seleção e classificação dos materiais obtidos, de modo a reunir de forma sistemática os resultados da investigação[14]. Tal método, salienta, "tem a utilidade de orientar a investigação em sentidos certos permitindo-lhe uma marcha positiva"[15]. Contudo, o folclore constitui uma realidade social; trata-se de algo dinâmico e complexo, em constante transformação. Daí a necessidade de ado-

---

12 "Os estudos folclóricos no Brasil", op. cit., p. 7.
13 "Uma tarefa a executar", op. cit., p. 34.
14 Cf. "Os estudos folclóricos no Brasil", op. cit., pp. 7 e 9; e "Poesias, contos e lendas", p. 46.
15 "Por uma sociedade demológica em São Paulo", op. cit., p. 61.

tar uma estratégia especial, capaz de abrir no mundo dos fatos caminhos acessíveis à razão humana e à manipulação do método científico. Todo elemento folclórico existe como parte de um todo, integrado a um contexto sociocultural que lhe dá forma, significado e função. Por isso o folclorista precisa orientar a investigação de tal modo que possa realmente compreender os elementos folclóricos como uma autêntica dimensão da vida em sociedade. Eles não existem em si e para si, mas como formas de atuação e como ideais "coletivos". O simples registro de uma lenda, ou de um conjunto de lendas, tanto quanto o simples estudo da filiação temática das composições folclóricas não satisfazem as exigências da explicação científica. Esta implica uma marcha complicada, mas segura: primeiro, a descrição completa do fenômeno observado pelo investigador; depois, uma análise minuciosa da forma de integração do mesmo à esfera do sistema sociocultural de que é parte; e, por fim, o estudo do que atualmente chamaríamos de "função social" do fenômeno investigado. Citando Van Gennep, admitia considerar, assim, os fatos sociais como "volumes", isto é, sob as "várias faces" com que se apresentam à observação.

A poucos respeitos tornou-se Amadeu Amaral tão credor de nossa admiração quanto no tratamento desse problema. Por isso, e porque tais explanações têm grande importância para a interpretação do papel por ele desempenhado no desenvolvimento do folclore no Brasil, permito-me transcrever aqui alguns dos excertos mais expressivos àquele respeito. Em "Uma tarefa a executar" afirma: "ora, as tradições populares, ainda entendendo-se por isso apenas as chamadas tradições orais, não podem ser consideradas sob um único aspecto, sem que haja uma como dilaceração violenta da realidade"[16]. Adiante acentua que "não há nenhuma idéia de que ela possa ter um valor e uma função independentes. Querer apreciá-la em si mesma é arrancá-la meio arbitrariamente ao mundo

---

16 Op. cit., p. 34.

das realidades concretas e atuais onde ela vive, que a explica, que a necessita e ao mesmo tempo a restringe"[17]. Em "Os estudos folclóricos no Brasil" expõe com vigor as mesmas regras de investigação, asseverando: "esses produtos são inseparáveis dos usos e costumes: impossível explicar a poesia da roça, sem a música, a dança e os hábitos de trabalho da roça, que com ela nascem e com ela se desenvolvem, formando um todo psicológico indissolúvel; impossível decifrar muitas alusões, idéias e formas encontradas nos contos, versos, dizeres populares, sem o conhecimento das crenças e crendices, das usanças e práticas do povo; impossível compreender os esconjuros e rezas, sem os atos e gestos que os acompanham e completam. Convém então ampliar o registro daqueles produtos com a descrição cuidadosa e fiel desses consectários". "Mas tanto uns como outros não se explicam também cabalmente sem os seus correlativos materiais: o meio físico, a habitação, o vestuário, os instrumentos e utensílios caseiros, os de caça e pesca, os de trabalho, os símbolos e imagens religiosas, os artefatos domésticos etc."[18]

Esses trechos mostram como o aproveitamento da contribuição teórica de outros especialistas processava-se *pari passu* com o crescimento da experiência pessoal, nos diferentes trabalhos de pesquisas que realizou. Além disso, sugerem em que a orientação metodológica defendida por Amadeu Amaral distinguia-se da de Sílvio Romero (coleta e sistematização das tradições populares) e da de João Ribeiro (pesquisas das fontes primárias e secundárias). Mas a forma indicada de compreensão do folclore teve outra conseqüência, mais importante, que cumpre ser ressaltada aqui. Refiro-me à própria conceituação do folclórico, na qual Amadeu Amaral rejeita certos preconceitos de especialistas como Thoms, Sébillot, Saintyves, Maunier, Gomme, Pettazzoni, e tantos outros, para os quais o folclore seria "a cultura do inculto", ou em outras palavras "o saber das ca-

---

17 Op. cit., p. 35.
18 Op. cit., p. 10; cf. ainda "Uma tarefa a executar", pp. 35 e 37; "Por uma sociedade demológica em São Paulo", pp. 59-60.

madas populares nos países civilizados". Considerando o problema do ângulo da participação da cultura, afasta ao mesmo tempo duas limitações insustentáveis[19]: a que identificava o folclore à cultura de sociedades rurais; e a que o restringia exclusivamente às camadas "rústicas" das populações urbanas. Eis o que escreve o nosso folclorista: "É impossível fixar limites àquilo que se entende por populações rurais, as quais não estão separadas geralmente das populações urbanas ou urbanizadas por nenhuma circunvalação intransponível. Demais, o próprio povo da cidade e até as camadas cultas apresentam os mesmos fenômenos que se encontram nas zonas rurais, embora muito menos claro, muito mais delidos e transformados por influxos pessoais e culturais, e por isso exigindo do estudioso muito maior soma de perspicácia e de destreza."[20] A mesma atitude deu-lhe, ainda, a possibilidade de apreender o folclore como uma realidade viva, dotada de um mecanismo de desenvolvimento interno e refletindo constantemente as alterações ocorridas nas condições de existência social dos seus portadores. Por isso, ao contrário de muitos folcloristas, que concebem o folclore como algo cristalizado – produtos culturais *definitivos* do passado, sancionados e defendidos pelo caráter "sagrado" da tradição –, Amadeu Amaral põe ênfase nos aspectos dinâmicos do folclore, sem deixar de reconhecer que a função deste consiste na conservação "do caráter próprio de

---

19 Vários autores têm criticado esses conceitos; seria inadequado indicar tais fontes aqui. Em "Adivinhas e outros problemas", Amadeu Amaral apresenta uma conceituação do folclórico que se subordina a tais pontos de vista: "é certo que essa imaginação primitiva, como todas as fases da evolução humana, ainda persiste, nos povos bárbaros e selvagens e nas camadas incultas dos países civilizados, ao lado das mais avançadas manifestações da cultura universal" (op. cit., pp. 281-2).
20 "Por uma sociedade demológica em São Paulo", p. 53; cf. ainda "Santo Antônio", em que se encontram ilustrações concretas do seu pensamento (op. cit., pp. 361, 367 e 370). Assim, neste estudo escreve: "as moças brasileiras, de sul a norte, na cidade como no campo fazem grande consumo de 'santo-antoninhos' de pau, de barro, de cera, de chumbo, em estatuetas, em medalhas, em gravuras". "No Brasil, essas homenagens incandescentes e ruidosas estão radicadas a fundo nos costumes, por toda a parte e em todas as classes, exceituadas apenas a "aristocracia" das cidades maiores." "O fundo psicológico dos fatos é o mesmo, e até, justamente por se tratar de indivíduos de alta classe, oferecem alguns deles curioso exemplo de persistência de fenômenos da mentalidade primitiva em meios onde se poderia supor uma consciência religiosa mais apurada."

um povo"[21]. Algumas citações poderão esclarecer melhor o pensamento do autor de "Poesia da viola": "ora, os versos não são literatura cultivada, nem chegam a ser propriamente literatura. Não atingem aquele estado de cristalização"[22]; ainda neste trabalho acentua que "antes de mais os versos genuinamente populares, isto é, aqueles que vivem e evoluem no domínio da tradição, da inconsciência e do anonimato, podem ser encarados, devem ser encarados como num estado de elaboração permanente. Colhem-se aqui e ali composições com aparências de obra terminada e definitiva 'datada e assinalada?'... São como fotografias instantâneas de onda inquieta, nas quais a massa de água em movimento se deixa ver numa mobilidade ao mesmo tempo real e enganadora". Numa síntese bastante feliz, escreve que os versos populares "não se compõem, repetem-se; não se inventam, transformam-se"[23]. Em "Paremiologia" insiste novamente sobre esse aspecto do folclore, escrevendo: "outra série de dificuldades vem da mobilidade da matéria a estudar. Os adágios e ditados não formam um patrimônio estabilizado e morto, uma espécie de reservatório onde se possa colher com vagar e segurança. Há, sem dúvida, em cada época, um depósito que se pode considerar mais ou menos estratificado no espírito popular, mas é muito maior o número das formações em pleno movimento". "Ora, é indispensável ter em consideração todos esses fatos; do contrário, a paremiologia se havia de emperrar em preconceitos semelhantes aos da velha gramática, para a qual quase só existia a língua dos escritores e de determinados meios cultos, e essa língua em certa época de glória suprema se 'fixava'. A introdução da noção de 'vida' e de movimento nesse domínio remodelou e ampliou formidavelmente a visão dos fatos."

Estas idéias de Amadeu Amaral permitem-nos chegar a um problema que só trata de passagem, ao referir-se às condições técnicas

---

21 "Folclore e dialectologia", op. cit., p. 22.
22 "Uma tarefa a executar", op. cit., p. 35.
23 "Folclore e dialectologia", op. cit., p. 20.

desfavoráveis à investigação folclórica no Brasil: o objeto do folclore como disciplina científica. O folclorista deveria limitar-se à tarefa muito delicada e difícil, que é a determinação da "biografia" das composições populares por ele recolhidas, fazendo-o porém de modo a considerar a sua integração ao contexto social como único critério possível da interpretação. Para isso, precisa tomar cuidados especiais no inquérito e na coleta dos dados, para determinar realmente se são peças folclóricas ou composições "popularizadas", de procedência erudita ou semi-erudita, e para isolar com exatidão os fatores responsáveis pelas modificações[24]. O próprio folclore dispõe de técnicas criadas para o tratamento desse problema, preocupando-se Amadeu Amaral com a "autenticação" das composições e com a "cartografia" folclórica, através da qual se poderiam estudar as variações de um mesmo elemento por meio de sua distribuição no espaço. Considera também a contribuição das disciplinas afins para o esclarecimento dos problemas suscitados pela investigação folclórica, como a arqueologia, a música, a lingüística – infelizmente de aproveitamento restrito quando se trata de pesquisas no Brasil, em virtude da inexistência ou escassez de especialistas[25]. Quanto a essa parte da contribuição de Amadeu Amaral, a importância de sua orientação para o folclore brasileiro está no fato de restringir a investigação folclórica à determinação das fontes primárias e secundárias, insistindo porém com grande vigor sobre a necessidade de realizá-la de modo a se considerar os elementos folclóricos como parte e em função do contexto social. Extraindo conseqüências mais amplas dessa orientação, pensava na própria integração do folclore, como disciplina científica, ao nosso sistema

---

[24] Cf. "Folclore e dialectologia", op. cit., pp. 21 e especialmente 22-3; "O popular em matéria folclórica", op. cit., pp. 15-6; "Uma tarefa a executar", op. cit., p. 33; "Por uma sociedade demológica em São Paulo", op. cit., p. 60; "Genealogia de um caso", op. cit., pp. 347-8; em "Paramiologia", op. cit., defende o critério da "efetividade do uso"; o folclorista deve escolher aquilo que realmente transparece no comportamento e na atuação dos indivíduos (cf. pp. 243-7 e 272).

[25] "Uma tarefa a executar", op. cit., pp. 33-4 e 37-8.

sociocultural e nas possibilidades de aplicação prática dos conhecimentos obtidos pela investigação folclórica[26].

Deixei para o fim a análise da divisão do folclore sugerida por Amadeu Amaral, encarada por certos autores como o aspecto mais importante de sua obra, porque é essa, exatamente, a esfera em que revela menos originalidade e em que a marca da "experiência pessoal" se faz sentir com menor força. Na realidade produziu uma sistematização dos materiais do folclore substancialmente semelhante à dos especialistas europeus citados acima, sem mesmo sequer se abalançar a uma apreciação crítica dos critérios de classificação adotados. O valor da divisão sugerida é, no entanto, muito grande, como documento da predominância das correntes do folclore europeu (principalmente de folcloristas franceses como Saintyves e Van Gennep), no desenvolvimento do folclore no Brasil. Procura, assim, abranger aspectos da cultura que especialistas norte-americanos, como Herskovits, por exemplo, excluem do campo da observação do folclore (este se limitaria à cosmovisão fornecida pelas poesias, lendas, contos e pela paremiologia e a música). De acordo com o referido ponto de vista, que aliás se justifica plenamente, quando se considera o interesse específico posto pelo folclorista na investigação dos fenômenos sociais, divide o campo do folclore da seguinte maneira: 1. poesia, música e dança; 2. narrações; 3. linguagem popular; 4. técnicas e arte; 5. a casa e a indumentária; 6. atos coletivos; 7. alimentação e bebidas; 8. crenças e observâncias; 9. direitos populares; 10. saber popular; 11. escritos. A divisão proposta contém algumas incongruências e insuficiências, que não importa analisar aqui, em virtude das razões indicadas.

Em resumo, a preocupação de Amadeu Amaral pelos problemas teóricos do folclore atingiu praticamente os problemas centrais

---

26 Cf., especialmente, "Uma tarefa a executar", op. cit., p. 29; "Bons sintomas e boas novas", op. cit., pp. 287-93; "Folclore e dialetologia", op. cit., pp. 21-2.

suscitados pela aplicação do aparato conceitual e metodológico dessa disciplina. Apesar de não ter deixado nenhuma obra sistemática a esse respeito, é evidente, em suas reflexões, a lucidez com que encarava tais problemas e o aproveitamento de uma sólida experiência de especialista, treinado pela investigação de esferas especiais do folclore brasileiro. Sob esse aspecto, constitui um exemplo para os folcloristas brasileiros contemporâneos, pois evidencia concretamente as ricas possibilidades de associação de teoria e pesquisa em nosso meio: seja orientando a seleção e o tratamento dos problemas pelas exigências da primeira, seja procurando enriquecer o *corpus* teórico do folclore através dos resultados positivos do trabalho de campo.

Contribuição ao estudo do folclore brasileiro

Amadeu Amaral deixou apreciável contribuição ao estudo do folclore brasileiro. As experiências que acumulou como folclorista, na coleta e análise das composições folclóricas, exerceram grande influência na fixação de suas concepções a respeito da formação e do desenvolvimento do folclore brasileiro. Por isso, deve-se considerar, na análise da contribuição de Amadeu Amaral ao estudo do folclore brasileiro, estes dois aspectos; a) a "teoria" sobre a formação e o desenvolvimento do nosso folclore; b) a contribuição concreta, de coleta e elaboração de materiais, contida em seus ensaios particulares. Contudo, há outro aspecto da contribuição de Amadeu Amaral que merece ser considerado, tendo em vista a seriedade de suas preocupações teóricas. Trata-se de saber até que ponto o nosso folclorista manteve-se fiel à orientação metodológica por ele defendida, aplicando-a à orientação do folclore brasileiro. Esses são os problemas discutidos nesta parte do presente artigo.

a) O estudo do folclore brasileiro

Quanto ao último problema indicado, é sabido que Amadeu Amaral possuía uma excelente formação intelectual, revelando aptidões especiais para o tratamento dos problemas teóricos, ligados à metodologia científica do folclore. Em quase todos os seus trabalhos, examina questões suscitadas pela investigação científica do folclore e aconselha, com segurança, regras a seguir na pesquisa das "tradições populares". Contudo, a vocação científica dos pioneiros é freqüentemente prejudicada pela situação que ocupam na história do pensamento. Em Amadeu Amaral é flagrante uma discrepância desse tipo: a orientação metodológica, por ele aceita e defendida, é aplicada de forma bastante incompleta em seus estudos do folclore brasileiro. Assim, embora afirmasse que a principal regra de investigação folclórica consiste na compreensão dos elementos folclóricos em função do contexto social, em que estão integrados, na realidade procurava determinar as fontes primárias das composições analisadas, considerando-as em si mesmas e abstraindo os fatores socioculturais, responsáveis por sua transformação. Essa limitação é visível até nos melhores exemplos de análise folclórica, fornecidos pelos trabalhos de Amadeu Amaral nos seus ensaios sobre a poesia popular, o ciclo de Pedro Malasartes, o ciclo de romances rústicos nordestinos e a paremiologia. Em geral, consegue apenas esclarecer as mudanças de forma e as transformações temáticas, sem conseguir ligá-las a causas sociais e culturais[27]. Sob esse aspecto, poder-se-ia afirmar que Amadeu Amaral conservou-se preso aos cânones da explicação erudita – por ele próprio criticada como livresca e insensível aos aspectos dinâmicos da vida social; ou que, em outras palavras, tendo consciência da orientação

---

[27] Cf., especialmente, "Poesias da viola", op. cit., pp. 70, 72, 74, 79, 83 e 93; "A poesia nativa do nosso povo", op. cit., pp. 108 e ss.; "A poesia popular de São Paulo", op. cit., pp. 135 e ss.; "Um ciclo de romances rústicos", op. cit., pp. 195 e 212; "Paremiologia", op. cit., pp. 215 e 273; "Pedro Malasartes", op. cit., pp. 305-44.

metodológica adequada, não a seguiu cabalmente no estudo do folclore brasileiro.

Essas constatações são procedentes; expondo-as, em nada desmerecemos seja a capacidade de folclorista de Amadeu Amaral, seja o caráter da contribuição que nos legou. Para evitar incompreensões é necessário, no entanto, situar exatamente as limitações indicadas. De um lado, elas resultam em grande parte da procedência dos materiais utilizados por Amadeu Amaral. Graças à colaboração dos leitores e amigos, obtinha composições da poesia popular, variantes de contos conhecidos em São Paulo, Minas etc., ditos sentenciosos e provérbios etc. Como as pessoas que respondiam aos seus constantes apelos[28], via de regra, não dispunham de formação científica, as descrições e informações que lhe enviavam eram geralmente incompletas. Materiais dessa espécie permitem, no máximo, o tipo de análise folclórica desenvolvido por Amadeu Amaral. Além disso, este próprio não tinha, como reconhecia, formação especializada. Apesar dos amplos conhecimentos que acumulou sobre o folclore como disciplina científica, faltava-lhe o treinamento que só se adquire através da aprendizagem sistemática. Em particular, a noção ingênua de que a coleta direta pura e simples do material folclórico representava por si mesma uma sólida garantia para a interpretação científica dos fatos recolhidos e sistematizados, é responsável por uma série de lacunas na descrição da realidade e posteriormente na sua explicação. É a célebre técnica do "ouvi da boca de um cantador" ou do "disse-me uma pessoa idosa" etc., cuja aplicação redunda na acumulação extensiva de dados, sem o devido apuro científico. De outro lado, é preciso evitar o exagero inde-

---

28 Encontram-se nos trabalhos de Amadeu Amaral várias referências a leitores e amigos, que recolhiam material folclórico para seus estudos. Em "Poesia da viola", porém, dá mais idéia da quantidade apreciável de informações que obtinha dessa maneira: "há pouco mais de ano, tendo-me resolvido a entrar por esta seara, pude, com auxílio gentil de alguns amigos [...] formar um arquivo de muitas centenas de quadrinhas soltas e uma coleção de composições poéticas de outros gêneros, sem falar nas mais espécies de produtos do *saber popular*" ("Poesia da viola", op. cit., p. 68).

vido, que poderia seguir-se ao reconhecimento das referidas limitações. Do ponto de vista crítico, circunscrevê-las dentro dos seus próprios limites constitui uma tarefa tão importante quanto a de descobrir sua existência e apontar seus resultados negativos. Isso exige, necessariamente, uma interpretação mais penetrante e menos estreita do pensamento e da obra de Amadeu Amaral. As restrições expostas acima são procedentes; mas nem por isso elas são "legítimas". Uma análise do alcance destas mostra que elas têm um conteúdo teórico. Ora, a investigação científica obedece a uma marcha complexa, precisando satisfazer, além das exigências de ordem teórica, outras que nascem de necessidades práticas ou das próprias condições da investigação científica. O especialista não se isola do mundo para estudar a realidade. Ao contrário, as circunstâncias de tempo e lugar que condicionam as suas pesquisas determinam também a relação existente entre sua inteligência e a esfera da realidade estudada. Por isso, as possibilidades de conhecimento do objeto caem parcialmente fora do campo de autodeterminação do especialista, dependendo de modo mais ou menos direto de condicionamentos culturais. Estas observações permitem localizar convenientemente a contribuição de Amadeu Amaral. Colocado entre o ideal da investigação científica, que nos vinha pronto e acabado na obra de especialistas europeus, e as restritas possibilidades abertas em nosso meio à investigação científica, realizou aquilo que estava ao seu alcance. A insistência com que Amadeu Amaral discutia a necessidade da formação especializada[29] indica claramente que ele tinha consciência do significado das recomendações teóricas, contidas em seus trabalhos: elas visavam antes a propor um ideal do que a exprimir um estado de fato. A lúcida compreensão que possuía do desenvolvimento do folclore no Bra-

---

29 Aliás, a seguinte passagem, extraída do seu estudo sobre "Santo Antônio", é bastante significativa a esse respeito: "outro cuidado conveniente – com razão recomendado pelos mestres – é o de limitar a região e os assuntos a explorar. Querer um observador ocupar-se de todos os ramos do folclore ao mesmo tempo, e em toda a parte, é votar o próprio trabalho a uma meia esterilidade inevitável" (op. cit., p. 375).

sil levou-o a refletir sobre as condições da investigação folclórica em nosso meio e conduziu-o a uma atitude muito parecida com a de Sílvio Romero, quanto à delimitação das tarefas imediatas dos folcloristas brasileiros. Primeiro e acima de tudo, acumular dados, recolhidos com rigor e sistematizados racionalmente; as explorações gigantescas, com grandes ambições teóricas – capazes de superar o tipo de análise formal das filiações temáticas –, foram deliberadamente deixadas para o futuro. Acredito que algumas citações esclarecerão melhor o pensamento e a atitude do nosso folclorista: "o material folclórico do Brasil tem sido apenas explorado superficialmente. Só se tem respingado um pouco nos afloramentos mais visíveis. Ainda em matéria de contos e lendas e de poesia, que são os ramos mais estudados, quanto resta a fazer! Só conhecemos 'alguma' coisa de 'algumas' regiões, de algumas localidades, de alguns agrupamentos; mas, aqui mesmo, o que temos está em geral dependendo de revisões e críticas que não se fazem". "Enfim, nada se pode afirmar por simples presunção ou por adivinhação. Os fatos do espírito são tão reais como os da natureza material, e para dizer alguma coisa com fundamento é preciso examiná-los... Examinar uma grande quantidade deles. Onde estão os fatos? Quem já os colecionou em número suficiente, abrangendo um largo campo de manifestações e compreendendo uma boa parte do país, para poder falar *ore rotundo* sobre o quinhão real do negro na formação da fisionomia moral do brasileiro?"[30] Aí está uma das razões por que é preciso analisar cuidadosamente a posição ocupada por Amadeu Amaral no desenvolvimento do folclore no Brasil. O retorno às preocupações fundamentais de Sílvio Romero – o "Sílvio testarudo e infatigável", que "foi o primeiro e o último"[31] – processa-se segundo os princípios de uma orientação nova, em que o modelo científico perde o fascínio da inspiração, para se tornar uma realidade.

---
30 "Poesias, contos e lendas", op. cit., pp. 41 e 44; cf. também "A poesia nativa do nosso povo", op. cit., p. 98.
31 "Pedro Malasartes", op. cit., p. 311.

Em vista dos resultados desta análise, é preciso admitir que as discrepâncias entre a orientação metodológica propugnada por Amadeu Amaral e as tentativas, que realizou, de aplicação dela ao estudo de setores especiais do folclore brasileiro, não só se justificam objetivamente, em função das condições da investigação científica no Brasil, mas ainda encontram uma fundamentação lógica no pensamento do nosso folclorista. Em vez de constituírem aspectos negativos da obra de Amadeu, tais limitações desempenham nela um papel construtivo. Pois conciliam a retenção de uma consciência clara dos problemas teóricos do folclore às vicissitudes e necessidades peculiares encontradas por esse tipo de investigação no Brasil. Basta um exemplo, para pôr em relevo a fecundidade da solução. O folclore não conseguiu desvencilhar-se, em muitos países latinos – o Brasil inclusive – de solicitações "patrioteiras" e "chauvinistas". Segundo Amadeu Amaral, são muito ricos os preconceitos correntes entre os folcloristas da Espanha, de Portugal e do Brasil sobre a "poesia popular" (concebida como "poesia de verdade", "poema da raça" etc.). A crítica de semelhantes preconceitos a partir das regras da pesquisa folclórica, oferece-lhe a oportunidade para aprofundar a distinção entre "poesia popular" e "poesia erudita", e capacitou-o para fazer os melhores estudos regionais aparecidos até o momento sobre composições da "poesia popular" brasileira[32].

Na discussão desse problema é necessário considerar ainda o que o próprio Amadeu Amaral pensava a respeito do folclore como modalidade de interpretação da realidade social e, em particular, em suas aplicações ao estudo das nossas "tradições populares", como forma de consciência das condições de existência social do povo brasileiro. O folclore nasceu como uma reação à posição acadêmica que encerrou a investigação científica dos fenômenos humanos ao estudo do branco adulto, normal e culto. A revolução pro-

---

32 Sobre as críticas indicadas, cf. especialmente "A poesia nativa do nosso povo", op. cit., pp. 99-102 e 119-20; "A poesia popular de São Paulo", op. cit., p. 127.

movida então pelos folcloristas consistiu em estender a aplicação do método científico ao estudo das "camadas incultas" dos países civilizados, procurando explicar a "mentalidade popular" através de objetivações culturais. Em seu desenvolvimento no Brasil, o folclore tornou-se um instrumento de consciência e de interpretação da "mentalidade popular" brasileira. Como afirmava Sílvio Romero, em 1883, o folclore abria-nos o caminho para conhecer não "a história escrita por A ou B, por Varnhagem ou Pereira da Silva, velhos declamadores retóricos" – mas a história que escrevia realmente o povo, "na sua laboriosa luta pela vida". A exemplo dos folcloristas europeus e do nosso Sílvio Romero, Amadeu Amaral via no folclore o instrumento capaz de fornecer ao ensaísta conhecimentos concretos sobre outra face do Brasil, fantasiosa e especulativamente "construída" pelos vários intérpretes da "realidade brasileira". Mas, onde está essa realidade, se ela existe de fato? O folclore, para ser uma disciplina científica, precisava tornar-se uma espécie de psicologia coletiva, um método para o conhecimento e para o estudo da "mentalidade popular" brasileira. Por isso, o termo "demopsicologia", sugerido por Giuseppe Pitré, seduzia-o fortemente. Encontramo-lo abundantemente na obra de Amadeu Amaral, ao lado do termo folclore; ele exprimia melhor que o termo inglês, consagrado pelos especialistas, o que o nosso folclorista entendia como objeto e finalidade do folclore.

Quando se encara a interpretação do folclore brasileiro de Amadeu Amaral desse ponto de vista, descobre-se o fio da meada: como e por que meios ele próprio pensava e procurava integrar as "tradições populares" ao contexto social. Ao mesmo tempo que refinava um instrumento para a interpretação da realidade brasileira, Amadeu Amaral tomava uma atitude suscetível de pôr em evidência as ligações existentes entre as modas e as trovas, por exemplo, e o *ethos* da cultura. Com isso, através da análise do significado das composições folclóricas, interpretava-as em função do contexto sociocultural. Assim, escreve, "são muito freqüentes os cantos de índole impessoal sobre assuntos gerais da vida e da sociedade, sobre as misérias da gente humilde, sobre as desigualdades e injustiças da fortuna, sobre a morte, sobre os costumes. Esses cantos, mais do que quaisquer outros, refletem a mentalidade coletiva do nosso homem da roça, suas crenças, seus hábitos, suas atitudes, seu modo de ser, o estado de sua cultura"[33]. Um pouco adiante, asseverava no mesmo sentido: "se aos brasileiros cultos que estudam o seu país lhes importa deveras conhecer bem essas populações, que são a infra-estrutura da nacionalidade; se lhes convém de fato uma soma de noções certas, positivas, insofismáveis sobre a mentalidade dessa nossa gente, não podem encontrar melhor documentação do que aquela que é fornecida pela sua literatura oral, especialmente pela sua poesia". Falava com experiência, pois ele próprio tivera oportunidade de criticar os conhecidos preconceitos sobre a "tristeza" e a "sensualidade" dos caboclos[34], difundidos em nossos meios intelectuais, tendo chegado à conclusão de "que muitos desses tristes deviam o seu abatimento apenas à falta de saúde e a insuperáveis dificuldades de vida – às hostilidades do ambiente natural e social", deixando de ser, em condições mais favoráveis, o "urupê raquítico e em perpétuo parasitismo, para ser planta viçosa"; e, quanto à segunda representação negativa: "a sensualidade do brasileiro da roça é no mínimo menos violenta, menos atirada, menos brutal do que a do europeu. As manifestações que se podem apreciar em nosso folclore são antes pálidas em comparação com o que há de fescenino na poesia popular de outros povos".

Em resumo, Amadeu Amaral não se aplica de modo completo e sistemático às regras e às recomendações de caráter metodológico contidas em seus trabalhos. Em particular, no estudo das composições folclóricas, deixa de determinar as causas sociais e culturais

---

[33] "A poesia nativa do nosso povo", op. cit., pp. 113-14; explanações desse tipo, cf. ainda o mesmo trabalho, pp. 103, 119 e 120, e "A poesia popular de São Paulo", op. cit., p. 127; "nesses produtos, escreve à p. 121, o povo aparece melhor que nos mil acidentes superficiais e desorientadores da observação direta".

[34] "Poesia da viola", op. cit., pp. 83-5.

das modificações de estrutura e de forma, observadas nas variantes de uma mesma versão. Apesar disso, tem o mérito de considerar algumas das ligações das composições folclóricas com o contexto social através da análise do conteúdo intencional e do significado delas. E a orientação por ele seguida, na prática, oferece sérias vantagens, pois favorece o ajustamento dos pesquisadores às condições de trabalho no Brasil, sem afastá-los da preocupação de ordem teórica. Sob esse ponto de vista, poucos contribuíram como ele para definir e precisar uma orientação científica no estudo do folclore brasileiro.

b) Formação e desenvolvimento do folclore brasileiro

A determinação das fontes das composições folclóricas constitui, como se sabe, um dos principais objetivos da investigação folclórica. Entre nós, o folclore representou, desde o começo, uma tentativa para estabelecer, concretamente, o papel desempenhado na formação da cultura brasileira pelas "correntes étnicas formadoras" (índio, português e negro) e para delimitar o alcance das atividades transformadoras ou criadoras dos seus descendentes. Quaisquer que sejam as restrições que se possam fazer aos estudos de Sílvio Romero, Celso de Magalhães, Nina Rodrigues, Couto de Magalhães, João Ribeiro, Mário de Andrade e outros, que ainda militam no mesmo campo, é inegável que a eles devemos as primeiras pesquisas e as primeiras hipóteses sobre o processo de formação e de desenvolvimento do nosso sistema sociocultural. Suas concepções circulam na maioria dos ensaios de interpretação do Brasil e somam, praticamente, quase tudo que sabemos a tal respeito. Amadeu Amaral reflete-as em seus trabalhos, criticando-as algumas vezes, ou reconstruindo-as outras, num esforço de aproveitamento das experiências e conhecimentos conseguidos através de suas próprias pesquisas. Embora não se conheça nenhum ensaio seu especialmente dedicado ao assunto, o que deixou esparso, nos diversos trabalhos reunidos, agora dá-nos uma boa idéia do que pensava sobre o processo de formação e de desenvolvimento do folclore brasileiro.

Amadeu Amaral propunha-se com objetividade o problema das origens do folclore brasileiro. O provincianismo intelectual e o patriotismo levaram muitos escritores nossos a enxergarem nas composições folclóricas do povo brasileiro uma "lídima expressão" de "talento criador" e de "faculdades poéticas", impregnadas do "mais puro e genuíno brasileirismo". Prudentemente, Amadeu Amaral duvidava de tudo isso: o folclore exprime os ideais e a mentalidade de uma camada do povo brasileiro. De acordo com esse ponto de vista, coerentemente sustentado e defendido por Amadeu Amaral, as suposições de ordem mais geral, segundo as quais o folclore brasileiro constituiria uma entidade auto-suficiente, dotada de fisionomia própria e voltada para os filões mais profundos da nacionalidade, constituiriam mero palavrório – racionalizações sentimentalistas e patrióticas, absolutamente divorciadas do pensamento científico. Uma pergunta maliciosa – "...será mesmo certo que tenhamos uma fisionomia?"[35] – é completada por uma conclusão sóbria, mas cortante: "o sentimento nativista pode, às vezes, relampejar num clarão remoto, através de um impulso de paixão vulgar, porém não se ergue à concepção de uma pátria"[36]. Em síntese, o folclore brasileiro é o folclore de um país de imigração[37]. Ele é um mosaico, onde se espelha a contribuição de cada uma das correntes étnicas que entraram em contato no Brasil e transformaram-no em unidade histórica. Para entendê-lo como uma entidade orgânica, é preciso primeiro compreendê-lo em sua diversidade.

Semelhante maneira de encarar o assunto transfere o eixo do problema para a atitude a ser tomada diante dessa realidade viva, assim variada e complexa. Enquanto opera como pesquisador, o

---
35 "Poesias, contos e lendas", op. cit., p. 45.
36 "Poesia da viola", op. cit., p. 85.
37 "Paremiologia", op. cit., p. 273.

folclorista deve limitar-se ao registro e coleta das composições folclóricas, efetivamente observadas no ou através do comportamento manifesto dos componentes dos grupos sociais estudados. A questão das fontes, primárias ou secundárias, só aparece posteriormente, ao ser realizada a análise comparativa das versões e variantes das composições coligidas. Um bom exemplo indicado é o estudo de Amadeu Amaral sobre a paremiologia brasileira. Outros especialistas, que entraram no assunto antes dele, serviram-se das prenoções "patrióticas" e simplificaram sensivelmente suas investigações, recolhendo os materiais para estudo da "tradição livresca": extraíram os provérbios e adágios de coletâneas portuguesas ou escritas em outras línguas![38] Naturalmente, Amadeu Amaral indica o caminho inverso, como ficou dito: "o que nos importa é conhecer bem quais são as fórmulas realmente usuais, nascidas na língua ou adotadas por ela e que assim correspondem de fato a modos de pensar coletivos e habituais"; "a verdadeira pesquisa não há de partir dos livros, mas da tradição oral. Os livros servirão de muito, mas subordinados ao critério de indagação direta nas fontes vivas, e mais como documentos para a busca das formas evolutivas anteriores, assim como para o descobrimento das origens. A base, o eixo, o nó de todo este estudo é a tradição oral"[39]. Além disso, o folclorista não se interessa apenas pelas composições folclóricas em si mesmas: se lhe importa saber onde se originaram e como se transformaram, é-lhe ainda de maior importância conhecer através delas a "mentalidade do povo", isto é, os modos de ser, de pensar e de agir que o caracterizam como uma unidade social. Nesse caso, "haveria outro interesse particular na catalogação dos nossos adágios e modos de dizer [realmente de "uso efetivo"]: era permitir que se verificasse, também, por esse lado, até onde vai a diferenciação lin-

---

38 "Paremiologia", op. cit., pp. 240-1.
39 Ibidem; outras explanações sobre o mesmo problema, cf. "Paremiologia", op. cit., pp. 242-3, e "Pedro Malasartes", op. cit., pp. 307 e 311.

güística, e com essa a diferenciação psicológica e social entre o Brasil e a velha metrópole"[40].

Tamanha prudência no tratamento do assunto deveria levar Amadeu Amaral a restringir-se à exposição dos resultados a que chegara, na determinação das fontes das composições por ele próprio analisadas. Contudo, não se contenta só com isso pois aplicou a "teoria dos três fatores" ("raça", "meio" e "época") ao estudo da formação e desenvolvimento do folclore brasileiro[41]. O termo "raça" é empregado como equivalente de "psique coletiva" e de "grupo étnico". Por meio dele, Amadeu Amaral não só se refere à contribuição do português, do índio e do negro, para a composição do folclore brasileiro, mas ainda explica as transformações deste, que resultam do ajustamento recíproco dessas três camadas de nossas populações. "O que sabemos em definitivo é que boa parte do povo brasileiro, sendo um amálgama de três raças, as duas acima nomeadas [índio e africano] têm colaboração na composição da chamada 'alma coletiva'. Essa resultante é que atua na evolução da nossa poesia popular, toda de origem portuguesa mediata ou imediata, imprimindo-lhe feições nacionais." Em conseqüência, as composições folclóricas oriundas do folclore ibérico sofreram aqui modificações de forma e de conteúdo que não se explicam simplesmente através de "influências" do folclore "indígena" ou do "folclore africano". O contato permanente desses grupos étnicos processou-se em tais condições, que a integração dos valores culturais, provenientes de cada um deles, ao sistema sociocultural brasileiro, foi afetada ao mesmo tempo pelos outros dois e pelos ajustamentos recíprocos desenvolvidos entre eles. O outro agente de renovação do folclore brasileiro, o meio físico, fez-se sentir de forma ponderável. Contudo Amadeu Amaral nota "que nem sempre a acelera notavelmente". As composições de origem portuguesa conservam, ain-

---

40 "Paremiologia", op. cit., p. 242.
41 "A poesia popular de São Paulo", op. cit., item VI, pp. 147-61; a exposição acima e as citações foram extraídas deste item do trabalho.

da, lusitanismos desusados na linguagem corrente, nomes, coisas, flores, plantas e costumes que só têm sentido em Portugal. Doutro lado, a persistência de certos elementos é facilitada ou possibilitada em virtude das condições de existência social do povo brasileiro: o caboclo possui em sua horta a maioria das plantas e flores referidas no cancioneiro popular; paralelamente, nomes próprios e símbolos perpetuam-se em composições de origem portuguesa, graças à coerência com outras esferas da cultura. "Entretanto, o povo é conservador inconsciente e, assim, não pode evitar que uma corrente modificadora e inovadora prossiga, por sua vez, na sua ação ininterrupta. Sem nenhuma intenção determinada, ele tanto conserva como altera, destrói e cria." E assim as condições de vida ambiente vão penetrando lentamente nas composições folclóricas de procedência estrangeira, ou conseguem impor-se de vez, dando origem a composições originais. Quanto à época "isto é, aquelas modificações de idéias e sentimentos trazidos pelos novos acontecimentos da vida geral", contenta-se com uma discussão mais limitada do problema. Assim, mostra que a poesia popular das zonas urbanas é mais aberta aos acontecimentos que a poesia popular das zonas rurais. Dentro desta, as modas são mais sensíveis ao acontecer histórico que as quadrinhas e composições poéticas conservadas "na corrente tradicional".

Nos diversos trabalhos que compõem *Tradições populares*, Amadeu Amaral examina assistematicamente o processo de formação do folclore brasileiro. Preocupa-se fundamentalmente com as fontes ibéricas e com as correntes de renovação interna (*nativas*), atribuindo pouca importância à contribuição dos outros dois grupos étnicos. Antes de passar para o exame de suas idéias sobre cada um desses problemas, gostaria de citar a seguinte passagem, em que expõe seu pensamento de modo sintético: "1º) Toda a literatura popular do Brasil provém do tronco português. Se há influência de outras origens, ou têm agido como dissolventes ou são 'agregados' ocasionais e superficiais. (As pretensas contribuições do índio e do negro são dessa espécie. E ainda assim quando não se resolvem em puros enganos, fruto de idéias preconcebidas, de generalizações apressadas, ou de simples interpretação errônea de materiais.) 2º) Derivada dessa velha corrente, que domina todo o país e de acordo com o crescente esquecimento dos seus produtos e com a crescente adaptação do brasileiro ao ambiente físico e social próprio, se têm vindo formando centros de elaboração locais e regionais, manifestos em certas tonalidades gerais, nos reflexos da natureza, dos costumes, da vida econômica, na organização de novos ciclos temáticos etc."[42] Essa citação é importante, além disso, pelo fato de indicar claramente que Amadeu Amaral discorda de Sílvio Romero apenas em um ponto, mas capital: o papel desempenhado pelos índios e especialmente pelos africanos na formação do folclore brasileiro.

De fato, no mesmo estudo dá um balanço nas origens do "cancioneiro popular" paulista e procura mostrar que este é de procedência portuguesa, quando não estão em jogo composições poéticas originais, elaboradas no próprio país. "Não é raro ver-se, a propósito de qualquer coisa somenos – uma quadrinha, uma idéia, uma expressão, um verso –, apontarem logo gravemente para a "influência" indiana ou africana. A verdade é que, se nas lendas, contos, superstições e outros capítulos se percebe a ação psicoétnica do indígena e do negro, com a poesia não se dá o mesmo." "Esta, *enquanto poesia*, ou produção métrica rimada, nada deve a qualquer daqueles dois elementos. Ninguém descobriu ainda a mínima influência específica, direta e indiscutível, do preto e do autóctone, quer nas suas "formas" usuais, quer no seu "fundo de idéias", quer nas suas "tendências" orgânicas. Nem mesmo se encontrou até hoje, entre as coisas que o povo conta ou recita, um simples trecho verificado autenticamente originário de uma daquelas duas fontes."[43] Por isso, conclui que não existe nenhuma "influência di-

---

42 "A poesia popular de São Paulo", op. cit., pp. 144-5.
43 "A poesia popular de São Paulo", op. cit., pp. 147-8; cf. também "Os estudos folclóricos no Brasil", op. cit., p. 6.

reta e especial" do folclore indígena ou do folclore africano sobre o cancioneiro popular brasileiro. Entre os elementos provenientes do folclore dos povos nativos, assinala apenas restos de lendas, como a da Mãe-da-água, a da Mãe-do-ouro, a do Curupira, e o Boitatá, e ainda a bastante controvertida, quanto à origem, do Saci "espalhados um pouco por toda parte e em vias de dissolução e olvido"[44]. As sobrevivências da mitologia africana teriam sido as mais criticadas entre nós, sendo "as menos reconhecíveis nas inexplicáveis misturas que o tempo operou"[45]. Aliás, Amadeu Amaral restringe o alcance das suas observações a São Paulo e ao Sul do país, tentando explicar o fenômeno através da situação de contato: "a relativa persistência dos elementos de origem indígena justifica-se pela anterioridade do índio no convívio dos colonos e seus descendentes. Quando os negros vieram, já encontraram uma população mais ou menos formada e estabilizada, com um nível de cultura superior ao deles. Os recém-vindos é que tiveram de se acomodar ao novo meio moral, aprendendo a língua da terra, submetendo-se à religião e aos costumes. De resto, é de regra que, em tais ajuntamentos de povos no mesmo território, predomine o mais civilizado"[46]. De acordo com os dados expostos, coube ao folclore ibérico, segundo Amadeu Amaral, constituir a estrutura fundamental do folclore brasileiro, em particular do folclore paulista. As primeiras modificações importantes nela operadas resultaram do ajustamento das populações brancas aos povos indígenas, cuja mitologia foi parcialmente incorporada ao folclore de origem ibérica. Todavia, ressalta como sendo mais importante o processo através do qual isso se realizou – e não os produtos de tais ajustamentos. Por isso, as composições folclóricas de procedência africana, provavelmente transplantadas para cá pelos negros e escravos, teriam sofrido uma seleção negativa. A ação modificadora ou criadora dos

---

44 "Poesias, contos e lendas", op. cit., pp. 43-4.
45 "Poesias, contos e lendas", op. cit., p. 44.
46 Ibidem.

negros, como a dos mestiços, se faria sentir por meio da integração deles ao novo cosmos social. Outras referências ao papel desempenhado pelos portugueses e ao desenvolvimento de correntes *nativas* no seio do folclore brasileiro completam e acentuam esses traços da "teoria" de Amadeu Amaral sobre a formação de nosso folclore.

Nos trabalhos em que procurou determinar as fontes primárias de composições do folclore brasileiro, pôs em evidência a origem portuguesa de lendas e contos, especialmente os contos que constituem o ciclo de Pedro Malasartes; de peças poéticas do cancioneiro popular (a trova e, por transformação, a moda), seja quanto à forma, seja quanto ao tema; de provérbios; da cuca e do papão; de crenças associadas a Santo Antônio e aspectos do culto profano a ele dedicado; e, além disso, assinala a preservação de vários lusitanismos anacrônicos[47]. Parecia-lhe terminado, no entanto, o processo de incorporação de elementos procedentes do folclore português. "A poesia das populações rurais, como temos dito, é toda de origem portuguesa, mais próxima ou mais remota. O fundo recebido do outro lado do Atlântico, em pequena parte, se conserva tal qual, com insignificantes modificações; em grande parte, vai-se desgastando, transformando, dinamizando, dando lugar a uma luxuriante florescência de elaborações locais. Tem continuado, porém, a introdução de versos portugueses no meio popular? Não o cremos. Se tem, deve ser em pequeníssima escala e sem força de propagação. O fundo português do nosso cancioneiro é coisa adquirida há muito tempo e corresponde a um período encerrado."[48] Existem lendas elaboradas aqui, aproveitando exclusivamente temas das condições locais de existência social: "na região litorânea, lendas referentes a viagens, fenômenos marítimos, aventuras de nave-

---

[47] Vejam-se os seguintes ensaios: "Poesias, contos e lendas", "Poesia da viola", "A poesia nativa do nosso povo", "A poesia popular de São Paulo", "Um romance tradicional", "Paremiologia", "Pedro Malasartes", "Uma cantiga de berço", "Genealogia de um caso", "Santo Antônio", "Superstições do povo paulista", especialmente (op. cit., pp. 45, 79, 80, 83, 102, 145, 147, 151-2, 308, 322, 323, 327, 329, 344, 347, 350, 361, 367 e 401).

[48] "A poesia popular de São Paulo", op. cit., p. 145.

gantes e piratarias; no interior, lendas relativas ao desbravamento das terras, aos conflitos do branco e do índio, à escravidão; por toda a parte, lendas locais ligadas a acidentes naturais, à fundação de núcleos populares, a templos e imagens etc."[49] Surgiram formas poéticas novas, como a moda e os romances rústicos nordestinos[50], e o "uso efetivo" deu às composições folclóricas de procedência estrangeira "um certo ar brasileiro"[51]. As correntes do folclore brasileiro, nascidas desse processo de reintegração e de reconstrução culturais, atuaram dinamicamente umas sobre as outras, promovendo a difusão de criações locais ou regionais e de composições alienígenas transformadas. Amadeu Amaral aponta, especialmente, o intercâmbio das zonas urbanas e rurais, e a interpretação dos folclores estaduais no país, por meio das migrações internas[52].

Esse sumário das idéias de Amadeu Amaral sobre a formação e o desenvolvimento do folclore brasileiro seria incompleto se não contivesse pelo menos uma referência às restrições que faz à teoria da influência mútua dos folclores português e brasileiro: "distinto escritor, notando a semelhança que existe entre muitas das nossas quadrinhas e outras contidas em coletâneas portuguesas, aventou a possibilidade de que não fôssemos só nós a importá-las, mas também tivéssemos mandado algumas para Portugal. Algumas, é possível, entre os muitos milhares de quadras que por aí se repetem; mas tudo faz crer que tais casos sejam excepcionais, que a regra geral seja a proveniência portuguesa, com maiores ou menores desfigurações e adaptações"[53].

Em síntese, Amadeu Amaral conseguiu abranger ou situar na análise da formação e do desenvolvimento do folclore brasileiro os principais problemas que se impõem à observação do especialista.

---

49 "Poesias, contos e lendas", op. cit., p. 45.
50 "Poesia da viola", op. cit., pp. 79 e 83-5; "Um ciclo de romances rústicos", op. cit., p. 195.
51 Cf. "Paremiologia", op. cit., pp. 242-3.
52 "A poesia popular de São Paulo", op. cit., p. 145.
53 "Poesia da viola", op. cit., p. 79; para discussão mais desenvolvida do assunto, veja-se Jaime Cortesão, *O que o povo canta em Portugal*, Rio de Janeiro, Livros de Portugal, 1942, pp. 31-40.

Na verdade, não foi igualmente feliz no tratamento de todas as questões. As conclusões que extrai das explanações a respeito da situação de contato em São Paulo são exorbitantes. Não só revelam erros criticados por Amadeu Amaral na obra de outros folcloristas (o tratamento de problemas sem a devida base empírica, culminando na "especulação" e na "adivinhação"), como repousam sobre teorias pseudamente científicas (no que diz respeito ao negro, particularmente), embora estivessem bastante em voga no seu tempo. Além disso, em virtude da relativa escassez de material comparativo, cometeu alguns equívocos nos estudos de filiação, que não vem ao caso citar aqui. Isso, contudo, não diminui o valor de sua contribuição pessoal para a discussão do problema. Deixou uma significativa lição aos especialistas brasileiros, insinuando a necessidade e a possibilidade de se considerar sempre os problemas especiais do folclore brasileiro de um ponto de vista geral. E legou um ativo puro e limpo, acima de quaisquer críticas: as análises sobre numerosas composições folclóricas, cuja origem imediata ou mediata pôde indicar com precisão e certeza.

c) *Investigações particulares*

"Enfim, não se trata de voar, mas de caminhar passo a passo, por cima de sólidas lascas de realidade objetiva, de documentos apurados, postos à guisa de ponte num imenso aguaçal de incertezas..."[54] Esses conceitos definem com precisão a trajetória seguida como folclorista pelo próprio Amadeu Amaral. A obra modesta que realizou avulta aos nossos olhos, bem mais exigentes que os dos seus contemporâneos, pelo que ela oferece de concreto e positivo. O folclore brasileiro conheceu obreiros mais infatigáveis, trabalhadores mais assíduos; poucos combinaram tão bem, no entanto, o sen-

---

54 "Genealogia de um caso", op. cit., pp. 347-8.

tido do arquitetônico à percepção esclarecida do verdadeiro e do belo. Os vinte e um ensaios reunidos em *Tradições populares* representam uma amostra da variada contribuição que deixou, como pesquisador e estudioso do folclore brasileiro. Contudo, doze deles atraem de modo particular a atenção dos leitores, colocando ao alcance de todos os entendimentos o valor da contribuição do folclorista: são os trabalhos dedicados à poesia popular, aos contos do ciclo de Pedro Malasartes, à paremiologia e a outros setores do folclore brasileiro, construídos sobre uma rica base empírica. O artista e o cientista harmonizam-se e completam-se, neles, tanto na contemplação quanto na análise e interpretação da realidade.

Os principais estudos versam a poesia popular. Amadeu Amaral devotava tamanho interesse por esse setor do folclore brasileiro (trovas e modas de São Paulo e "romances rústicos" nordestinos), que se poderia falar em um começo de especialização em suas investigações. Em conjunto, os três ensaios, sobre "A poesia da viola", "A poesia nativa do nosso povo" e "A poesia popular de São Paulo", constituem uma apreciável contribuição para o conhecimento de nossa poesia popular; e "Um ciclo de romances rústicos", além da extensa moda recolhida em São Sebastião da Grama, e algumas quadrinhas soltas do folclore paulista sobre o mesmo tema, contém um inteligente aproveitamento dos dados sistematizados por Sílvio Romero, Alencar, Rodrigues de Carvalho, Pereira da Costa, Gustavo Barroso, Leonardo Mota e Simões Lopes Neto. Pode-se medir a fecundidade do último trabalho por seus resultados: 1. a amplitude da área de propagação do ciclo de romances ficou claramente esboçada; 2. a análise do fenômeno permitiu-lhe pôr em relevo a existência de conexões íntimas entre os folclores do norte e do sul do país, inexplicáveis por simples fontes comuns no folclore ibérico, e a necessidade de uma investigação sistemática para determinar os processos de difusão e de diferenciação dos romances dentro da área de dispersão.

No estudo da poesia popular paulista, restringiu-se à "moda", em virtude de sua associação à viola, como modalidade que é de música vocal. Eis como explica as razões dessa delimitação: "a poesia da viola é a única, em São Paulo, que se possa dizer genuinamente popular. Tem raízes profundas no torrão nativo. É inconfundível"[55]. Nos citados ensaios, apresenta uma rica coleção de trovas e de modas colhidas da tradição oral diretamente, ou conseguidas graças à colaboração de amigos e leitores; analisa-as também do ponto de vista folclórico, procurando determinar as origens da forma e dos temas das composições, bem como das muletas que abrem grande número de quadrinhas soltas do nosso cancioneiro popular. Os resultados mais gerais da investigação atingem alguns problemas capitais. Um deles diz respeito às conexões das formas poéticas com a estrutura social. "Antes de tudo, escreve, guardemo-nos de confundir o cancioneiro popular da cidade com o cancioneiro popular da roça"[56]. A integração ao contexto social das duas modalidades de música vocal popular processa-se de forma diferente: uma abre-se às influências da arte erudita, secularizando-se e personalizando-se gradualmente, enquanto a outra se fecha em si mesma, renovando-se e reconstruindo-se principalmente através e dentro da tradição. Vale a pena transcrever, apesar de extensas, as passagens em que Amadeu Amaral defronta os dois cancioneiros: "o da cidade anda muito impregnado de literatura, sofre sobretudo a influência do teatro e das infinitas coletâneas que os livreiros, de longa data, impingem aos cantores; imprime-se, freqüentemente, em livritos de cordel, e tem suas pretensões. É a poesia dos trovadores de esquina, dos palhaços-trovadores, dos músicos-poetas cujo talento se abre ao calor das tocatas por tabernas de bairro e bailaricos de arrabalde. É a poesia do violão". "O cancioneiro do campo é muito mais singelo e mais original. Não se sabe, em regra, nem como nem onde nasceram os versos. São repercussões de outros que já foram cantados... Obedecem a normas muito suas, nor-

---

[55] "Poesia da viola", op. cit., p. 70.
[56] Idem, p. 69.

mas que pouco variam, tendo por vezes um sabor profundamente arcaico. Tudo, nelas, é simplicidade de alma, normalidade honesta de sentimento. Nenhum ressaibo de literatura. Nenhuma rebusca. A linguagem é o genuíno dialeto sem liga. É a poesia dos tropeiros, dos carreiros, dos boieiros, dos trabalhadores de roça. É a poesia do fandango, das noites de São João em roda das fogueiras, dos puxirões e das bandeiras do Divino, dos responsos e dos pagodes. É a *poesia da viola*."[57]

Outro problema importante está implícito no emprego dos termos "trova" e "moda", para designar composições poéticas do cancioneiro popular de São Paulo. Amadeu Amaral refere-se, com o segundo termo, às composições poéticas assim designadas pelo vulgo. "Com efeito, para o caipira de São Paulo, toda composição em versos e cantada é 'moda', termo que nos veio de Portugal, onde o povo o aplica mais especialmente às cantigas e músicas de bailar."[58] Compreende-a de tal forma, porém, que através dela estuda a própria transformação do cancioneiro popular português no Brasil. As amplas possibilidades de criação e de invenção que o gênero oferece aos "poetas da roça" favorecem a captação e a fixação dos elementos do meio ambiente, seja natural, seja humano. Por isso, condensando seu pensamento, escreve: "a *nossa* poesia, como já ficou dito, é a moda. A *moda* é a brasileirinha filha e neta de brasileiros, harmônica, integrada na paisagem; a *trova* é a menina lusitana de arrecados e tamanquinhos, ou a mestiça ainda muito saída ao pai"[59]. A persistência das composições elaboradas aqui foi garantida pela incorporação ao "patrimônio comum", em que se abastecem mesmo os cantadores de fama.

Por fim, ligado ainda ao estudo do cancioneiro popular de São Paulo, surge um terceiro problema, de suma relevância para nós:

---

57 "A poesia popular de São Paulo", op. cit., pp. 125-6.
58 "Um ciclo de romances rústicos", op. cit., p. 203.
59 "Poesia da viola", op. cit., p. 79; cf., também adiante, "A poesia nativa do nosso povo", op. cit., pp. 102 e ss.

trata-se das relações entre a "arte erudita" e a "arte popular" no Brasil. É sabido que Amadeu Amaral concebia tais relações em termos de ação recíproca e reversível: em um momento, determinados elementos da "literatura erudita", como as "tensões" ou os provérbios, passam para a "literatura popular"[60]; em outro, entretanto, é a "literatura popular" que revitaliza a "literatura erudita", como acontece em muitos países europeus, fornecendo-lhe fontes de inspiração e de robustecimento[61]. As condições do nosso desenvolvimento intelectual quebraram o círculo nos dois sentidos. "No Brasil, porém, a poesia do povo (de origem portuguesa, com raríssimos traços de indigenismo e de africanismo, sobretudo no Sul) veio com os primitivos colonos, a par de uma literatura culta já bem distinta daquela. Assim, os dois grandes esgalhos têm evolvido cada um de seu lado. Por isso, durante muito tempo, dir-se-ia que a literatura brasileira, inteiramente destacada do solo, era uma espécie de planta de estufa, inaclimatável."[62] Segundo o nosso folclorista, o restabelecimento parcial das conexões se está efetuando através de um processo de desenvolvimento interno, que parte dos centros urbanos, da poesia popular semiliterária e cultivada das cidades, e atinge, graças ao "prestígio" que marca as coisas urbanas nas zonais rurais, o cancioneiro popular caipira. Como a poesia popular urbana está sob o influxo constante da literatura erudita, as influências da literatura erudita são assim transferidas para a poesia popular das zonas rurais[63]. Por isso, afirma que o trovador "vai elaborando nos centros urbanos uma arte 'popular brasileira', que propende a ser uma síntese de todas essas correntes e a tornar-se por sua vez um fator de caldeamento psicológico". No entanto o próprio autor da teoria se mostra cético quanto à intensi-

---

60 "A poesia nativa do nosso povo", op. cit., p. 105; e "Paremiologia", op. cit., p. 244; sobre esse processo, cf. ainda "Adivinhas e outros problemas", op. cit., p. 283.
61 "A poesia popular de São Paulo", op. cit., p. 129.
62 Ibidem.
63 Cf. "A poesia popular de São Paulo", op. cit., pp. 129-32.

dade e ao alcance do processo, admitindo que a arte erudita consegue desse modo intilar "bem pouco na memória do roceiro", e que "esse pouco só demoradamente penetra". Em todo caso, a preocupação pelo problema já é um mérito: a pista aberta (estudo das relações culturais entre a "cidade" e o "campo") era demasiado fecunda para ser percorrida sem pesquisas de maior envergadura.

Depois dos estudos sobre a poesia popular, o trabalho mais completo de *Tradições populares* – do ponto de vista da análise folclórica – versa o ciclo de Pedro Malasartes[64]. Amadeu Amaral reuniu neste estudo um bom número de versões e variantes, procedentes de São Paulo, Caçapava, Limeira (informação relativa a uma variante de Pernambuco), Ouro Preto, Pinheiros, Campinas, Estado do Rio, Jabuticabal, Vila Campestre e Monte-Mor. E nele apresenta a melhor análise comparativa que ele próprio conseguiu fazer. Não só pôs em evidência a origem portuguesa do nosso herói popular, mas ainda localiza os seus equivalentes do folclore espanhol, francês, italiano e russo. Conclui que o "nosso Malasartes, como 'tipo', gravado na imaginação popular, nos veio de Portugal, em suas linhas gerais". Por isso, o folclorista encontraria na investigação desse ciclo um dos melhores exemplos do processo de reinterpretação e reelaboração por que passaram as composições do folclore português no Brasil. Sem ter inventado "nenhum dos contos, nenhum dos temas", o povo brasileiro compôs, de uma matéria-prima heterogênea ("vários contos e temas desparelhados, vindos de diversas partes"), "uma figura completa, coerente, animada de contornos bem marcados, de feições inconfundíveis, e cuja vitalidade se afirma numa vulcanização que abrange quase todo o país". "Assim, o nosso povo criou um tipo, nada insignificante, mesmo esteticamente, que é de algum modo emanação original da sua psique, não obstante nada ter de novo em qualquer das suas partes." No folclore brasileiro, pelo que eu saiba, este é, dos estudos votados a Malasartes, o mais completo e o mais rico de sugestões. Os que

---

[64] "Pedro Malasartes", op. cit., pp. 305-44.

resistem a um cotejo – circunscrevendo-me, evidentemente, à bibliografia que conheço sobre o assunto – são de autoria de Lindolfo Gomes e de Luiz da Câmara Cascudo. O primeiro limitou-se, infelizmente, ao registro puro e simples do material recolhido, enquanto o segundo se restringiu à referência de algumas fontes bibliográficas importantes, deixando de lado a análise do processo de transformação dos temas e dos contos no Brasil e sua integração em um ciclo perfeitamente definido[65].

Quanto aos demais ensaios contidos em *Tradições populares*, acredito que três deles se singularizam aos olhos do especialista, quer pela cópia de materiais acumulados, quer pelo método de sua exploração. Refiro-me a "Paremiologia", "Santo Antônio" e "Superstições do povo paulista"[66]. Nesse trabalho quase se limita à apresentação dos dados recolhidos, sistematizados metodicamente sob tópicos gerais (o homem: 1. gestação, nascimento e batismo; 2. infância; 3. juventude, amores, casamentos; 4. alimentação, vestimenta e miscelânea), e dispostos por ordem alfabética. A comparação com outras versões e variantes, do folclore brasileiro e europeu, embora não seja feita em larga escala, permite situar a procedência imediata de algumas "superstições" paulistanas. Outra pista aberta por esse ensaio consiste na preocupação de aproveitar as informações porventura registradas sob forma artística, como as fornecidas por Monteiro Lobato, em *Urupês*. Considerando-se o folclore paulista, esse trabalho é um dos mais importantes com que contamos, do ponto de vista informativo. Os outros dois ensaios são, porém, mais representativos do "estilo folclórico" de Amadeu Amaral[67]. "Paremiologia" constitui, sob muitos aspectos, uma explora-

---

65 Lindolfo Gomes, "O ciclo de Pedro Malasartes", in *Contos populares*, São Paulo, Melhoramentos, s.d., pp. 64-81, v. I; Luiz da Câmara Cascudo, *Contos tradicionais do Brasil*, Rio de Janeiro, Americ-Edit., 1946, pp. 218-25.
66 *Tradições*, cit., pp. 215-73, 357-75 e 379-411, respectivamente.
67 Aliás, Paulo Duarte oferece alguns esclarecimentos a respeito de "Superstições do povo paulista", indicando que o material publicado abrange apenas uma parte, a que foi possível salvar, de um amplo e profundo estudo, o qual apanharia "o ciclo da viola paulista, através do folclore" (cf. "Introdução", pp. XLII-XLIII).

ção exemplar de um setor bastante difícil e tão pouco investigado do folclore brasileiro. Evidencia a meticulosidade posta por Amadeu Amaral no estudo das composições folclóricas e é um ótimo modelo de combinação, que considerava ideal, da observação direta ao trabalho de gabinete. O ensaio sobre "Santo Antônio" já perde um pouco sob esse aspecto, pois a parte propriamente erudita é bem mais rica que a parte empírica. Em todo caso, nos dois acumula um apreciável acervo de dados e informações sobre ambos os aspectos do folclore paulista e da projeção da "mentalidade popular" nas esferas "cultas" da sociedade brasileira.

Em resumo, a contribuição concreta contida na parte atualmente conhecida da obra folclorística de Amadeu Amaral – entendendo-se assim tudo o que ele próprio conseguiu reunir e analisar com precisão – é algo considerável. Ela abrange vários setores do folclore brasileiro, distinguindo-se de modo peculiar no que diz respeito ao estudo da poesia popular, do ciclo de Pedro Malasartes, da paremiologia brasileira, e dos aspectos mágicos e religiosos do nosso folclore, representando uma tentativa bem sucedida de colecionação de composições. Além disso é marcada por uma compreensão suficientemente larga das condições da formação e do desenvolvimento do folclore brasileiro e das possibilidades de trabalho dos próprios folcloristas. Por isso, consegue apanhar tais setores do folclore brasileiro em conexão com outras esferas da cultura na forma através da qual se ofereciam à investigação nas regiões exploradas (município de São Paulo e zonas rurais do Estado de São Paulo). Voltando às afirmações feitas acima, pode-se dizer que, se o artista completa o cientista na obra folclorística de Amadeu Amaral, esta enaltece por sua vez tanto o espírito crítico e especulativo quanto a vocação estética e criadora do suave intérprete dos rústicos confrades da lira cabocla: "o povo pode ser um autor, sem dúvida, mas não é um autor como qualquer outro"...

Conclusões

A análise precedente pôs em evidência a natureza e a importância da contribuição folclorística de Amadeu Amaral. A parte conhecida de sua complexa obra de folclorista permite acompanhar as atividades de propagandista e divulgador do folclore, que exerceu de modo permanente, na dupla qualidade de acadêmico e de jornalista, tanto quanto as preocupações do especialista, que definem a trajetória por ele percorrida no estudo do folclore como disciplina autônoma e na pesquisa do folclore brasileiro. Quanto às primeiras, João Ribeiro alcançou maior êxito que o folclorista de São Paulo, pois a sua ação se fez sentir de modo sistemático, e os frutos do seu ensinamento, sob a forma de livro, durante muito tempo constituíram a nossa melhor fonte de estudo teórico do folclore. Contudo, na história do desenvolvimento do folclore no Brasil, cabe a Amadeu Amaral uma posição de realce, pois nenhum outro folclorista fez tantos esforços no sentido de difundir as técnicas de pesquisa do folclore. Quanto às segundas, é admirável que Amadeu Amaral, nas condições em que se interessou pelo assunto, tenha conseguido acumular e manejar com segurança tantos conhecimentos sobre o objeto, o método e as técnicas de pesquisa do folclore. Dificilmente se descobrirá a formação de autodidata, apreciando-se suas concepções em função da perspectiva fornecida na época pelos folcloristas europeus. Amadeu Amaral revela uma visão bastante clara dos problemas fundamentais do folclore e um agudo senso crítico, que o levou a rejeitar preconceitos solidamente estabelecidos nas obras dos autores que compulsava. Graças à seriedade de sua formação, pôde enfrentar com sucesso as exigências da investigação folclórica, como evidenciam os seus ensaios sobre a poesia popular paulista, o ciclo de Pedro Malasartes, a paremiologia brasileira, o culto popular de Santo Antônio, as "superstições" e "crendices" paulistas etc. E pôde considerar em seus estudos, embora nem sempre com êxito, as necessidades de colecionação das composições folclóricas e de análise das fontes, as de interpretação do folclore em termos do contexto social. Por isso, a posição crítica que assumiu diante das tendências de investigação, representadas por Sílvio Romero e por João Ribeiro, não é meramente "teórica". Ela se exprime concretamente nos intuitos, algumas vezes formulados expressamente em seus trabalhos, de assentar a explicação dos fatos folclóricos sobre bases mais complexas e científicas.

CAPÍTULO 13 | Mário de Andrade e o folclore brasileiro*

Introdução

A contribuição de Mário de Andrade ao folclore brasileiro até hoje não foi convenientemente estudada. Tampouco mereceu a devida atenção por parte dos especialistas na bibliografia do nosso folclore. Basílio de Magalhães faz uma simples alusão bibliográfica a "A música e a canção populares no Brasil" e a "O samba rural paulista"[1]; e Joaquim Ribeiro apenas aponta sua contribuição ao folclore musical brasileiro e ao folclore regional paulista[2]. Falta, em nossa bibliografia do folclore, principalmente uma análise por assim dizer panorâmica, situando pelo menos as questões capitais na contribuição de Mário de Andrade. Parece-me que, em nossos dias, é o máximo que se poderá fazer em memória do Mário de Andrade folclorista. Dentro de oito ou dez anos serão perfeitamente possíveis estudos mais minuciosos e definitivos. A perspectiva do tem-

---

* A presente parte deste trabalho foi publicada, separadamente, em dois artigos (*Jornal de São Paulo*, 19/2/1946, e *Correio Paulistano*, 24/2/1946) e na *Revista do Arquivo Municipal*, jan.-fev./1946, v. CVI, pp. 135-58. Em sua forma atual, constituiu o capítulo IX de *A etnologia e a sociologia no Brasil*.
1 Basílio de Magalhães, *O folclore no Brasil*, Rio de Janeiro, Imprensa Nacional, 1939, pp. 15-6.
2 Joaquim Ribeiro, *Folclore brasileiro*, Rio de Janeiro, Valverde, 1944, p. 219. Há também uma compreensiva referência a Mário de Andrade em *O que o povo conta em Portugal* (Rio de Janeiro, Livros de Portugal, s.d., p. 41), de autoria do folclorista Jaime Cortesão. Na *Antologia do folclore brasileiro* (São Paulo, Martins, s.d.) organizada por Luiz da Câmara Cascudo, Mário de Andrade não foi incluído. Todos os autores vivos, na época de sua organização, deixaram de ser incluídos. Mas isso se explica, pois se trata de certos critérios de seleção, que não nos compete discutir, e dos quais o autor, uma vez estabelecida a orientação, não se deve afastar.

po permitirá comparar a sua contribuição ao folclore musical brasileiro às de Luciano Gallet, Renato de Almeida, Flausino do Vale, Guilherme T. Pereira, Luís Heitor, Marisa Lira, Oneyda Alvarenga etc., e criará novas possibilidades, ao mesmo tempo, na verificação de sua importância relativa na história do folclore brasileiro. Esta mede-se não só por seus estudos do folclore musical, mas também por outras investigações do mesmo modo valiosas (folclore infantil, folclore do negro, escatologia popular etc.), pelo papel que desempenhou como pesquisador e investigador erudito e, particularmente, pela influência propriamente de presença, como animador e muitas vezes como orientador, exercida sobre um bom número de novos folcloristas (Oneyda Alvarenga, Luís Saia, Nicanor Miranda, Alceu Maynard Araújo etc.).

Quanto ao aspecto de aproveitamento ativo do material folclórico em suas produções literárias, a distância de dez anos, para um estudo completo, até parece pouca. São precisos outros trabalhos especializados sobre as técnicas de transposição de elementos folclóricos ao plano da arte erudita brasileira, desde o romantismo até nossos dias. As correntes pós-realistas suscitam interessantes problemas de crítica, a esse respeito, que devem ser esclarecidos. Deles depende em grande parte a compreensão, a exata localização histórica e a determinação do valor da obra literária de Mário de Andrade, do ponto de vista do folclore brasileiro. Ainda assim, é óbvio, uma análise modesta pode pôr muita coisa em evidência, desde que respeite o sentido da intenção e conceba nos devidos termos a amplitude de suas tentativas, na utilização de motivos, formas e processos da arte popular brasileira. Aqui, entretanto, Mário de Andrade tem sido pouco feliz: os folcloristas brasileiros não se pronunciaram sobre o significado e as conseqüências das suas inovações literárias. Na obra mais importante e mais meticulosa que possuímos de bibliografia do folclore brasileiro – que é a de Basílio de Magalhães – entre os poetas e prosadores que de uma forma ou de outra apresentariam interesse do ponto de vista do folclore brasileiro ou do folclore regional, não consta Mário de Andrade. Relativamente a São Paulo, são citados os poetas Vicente de Carvalho, Batista Cepelos, Eurico de Góis, Mário de Azevedo, Paulo Setúbal, Ricardo Gonçalves, Paulo Gonçalves, Guilherme de Almeida e Ernâni de Cunto; e os prosadores – José Piza, Batista Coelho, Carlos da Fonseca, Leôncio de Oliveira, Francisco Damante, Menotti del Picchia, Veiga Miranda, Manuel Mendes, Valdomiro Silveira, Cornélio Pires, Monteiro Lobato, Jerônimo Osório, Oliveira e Sousa, Manuel Vítor, Armando Caiubi, Otoniel Mota, Assis Cintra, Mário Pinto Serva, Breno Arruda, Plínio Salgado, Antonio Constantino[3]. Na nova edição de sua obra esse foi um dos pontos em que Basílio de Magalhães não mexeu; Mário de Andrade continuou de fora[4]. Verifica-se que na relação acima, em que pese a reconhecida autoridade de Basílio de Magalhães, estão escritores cuja importância na transposição do material folclórico no plano erudito ou cuja fixação do *popular* só podem ser admitidas por meio de critérios muito flexíveis. O mais curioso é o contraste entre essa atitude reservada dos folcloristas e a afoiteza dos críticos e historiadores da literatura. Há muito tempo circulam certos chavões sobre os estudos folclóricos de Mário de Andrade. E o autor de um manual de história da literatura, editado em 1939, repetia engraçadamente um deles: "folclorista de rara capacidade interpretativa, dedicou-se sobretudo ao estudo das danças e dos contos do norte do país"... Por ora, todavia, é de bom aviso tratar dos aspectos gerais da contribuição de Mário de Andrade, em cada setor de suas atividades literárias. Pensando nisso, pareceu-me útil reunir os dois artigos que escrevi sobre Mário de Andrade e o folclore brasileiro – por solicitação do *Jornal de São Paulo*[5] e do *Correio Paulistano*[6], completando ligeiramente algumas notas. A vantagem dessa fusão está mais na

---

3 Basílio de Magalhães, *O folclore no Brasil*, Rio de Janeiro, Quaresma, 1928, pp. 149-50.
4 Basílio de Magalhães, *O folclore no Brasil*, Rio de Janeiro, Imprensa Nacional, 1939, pp. 158-9.
5 "O folclorista Mário de Andrade", *Jornal de São Paulo*, 19/2/1946.
6 "Mário de Andrade, literato-folclorista", *Correio Paulistano*, 24/2/1946.

oportunidade que dá de considerar lado a lado as suas duas atividades sempre entrelaçadas – a de folclorista e a de literato, enquanto se preocupa com o folclórico – do que no esclarecimento propriamente falando dos problemas levantados ou implícitos nas várias tentativas e experiências do autor de *Macunaíma*. Estes, mesmo, pelas razões referidas acima, foram cuidadosa e propositadamente limitados.

Em conjunto, é provável que estas notas demonstrem que o folclórico é um dos aspectos mais importantes na obra de Mário de Andrade – tanto do folclorista, o que é óbvio, como do literato. Essa é a questão básica. Nenhum trabalho que trate do folclórico em sua obra será completo, se considerar apenas umas das faces de sua contribuição ao folclore e à literatura brasileira. É preciso não esquecer que o folclore domina – e até certo ponto marca profundamente – sua atividade polimórfica de poeta, contista, romancista, crítico e ensaísta; e constitui também o seu campo predileto de pesquisas e estudos especializados. Por isso, quando se pretende analisar a sua contribuição ao folclore brasileiro, deve-se distinguir o que fez como literato do que realizou, digamos à sua revelia, como folclorista.

Arte popular e arte erudita

Seria inoportuna, aqui, a análise e discussão das relações entre a "arte popular" e a "arte erudita", ou, de modo mais limitado – ambos os aspectos preocuparam Mário de Andrade –, entre a "literatura oral" e a "literatura escrita". A princípio, Mário de Andrade pensava que os elementos folclóricos passam sempre do plano folclórico para o plano da arte erudita. O papel dos artistas eruditos, nos diversos casos de transposição de motivos e técnicas populares, circunscrever-se-ia à reelaboração. "Formas e processos populares em todas as épocas foram aproveitados pelos artistas eruditos e transformados de arte que se aprende em arte que se aprende."[7] Por isso, estranhou muito que a modinha, de fundo melódico europeu, se transformasse primeiro num gênero de romances de salão e mais tarde em cantiga popular urbana. E embora o seu longo treinamento como folclorista o levasse a admitir, posteriormente, esses fenômenos, isto é, a procedência erudita de formas populares[8] e vice-versa, a idéia original sempre lhe serviu de guia em suas tentativas de aproveitamento literário de elementos do folclore brasileiro. Do grau de aproveitamento do material folclórico, mesmo, parecia-lhe possível inferir o grau correspondente de maturidade e o caráter *nacional* da cultura de um povo. Sobre esse ponto, aliás, Mário de Andrade volta com insistência em seus escritos, defendendo a sua idéia mais cara e propugnando, contra os preconceitos e as suscetibilidades dos "letrados" da terra, pelo abrasileiramento da literatura e da música brasileiras, através de injeções maciças de arte popular. E, conforme seu hábito, coloca friamente a questão em termos concretos. Da análise, por exemplo, da passagem de maior para menor, dentro da mesma tonalidade, que se operou na modinha brasileira, conclui que os nossos compositores, aproveitando os elementos nacionais burgueses, "podiam tirar daí verdadeiros planos tonais que especificariam de jeito característico a maneira modulatória nacional"[9].

É certo que essa idéia – da necessidade do aproveitamento erudito do material folclórico – já é velha na crítica brasileira. Sílvio Romero foi o primeiro a desenvolvê-la, com todas as suas conseqüências. Pensando que esse entrosamento entre o folclore e a literatura erudita existisse no Brasil, o crítico sergipano dedicou-se ao estudo exaustivo do nosso folclore; após as suas decepções, não se cansou de defender a possibilidade de renovação da literatura brasileira através de elementos da tradição popular. Melo Morais Fi-

---

7 Mário de Andrade, *Modinhas imperiais*, São Paulo, Chiarato, 1930, p. 8.
8 Veja-se *Namoros com a medicina*, Porto Alegre, Globo, 1939, p. 73.
9 *Modinhas*, cit., p. 11.

lho tentou alguma coisa com tal propósito, indo na cola de Sílvio Romero, como fazia sempre, mas sem nenhum sucesso. Um prolongado processo de amadurecimento cultural e histórico, cuja análise não caberia aqui, criou por etapas as condições necessárias à realização do velho ideal de Sílvio Romero. O que importa, todavia, é que em Mário de Andrade a distância entre a arte popular e a arte erudita diminui consideravelmente, atingindo em algumas produções excepcionais um grau de interpenetração e de equilíbrio notáveis. É preciso ressaltar, contudo, a ausência de finalidades chauvinistas; é por isso que grifei acima o adjetivo nacional. Nacional aqui significa expressividade, existência de um padrão característico e próprio de cultura. Embora fizesse algumas confusões quando entrava na análise dos fatores explicativos da cultura – no sentido lato, antropológico – considerados em termos do nosso processo histórico como povo, Mário de Andrade situou bem o problema e desenvolveu sua contribuição pessoal melhor ainda.

Tenho a impressão, entretanto, que só parcialmente essas idéias de Mário de Andrade explicam a transposição do material folclórico ao plano erudito, em sua obra; ou, melhor, elas apenas mostram um objetivo e os meios de o atingir: evidenciando a premência da apropriação dos elementos da tradição oral pelos artistas eruditos brasileiros e as possibilidades de renovação pelo emprego adequado dos processos de arte popular. A parte de realização, propriamente falando, parece-me correr mais por conta daquele estado de simpatia, relativamente ao povo e ao folclore brasileiros, que o próprio Mário de Andrade chamava de "quase amor". Aí está o alfa e o ômega do assunto. Porque é como um problema psicológico pessoal que Mário de Andrade enfrenta e resolve a questão. Isso torna-se evidente à medida que se penetra no significado ativo de sua obra poética e de sua novelística. Os exemplos poderiam variar muito; é preferível, porém, limitarmo-nos a diversas amostras de uma só de suas preocupações. Trata-se do próprio problema do *homem* no Brasil. Abstratamente, problema aqui seria desconversa. Mas existe uma realidade concreta, expressa em quilômetros quadrados e em diferenças regionais agudas – uma realidade sociogeográfica, pois, digamos rebarbativamente, que dá uma conformação obrigatória ao problema do homem brasileiro. É esse o aspecto primário da questão, que não se deve perder de vista. E foi também esse o principal escolho às necessidades de participação e de identificação de mestre Mário. Os antagonismos e as limitações provocaram nele uma reação que é um grito épico de revolta, o espetáculo mais emocionante aos meus olhos na literatura brasileira, como exigência afetiva e como inquietação – agitada pela falta de sincronização humana de milhares de brasileiros que se ignoram recíproca e simplesmente. Como essa falha de sensação de presença dos homens de nossa terra revela-se sob a forma de conflitos, entre o "progresso" e o "atraso", a "civilização" e o "interior", é sob esse aspecto que Mário de Andrade fixa dolorosamente o problema. É verdade que existem manifestações ambivalentes, como no "Improviso do mal da América". Aí, contudo, está mais o drama do homem da cidade que o seu próprio. Assim mesmo merece nossa atenção, pelo que afirma indiretamente o que vimos acima: "grito impreciso de brancura em mim... as coisas de minha terra são ecos". "Me sinto branco, fatalizadamente um ser de mundos que nunca vi" (o mundo original dos imigrantes e de culturas exóticas). A negação do índio e do negro – a negação da terra, é apenas aparente. Encobre tenuemente o drama verdadeiro e mais profundo. E a civilização reponta como um dilema terrível, como motivo de alegria, pois significa aproximação pelo nivelamento ("Noturno de Belo Horizonte", em que capta de modo maravilhoso a luta entre o progresso e a tradição), e como motivo de dúvida e de ansiedade ("Carnaval carioca", por exemplo: "Vitória sobre a civilização? Que civilização?"; e especialmente em *Macunaíma* – é sintomático que Macunaíma tenha escondido a consciência antes de tocar para São Paulo, para a "civilização", e que tenha ficado com a inteligência *muito perturbada* aqui). Mas é no "Acalanto do seringueiro", a poesia mais emotiva e brasileiramente mais ecumênica de Mário, que o drama da separação entre o "litorâneo" e o "sertanejo" aparece em toda sua plenitude e brutalidade, marcado pela distância cultural que os torna reciprocamente estranhos e ausentes:

> ... e não sinto os seringueiros
> Que amo de amor infeliz...
> ....
> Não boxa, não veste roupa
> de palm-beach... Enfim não faz
> Um desperdício de coisas
> Que dão conforto e alegria.

Eis aí a outra parte da tese, que tem, pois, dois lados: um lógico; outro por assim dizer psicológico. Ambos complementam-se, levando à mesma necessidade prática de fundir arte popular e arte erudita, em busca de um *caráter nacional* mais expressivo e verdadeiro, um terceiro termo que implique pelo menos um mínimo de separação humana.

Essa necessidade manifesta-se do mesmo modo na ânsia de recuperação histórica, tema constante nos ensaios e nas poesias tanto quanto em *Macunaíma*. Seria melhor dizer: na consciência de um passado, de tradições e de antepassados fundamentalmente comuns, dos quais, acreditava, começa a brotar alguma coisa nova e de feições originais já nos fins do século XIX. Esse é um problema de difícil tratamento em poucas palavras. Em todo caso, as experiências de Mário de Andrade lembram-me o que Van Gennep escreveu algures sobre o entrosamento histórico no folclórico. Até certo ponto as objetivações populares referem-se diretamente aos acontecimentos da vida em comum e às reações mais vivas que provocam nos indivíduos. Revela-se, portanto, nos elementos folclóricos a parte talvez mais significativa da história de um povo. Deixando fora de cogitação os problemas teóricos, que não nos interessam nesse momento, levantam-se dois problemas vitais: 1. a existência de uma memória coletiva, ou melhor, de elementos que se fixam preferentemente a outros no conjunto de lembranças de um povo; 2. as modalidades estereotipadas formais de conservação ou de expressão desses elementos. É claro que, literariamente, achar uma resposta a esses dois problemas – ou, antes, a esses dois quesitos de um só problema – é colocar de modo fundamental não só a questão das relações entre arte popular e arte erudita, mas principalmente ferir em cheio a questão essencial por excelência da busca de uma expressão literária em si mesma *popular*, formal e funcionalmente. Voltamos ao caráter nacional que deve ter a literatura de cada povo, porém agora a perspectiva é mais larga. As duas formas de arte defrontam-se numa relação dialética – tal como Mário de Andrade situa o problema: a arte erudita deve realizar-se na e através da arte popular – e a antítese, no caso a arte popular, cede o lugar a uma terceira forma de arte que, do ponto de vista da fatura, chama-se ainda arte erudita, mas que é uma coisa nova, mais essencial e mais expressiva. Opera-se assim aquela transformação, que deve ter parecido obscura a alguns leitores de Mário de Andrade, "de arte que se aprende em arte que se aprende". Desse modo processa-se também o desencantamento do folclore, pois a arte popular surge como uma etapa necessária no desenvolvimento de uma forma artística superior, nada mais. Nesse sentido, entretanto, a própria arte erudita é posta, no fundo, a serviço das objetivações das *camadas populares*, matriz e celeiro do folclore, podendo captar, da mesma forma que este, o significado e o sentido da vida coletiva. Exprimindo-os de modo próprio, mas inteligível e funcionalmente articulada à ordem existencial dos grupos sociais em presença – o que acontece depois da superação das formas e processos estritos da arte popular, como foi visto – a arte erudita, ao mesmo tempo, torna-se independente. Três exemplos interessantes, como tentativas até certo ponto incompletas, são "Carnaval carioca", "Belazarte" e, irregularmente, porém, em maiores proporções, *Macunaíma*. É óbvio que procurava aplicar as suas idéias em várias direções, mas parece-me que só como poeta alcançou resultados positivos. Em todas as obras em que tenta a empresa, porém, Mário de Andrade afasta-se fielmente do puro retratismo. É o que dá, aliás, força excepcional às suas produções, localizando-as sob esse ponto de vista. Servir não é recolher ou reproduzir com fidelidade acadêmica, mas incorporar e desenvolver segundo processos sempre novos ou, melhor, dinamicamente renovados pelo próprio viver em comum. Logicamente, a razão está com Mário de Andrade, pois trata-se da realização da arte erudita e não do seu nivelamento à arte popular.

Preciosas, por isso, são as duas lições que ficam. Primeiro, deve-se evitar a todo custo as soluções de continuidade. As ligações entre a arte erudita e a arte popular só *serão* vitais quando se estabelecerem num plano de igualdade. Isto é, após o secionamento do cordão umbilical quando desaparecem os contrastes que alienam de uma o máximo de representatividade e dão à outra somente um mínimo de universalidade. Enquanto uma parasitar sobre a outra ou, mais simplesmente, enquanto permanecer ignorada sua mútua interdependência, ambas correrão o risco de uma crise letal – estiolam-se por falta de desenvolvimento. Segundo, o perigo do esclerosamento da arte erudita – em vez de um enriquecimento de conteúdo, de funções e de formas – é afastado com naturalidade. É certo que existe aqui algo que evoca os germes de um formalismo temível; mas isso cinge-se às aparências. Ou, mais precisamente, trata-se de um formalismo pacífico, incluindo entre suas regras a própria necessidade de inovação permanente. Eis por que o mais importante, mesmo, é que a libertação da arte erudita, no fim do processo, seria integral. Os contatos iniciais com a arte popular, com o folclórico, portanto, perdem o caráter de um compromisso estreito com a tradição, para adquirir, ao contrário, o caráter de uma nova forma de reelaborar a tradição. Mais do que isso, passa a ser um modo de libertação do tradicional, pois, diz em "O samba rural paulista": "na música popular brasileira, e provavelmente na universal, qualquer peça se empobrece à medida que se estratifica ou tradicionaliza". É interessante como as preocupações folclóricas de Mário de Andrade levam tão profunda e organicamente a soluções de fato revolucionárias. Em conjunto, porém, são justas e nada têm de paradoxais.

Resta ainda por discutir o problema da transposição do material folclórico ao plano erudito, na obra de Mário de Andrade. O que fica exposto acima é apenas a conseqüência de uma atitude diante dessa transposição, não esgotando o assunto. Adiantarei desde logo que a transposição do material folclórico não é realizada, por Mário de Andrade, de uma única forma. Podem-se distinguir quatro modalidades principais nessa transposição: o aproveitamento dispersivo, a interseção, a assimilação de formas e processos e a estilização propriamente dita. As duas primeiras modalidades não se confundem, pois há entre elas uma diferença de grau bastante apreciável. A mesma coisa acontece às duas últimas, porque nem sempre assimilação de formas folclóricas redunda em estilização e vice-versa.

O aproveitamento dispersivo do material folclórico não é novo na literatura brasileira. Por ordem cronológica, vem-nos diretamente da preocupação pelo exótico do nosso romantismo, assinalando-se fortemente já em Alencar e Macedo. À medida que se processa a transição para o realismo e desse para o neo-realismo, o emprego dispersivo dos elementos folclóricos aumenta extraordinariamente, em proporção geométrica. Contudo, essa é a modalidade menos importante como técnica de transposição, na obra de Mário de Andrade. Existem exemplos tanto na prosa – como em *Amar, verbo intransitivo*: "tatu subiu no pau", "tuturututu, parente de tatu e de urubu" etc., perdidos aqui ou acolá; a mesma coisa observa-se na poesia, como em "Carnaval carioca":

> Iaiá fruta do conde
> Castanha do Pará (etc.)

É mais característica de Mário de Andrade a interseção do folclórico ou, mesmo, do popularesco. É a sua técnica por assim dizer predileta. Em "Carnaval carioca", *verbi gratia*, aproveita com bons efeitos poéticos um vulgarizadíssimo provérbio: "eu enxerguei com estes olhos que ainda a terra há de comer"; a mesma coisa faz com uns versos de uma conhecida roda infantil:

>Você também foi rindo pros outros,
>Senhora dona Ingrata,
>Coberta de ouro e prata.

Na poesia "Maria", do ciclo "Tempo de Maria", volta novamente à roda infantil:

>Mas que são anjos? são anjos
>Da boniteza da vida!
>... Que anjos são estes
>Que estão me arrodeando
>De noite e de dia...
>Padre Nosso
>Ave! Maria!

Mas, nos limites do folclore brasileiro, essa forma de utilização da arte popular por mestre Mário é de fato universal. Exemplo disso é *Macunaíma*, onde a técnica está melhor desenvolvida. Todavia, em outras poesias, como "Noturno de Belo Horizonte", aplica-a também intensivamente – uma quadrinha popular, *verbi gratia*:

>Meu pangará arreado,
>Minha garrucha laporte,
>Encostado no meu bem
>Não tenho medo da morte.
>Ah!...

e até uma lenda em prosa (a história do Coronel Antônio de Oliveira Leitão). A parte relativa à assimilação de técnicas e formas populares, em Mário de Andrade, exigiria um estudo especializado. A começar pela própria linguagem. É com sabor especial que aponta uma verdade que já foi mais verdadeira: "Macunaíma aproveita a espera se aperfeiçoando nas duas línguas da terra, o brasileiro falado e o português escrito." Até que ponto vai a contribuição de Mário ao advento do *brasileiro escrito*, todos nós o sabemos. Mas, é claro, esse é um dos aspectos apenas da assimilação das formas e processos populares em sua obra. Ao seu lado há o aproveitamento generalizado, nas poesias, do ritmo dos cocos, das modas, dos lundus etc. E há, também, a tentativa de desenvolver a poesia erudita nas formas escritas da poética popular, como "Serra do rola-moça", do "Noturno de Belo Horizonte", e principalmente a sua produção mais perfeita no gênero, a "Cantiga do ai", que pertence ao ciclo "Tempo de Maria". O próprio desenvolvimento de ciclos – como "Tempo de Maria", que está longe de ser, todavia, uma realização completa – visa à repetição da técnica popular dos romances velhos (amorosos, marítimos, heróicos etc.), dos quais ainda há sobrevivências entre nós, mesmo nas zonas urbanas. A estilização apresenta-se, por sua vez, de modo verdadeiramente original. Porque nem sempre ocorre de acordo com os cânones tradicionais da passagem da arte popular à arte erudita. Assim, há o aproveitamento livre dos motivos folclóricos, como na citada "Serra do rola-moça", no "Poema": "Neste rio tem uma Iara" etc. Mas, a seu lado, processa-se uma como que "desaristocratização" de temas, processos e formas eruditos, por meio de formas e processos populares – reconhecidamente muito comum em suas poesias. É a manifestação típica do *caráter nacional* a que Mário de Andrade aspirava e defendia para a nossa literatura e para a nossa música, mostrando que não existe paradoxo no *abrasileiramento* da arte erudita através da arte popular.

Nas esferas da estilização, entretanto, a obra capital de Mário de Andrade é *Macunaíma*, uma síntese do folclore brasileiro levada a efeito na forma do romance picaresco. Romances folclóricos, no sentido restrito, só possuímos dois na literatura brasileira. O de José Vieira, que aproveita o ciclo de Pedro Malasartes – que conhecemos quase completamente graças às investigações de Amadeu Amaral e de Lindolfo Gomes; e este *Macunaíma*, de Mário de Andrade. A sua tentativa é muito mais ambiciosa e audaciosa. E a realização, devemos reconhecer francamente, está também acima do que José Vieira conseguiu, arriscando-se a uma aventura menos perigosa e portanto mais fácil. *Macunaíma* é o mais autêntico herói, *criado* nos moldes dos tipos heróicos populares, em língua portuguesa. O seu estudo minucioso revela em movimento não só as técnicas de transposição do folclórico ao plano erudito, peculiares de Mário de Andrade, mas também a sua compreensão ampla do folclore brasileiro e seus problemas, e das possibilidades do romance folclórico. Tristão de Ataíde já tratou, com dados fornecidos pelo próprio Mário de Andrade, suficientemente de *Macunaíma*. Apenas gostaria de insistir sobre o conceito de Macunaíma, como "herói sem nenhum caráter". Apesar de índio, originalmente preto e depois branco, Macunaíma é o mais mulato dos heróis brasileiros. O representante por excelência de um povo mestiço no sangue e mestiço nas idéias, como já nos definiu Sílvio Romero. Concebido à imagem dos heróis místicos, tudo lhe é possível – vive num clima onde espaço e tempo são reversíveis e imponderáveis. E em que a própria morte aparece como um meio de retorno à vida e de eternização heróica – Macunaíma vira Ursa Maior. Nesse sentido, sua conduta desconhece os padrões de comportamento habituais – por ser herói mítico, mas principalmente por ser brasileiro e culturalmente híbrido. Onde está – é a pergunta indireta de Mário – o padrão de cultura de nossa civilização? Macunaíma não tem caráter – mesmo no sentido de praticar safadezas de toda espécie com as cunhãs bonitas; mas não é isso uma conseqüência do fato de ele incorporar todos os atributos díspares de seu povo? Se fosse europeu, como um Gil Blás, herói doutro quilate, encontraria uma complicação de coisas danadas, começando pelo princípio: a sujeitar-se "à palmatória de um mestre"; e assim sucessivamente, teria que se submeter em todas as situações a regras milenárias defendidas pelos homens como outras tantas chaves do Santo Sepulcro. Mas não é. Por isso, mostrando a unidade na diversidade, a tradição do novo etc., Mário de Andrade vai compondo lentamente o seu herói e ao mesmo tempo um compêndio de folclore – *Macunaíma* é uma introdução ao folclore brasileiro, a mais agradável que se poderia imaginar. Nele pode-se estudar a contribuição folclórica do branco, do negro, do índio, a função modificadora e criadora dos mestiços e dos imigrantes, as lendas, os contos, a paremiologia, as pegas, os acalantos, a escatologia, as práticas mágicas – da magia branca e da magia negra –, todo o folclore brasileiro, enfim, num corte horizontal de mestre. É um mosaico, uma síntese viva e uma biografia humanizada do folclore de nossa terra. Mas, aqui, é óbvio, entramos noutro terreno, passando naturalmente para a outra parte deste trabalho.

Contribuição ao estudo do folclore brasileiro

Os estudos folclóricos de Mário de Andrade têm um significado especial na história do folclore brasileiro, pois inauguraram – juntamente com os de Luciano Gallet, Renato de Almeida e outros – um novo campo de investigações: a pesquisa e a análise do folclore musical. Mário de Andrade surge, portanto, num período novo da história do nosso folclore; no momento em que se iniciam aqui trabalhos senão rigorosamente de especialização, pelo menos desenvolvidos em esferas limitadas (estudo do folclore musical, do folclore regional, do folclore negro, do cancioneiro literário, do folclore mágico, dos contos, das lendas, do folclore infantil, da paremiologia etc.). Não há nenhum inconveniente, entretanto, em tratar essas contribuições como verdadeiros trabalhos de especialização, como o fazem alguns folcloristas – Lindolfo Gomes, Basílio de Magalhães e Joaquim Ribeiro – ao traçarem a história do nosso folclore. O importante é assinalar que Mário de Andrade começa a publicar os seus ensaios de folclore quando essa tendência já está bem marcada e acentuava-se decididamente. O imenso material colhido direta ou indiretamente por Sílvio Romero e as preocupações deste pela filiação imediata dos elementos recolhidos – relativamente ao folclore ibérico, ao folclore indígena e ao folclore africano – bem como as investigações de João Ribeiro, sobre as fontes próximas ou remotas de algumas composições folclóricas brasileiras e o seu curso teórico de folclore, dado na Biblioteca Nacional, em 1913, consubstanciavam duas experiências muito sérias. Chamar João Ribeiro de "folclorista de gabinete" ou Sílvio Romero de "folclorista-pesquisador", como fazem certos folcloristas, é dizer apenas meia verdade. Porque ambos foram ao mesmo tempo pesquisadores e investigadores – só que um se dedicou de preferência à coleta de dados e outro interessou-se mais pelos estudos de filiação histórica. Cada aspecto, não obstante, caracteriza profundamente a obra folclórica de um e de outro, deixando ainda aberto o caminho para uma fase mais fecunda. E essa sucedeu-se logo depois, evidenciando a complementaridade das orientações dos dois maiores folcloristas brasileiros. Mas, é óbvio, esse novo desenvolvimento do folclore brasileiro implicava uma restrição cada vez maior do campo de trabalho do folclorista e, pode-se afirmá-lo, está em pleno processo em nossos próprios dias. Enquanto não existirem cursos ou escolas destinadas exclusivamente ao ensino do folclore, predominarão os trabalhos de simples coleta, de feitio irregular e puramente descritivos. Por isso, são mais numerosos os estudos desse gênero. Mas já os autores mais antigos, apesar dos pontos de contacto que têm, metodologicamente, com Sílvio Romero, logo verificaram a conveniência de limitar suas ambições. Assim, Melo Morais Filho dedicou-se à descrição das festas populares e das influências ciganas no folclore brasileiro; Francisco Pereira da Costa apresenta uma contribuição maciça ao folclore pernambucano; Rodrigues de Carvalho estuda o folclore nordestino; Alexina de Magalhães Pinto e Figueiredo Pimentel interessam-se pelo folclore infantil, principalmente etc. Ao mesmo tempo, outros autores, contando com maiores recursos teóricos, tentavam, como Lindolfo Gomes, Nina Rodrigues, Gustavo Barroso, Artur Ramos, Manuel Querino, Luiz da Câmara Cascudo, Gonçalves Fernandes, Joaquim Ribeiro, Daniel Gouveia, José Vieira Fazenda, Alberto Faria, Amadeu Amaral, Renato de Almeida, Luciano Gallet etc., aprofundar as investigações folclóricas e delimitar ainda mais o seu campo de pesquisas. Mário de Andrade orienta-se nesse sentido. Pouco a pouco, o estudo dos textos literários das canções populares, dos cocos, dos lundus, do samba rural, de danças coreográficas, de roda e dramáticas, vai alargando paulatinamente a sua esfera de interesses. Passa ao folclore infantil, ao folclore do negro, ao folclore mágico, à escatologia popular. Em cada um desses setores, porém, dá somente contribuições parciais, embora valiosas; a sua importância maior como folclorista explica-se principalmente por seus trabalhos relativos ao folclore musical – às vezes umas poucas páginas, de seus manuais de história da música, outras vezes ensaios rigorosamente dedicados a uma questão determinada (as danças dramáticas, rodas infantis, canções populares etc.). Aí estão, todavia, condensadas, laboriosas e pacientes investigações de campo e bibliográficas, e um número enorme de sugestões, de hipóteses a comprovar, e, especialmente, de pistas a seguir – vias abertas a estudos mais especializados e mais profundos. Nesse sentido, mais do que qualquer outro, Mário de Andrade caracteriza-se como um autêntico pioneiro, consciente de suas responsabilidades e de suas limitações. Em vez de desenvolver uma a uma as idéias e sugestões que legou aos musicólogos e folcloristas brasileiros (o que seria fácil a quem, como ele, sempre trabalhava sobre fichas de material recolhido e de leituras), com os riscos correspondentes, preferiu transmitir condensada, laconicamente seria o termo, as suas experiências. É uma atitude prudente que revela, ao mesmo tempo, compreensão exata da natureza e do desenvolvimento dos estudos científicos.

Até agora tenho usado e abusado da palavra folclorista. Entretanto, seria bom repetir o que o Mário de Andrade pensava: "eu não sou folclorista não"[10]. Mais séria e impressionante, numa terra em que até compositores malandros e cantores de rádio querem ser folcloristas, é a confissão que faz em "O samba rural paulista". A citação é longa, mas vale a pena[11]: "De resto e por infelicidade minha, sempre me quis considerar amador em folclore. Disso derivará serem muito incompletas as minhas observações formadas até agora. O fato de me ter dedicado a colheitas e estudos folclóricos não derivou nunca de uma preocupação científica que eu julgava superior às minhas forças, tempo disponível e outras preocupações. Com minhas colheitas e estudos mais ou menos amadorísticos, só tive em mira conhecer com intimidade a minha gente e proporcionar a poetas e músicos documentação popular mais farta onde se inspirassem." Nessa questão, todavia, devemos ser mais realistas que o próprio rei. Mário de Andrade foi folclorista e, medido pela bitola dos demais folcloristas brasileiros, um grande folclorista.

De fato, se tomássemos o termo num sentido restrito, do folclorista de formação científica e exclusivamente interessado nos problemas teóricos do folclore, Mário de Andrade não era folclorista. Aquele seu estado de espírito que ele chamava de "quase amor", com que encarava as composições populares brasileiras, não se coadunava muito com as limitações da investigação sistemática. E embora sua curiosidade o levasse a ler obras de natureza teórica, mantendo-o bem informado do que acontecia do lado de lá da ciência, embora tivesse grande admiração pelos pesquisadores de formação científica, a verdade é que considerava com alguma ironia os

---
10 *Música, doce música*, São Paulo, Miranda, 1933, p. 77.
11 "O samba rural paulista", *Revista do Arquivo Municipal*, nov./1937, v. XLI, p. 38.

cientistas e os frutos de seus trabalhos. A sua crônica sobre "Sociologia dos botões", de 1939, prova-o esclarecedoramente[12]: "a sociologia está milagrosamente alargando os seus campos de investigação... Estamos todos, para maior felicidade, unanimemente convencidos que uma análise dos nomes das casas que vendem colchões pode fornecer a razão do excesso de divórcios; e se uns procuram a verdade poenta nos alfarrábios, usando anúncios de jornais, outros constroem doutrinas inteiras sobre a urbanização da humanidade, estudando a rapidez do vôo dos mosquitos".

O folclore permanece até hoje numa posição incômoda, a cavalo entre a ciência e a arte. Isso por causa de seu próprio objeto. O mesmo nome folclore serve para designar os elementos da tradição oral, da arte popular, e o seu estudo propriamente dito. E tanto é folclorista quem se dedica ao estudo científico do folclore como quem se lhe dá por diletantismo. Entretanto, não se pode negar um caráter muito sério aos trabalhos de Mário de Andrade. Se não são rigorosamente científicos, não são exclusivamente obra de diletantismo. Ao contrário, Mário de Andrade foi um dos primeiros folcloristas brasileiros a se especializar, como vimos, fazendo do folclore musical o seu campo principal de atividade. Por isso, deve-se deixar claro que o abandono dos problemas teóricos em nada avalia a sua contribuição como folclorista. Além disso, dedicou-se a estudos que mais implicam curiosidade e erudição que propriamente a observância de regras deste ou daquele gênero. Daí a fecundidade de sua passagem pelo folclore brasileiro, pois a sua mania de fichar tudo o que via, ouvia e lia, e sua quase católica curiosidade, talharam-no para o papel de folclorista erudito e pesquisador. Avalia-se a importância disso quando se acompanham as suas investigações das fonte mediatas e imediatas das composições do cancioneiro musical ou do cancioneiro literário brasileiro[13]. Os re-

---

12 *Os filhos da Candinha*, São Paulo, Martins, 1943.
13 Cômoda distinção de Jaime Cortesão, *O que o povo conta em Portugal*, p. 34.

sultados de suas pesquisas têm o mesmo valor que se fossem realizadas por especialistas longamente treinados. E o que importa, no caso, são exatamente os resultados obtidos, embora os meios de investigação empregados pareçam mais ou menos livres.

Nesse particular, de pesquisas de fontes, Mário de Andrade aproxima-se da orientação de Sílvio Romero, procurando determinar a proveniência imediata dos elementos do folclore brasileiro. Todavia, nas melhores contribuições, ultrapassa os critérios empregados pelo folclorista sergipano ao aprofundar a análise temática ou formal das composições estudadas, principalmente as composições do folclore musical brasileiro. Além do estudo da contribuição do português e do espanhol – do folclore ibérico –, do índio e do negro, chega muitas vezes, como João Ribeiro e Lindolfo Gomes, às fontes mediatas, completando assim a investigação da filiação histórica de certos elementos do folclore brasileiro. Há pronunciada tendência, em nossos dias, em desprezar-se, por "evolucionistas", esses critérios de pesquisa e de explicação folclóricas. Parece, todavia, que nessa atitude há mais comodismo que outra coisa. Se é certo que a determinação de fontes, por si só, é insuficiente e podem-se usar métodos de pesquisa, de sistematização e de explicação mais rigorosos e mais de acordo com os modernos recursos das ciências sociais, não é menos certo também que a determinação das fontes do folclore brasileiro conserva ainda toda a sua importância teórica e analítica. E, por sua vez, tem mais valor científico uma contribuição onde os elementos são estudados desse ponto de vista, que muitos trabalhos contemporâneos, exclusivamente descritivos.

Quando trata da aplicação terapêutica dos excretos, Mário de Andrade faz uma incisiva referência às fontes portuguesas e ao processo de integração dos elementos culturais de que os portugueses eram portadores: "muitas de nossas práticas vieram de Portugal. Algumas são historicamente coloniais, dos tempos em que, mesmo folcloricamente, se pode dizer que o brasileiro não passava de um português emprestado"[14]. Mais importante é sua contribuição ao estudo das fontes do nosso folclore musical. De suas pesquisas, concluiu que os portugueses nos deram[15]: o nosso tonalismo harmônico, a quadratura estrófica, provavelmente a síncopa, desenvolvida posteriormente pelo negro, os instrumentos europeus, como a guitarra (violão), a viola, o cavaquinho, a flauta, o oficlide, o piano, o grupo dos arcos, textos, formas poético-líricas, como a moda, o acalanto, danças do gênero de rodas infantis, do fandango, danças dramáticas como os reisados, as pastoris, a marujada, a chegança, a forma primitiva de bumba-meu-boi. Considera muito maior, porém, a influência portuguesa no cancioneiro literário. Aprofundando suas investigações, põe em evidência duas coisas importantes: 1. a herança musical, que recebemos dos portugueses, é mais propriamente européia que lusitana; 2. a reciprocidade de influências. Sobre essa questão diz: "é certo que o Brasil deu musicalmente muito a Portugal – fado[16], provavelmente a modinha[17], uma parte da rítmica e a melodia brasileira". De maneira que, em síntese, temos o seguinte quadro: a influência portuguesa no cancioneiro literário é muito grande, mas é menor no cancioneiro musical. Neste ocorreram, por sua vez, influências brasileiras em Portugal, o que está de acordo com as conclusões de Jaime Cortesão, Luís F. Franco, Rodney Gallop e Renato de Almeida. Mesmo os textos das canções e dos romances velhos portugueses "foram modificados e adaptados antropogeograficamente à nossa realidade", diz Mário de Andrade. E os autos e danças dramáticas, como as pastoris, marujadas, cheganças de mouro, que conservam alguns versos e melodia lusitanas, "foram construídas integralmente aqui, textos e músicas, e ordenados semi-eruditamente nos fins do século XVIII, ou princí-

---

14 *Namoros*, cit., p. 74.
15 *Pequena história da música*, São Paulo, Martins,1942, p. 148; *Compêndio de história da música*, 2. ed., São Paulo, Miranda, 1933, pp. 178-9; *Ensaio sobre música brasileira*, São Paulo, Chiarato, 1928, p. 9.
16 Veja-se também: "Origens do fado", in *Música*, cit.
17 Veja-se também: *Modinhas*, cit., pp. 5-7.

pios do século seguinte"[18]. No folclore infantil, entretanto, aconteceu o contrário. A roda infantil conserva-se européia e particularmente lusitana[19], ou, dir-se-ia com maior precisão, mantém-se ibérica. Nas influências ibéricas, considera conjuntamente a herança espanhola ao lado da portuguesa. Mas, é claro, aquela é pobre, reduzindo-se a danças hispano-americanas – como a habanera e o tango[20]. As informações relativas aos outros dois elementos – os índios e os negros – são menos ricas. Reduz a influência dos índios na música brasileira a alguns instrumentos, certas formas poéticas, o cateretê, os caboclinhos – nome genérico de bailados nordestinos –, a nasalação e o ritmo discursivo, em parte devido também à influência gregoriana[21]. Aos negros atribui a nossa grande variedade rítmica algumas palavras que aparecem em danças dramáticas, como os congadas e mesmo na música popular carioca, instrumentos como o ganzá, a puíta, o atabaque, e as formas primitivas do lundu[22]. Foi em torno de pesquisas de folclore musical, orientadas nesse sentido, que Mário de Andrade pôde avaliar a função de cerimônias mágico-religiosas dos negros no desenvolvimento da música popular brasileira – que se exerce através dos cantos e danças a elas associados. As músicas de macumbas e de candomblés, por exemplo, embora não sejam puramente africanas, revelam à sua análise constantes melódicas diferentes da música popular brasileira. A rítmica dos cantos usados nas macumbas e catimbós do nordeste, doutro lado, levou-o a estabelecer uma relação entre o estado psíquico dos participantes das cerimônias e as músicas utilizadas. A sonolência, estado de depressão, obter-se-ia por meio de monotonia dos cantos curtos e lerdos; a exaltação, estado de assombramento, conseguir-se-ia pela rítmica de violên-

---

18 *Pequena história*, cit., p. 149.
19 "Influência portuguesa nas rodas infantis do Brasil", in *Música*, cit., p. 95.
20 *Compêndio*, cit., p. 180.
21 *Compêndio*, cit., pp. 173 ss.
22 *Compêndio*, cit., pp. 178-9.

cia marcada[23]. Essas observações são valiosas, pois permitem maior compreensão das faces posteriores do cerimonial – no primeiro caso, a intervenção direta do sacerdote; no segundo, a descida de Xangô no seu "cavalo de santo" – e o significado e funções dos cantos e danças no comportamento dos membros do grupo. Roger Bastide, que colheu excelentes dados sobre a música, os cantos e as danças dos candomblés na Bahia[24], também observou essa última relação: "Acontece por vezes que apesar dos convites, os 'orixá' se recusam a descer. Então uma música especial é tocada, apressada e insistente, os tambores dão golpes surdos no peito e no estômago, e uma angústia nos oprime; a roda não pára: continua, se acelera, não terminará enquanto os deuses não tiverem saltado na garupa de seus cavalos..."[25]

O estudo do samba rural paulista[26], da canção popular brasileira[27], de vários romances velhos, como o romance do Veludo[28], das rodas infantis[29], da forma, instrumentação, polifonia, melodia e ritmo da música brasileira – erudita e popular, estudo este seguido de um cancioneiro musical com textos[30] – e de danças dramáticas brasileiras[31], completam sua contribuição ao folclore musical brasileiro. Ao folclore negro dedicou uma pesquisa importantíssima – sobre as congadas, autos bailados dos negros brasileiros, estudo que se tornou justamente clássico[32]. As investigações históricas, levadas a efeito por Mário de Andrade, nesse ensaio, permitiram o esclareci-

---

23 "Terapêutica musical", in *Namoros*, cit., pp. 16 ss.
24 Roger Bastide, *Imagens do Nordeste místico em branco e preto*, Rio de Janeiro, Empresa Gráfica "O Cruzeiro", 1945, *passim*.
25 Roger Bastide, op. cit., p. 85.
26 "O samba rural paulista", op. cit.
27 "A música e a canção populares no Brasil", *Revista do Arquivo Municipal*, jan./1936, v. XIX, pp. 249-62.
28 "Romance do veludo", in *Música*, cit.
29 "Influência portuguesa nas rodas infantis do Brasil", in *Música*, cit., apesar de ser um ensaio de duas dezenas de páginas, é um dos estudos importantes sobre o folclore infantil brasileiro.
30 *Ensaio sobre música brasileira*, cit., *passim*.
31 "Danças dramáticas ibero-brasileiras", in *Música do Brasil*, Curitiba, Guaíra, 1941.
32 "Os congos", *Boletim da Sociedade Felipe de Oliveira*, fev./1935.

mento de muitos problemas ou pontos obscuros, como o da rainha Ginga, do rei de Congo, das guerras intestinas na África e o seu reflexo no aproveitamento pelos negros de formas portuguesas, como o teatro popular, das "embaixadas" etc. Mais tarde, formas completadas por Artur Ramos[33].

O único trabalho exclusivamente consagrado ao estudo da escatologia no folclore brasileiro foi escrito por Mário de Andrade[34]. Nele são analisados: a aplicação terapêutica dos excretos, a obsessão pelas porcarias, pelas palavras feias, coprolalia, o uso dos excrementos nas práticas mágicas – nas esferas que chamou de "magia baixa". O material apresentado é riquíssimo, sendo alguns elementos analisados do ponto de vista da filiação histórica. As informações disponíveis sobre essas práticas no Brasil colonial e imperial completam o trabalho. A tese defendida inicialmente por Mário de Andrade não deixa de ser arriscada. Os excretos exercem uma função revitalizadora nas terras esgotadas. Dão vida à terra. Por isso, os excretos ficariam associados a funções revitalizadoras. Doutro lado, o excremento tem outra função purificadora e aperfeiçoadora: na refinação do açúcar, *verbi gratia*. Daí nova associação entre o emprego dos excretos, suas virtudes e conseqüências. É evidente que essa é uma atitude explicativa do *pesquisador*; as interpretações, ao contrário, devem ser procuradas no meio onde ocorrem os fenômenos analisados, isto é, em seus contextos culturais. A explicação, portanto, corre o risco de ser falsa, embora elaborada logicamente. Mário de Andrade compreendeu o perigo de sua posição, ajuntando: "sem dúvida, não vou até afirmar que dessas associações de imagens o povo tire a inspiração primeira que o levou ao emprego medicinal dos excretos"[35]. Aceita, todavia, como correta, apesar das restrições que faz a sua teoria como explicação genérica e geral, que se devem procurar associações lógicas. Tratan-

---
33 *O folk-lore negro do Brasil*, Rio de Janeiro, Civilização Brasileira, 1941.
34 "Medicina dos excretos", in *Namoros*, cit., abrange mais da metade do volume.
35 Idem, p. 66.

do-se do homem "despaisado" de países civilizados, parece-lhe necessário contrapor o seu pensamento lógico ao pensamento místico dos primitivos. Esse apelo a Lévy-Bruhl complica em vez de simplificar o problema. E em nada melhora as bases precárias da teoria. O mais conveniente é deixá-la de lado, e aproveitar o imenso material sobre a escatologia popular brasileira, que Mário de Andrade reuniu em seu livro. As duas hipóteses que servem de conclusões, contudo, são mais modestas, e talvez mereçam uma verificação especial em pesquisas futuras: 1. originalmente os excretos seriam meios místicos de obtenção de cura e só mais tarde tornar-se-iam remédios propriamente ditos; 2. a cura pela ingestão dos excretos basear-se-ia em fundamentos psicossociais, na noção de sacrifício inerente à prática e imanente ao ato. Nesse trabalho nota-se, doutro lado, que Mário de Andrade já não pensa como em 1930-36, a respeito da transformação das formas populares em formas eruditas[36]. Entre as duas hipóteses, de que as receitas passariam da prática costumeira à farmacopéia científica ou vice-versa, afasta acertadamente qualquer escolha preferencial. Porque, diz, "provavelmente se deram esses dois fenômenos contrários"[37].

Conclusões

Eis aí, em resumo, a contribuição de Mário de Andrade ao folclore brasileiro. A importância de sua passagem, pelos domínios do nosso folclore, como literato e como folclorista, é óbvia. De um lado, realizou uma obra de aproveitamento da literatura brasileira. Doutro, apresenta um conjunto de ensaios que o credencia como um dos nossos maiores folcloristas contemporâneos, situando-o entre os melhores da história do folclore brasileiro. Pode-se dizer que,

---
36 Veja-se *Modinhas*, cit., p. 8.
37 "Medicina dos excretos", in *Namoros*, cit., p. 73.

quantitativamente, os trabalhos publicados são pouco representativos – em relação à espantosa produtividade de alguns folcloristas hodiernos – levando-se em conta também que Mário de Andrade repetia-se muito nos seus melhores estudos sobre o folclore musical. Mas, do ponto de vista qualitativo, da contribuição efetiva, das sugestões que deixa e das novas pistas que abre no campo do folclore musical brasileiro, principalmente, a questão muda de figura. E é sob esse aspecto, exatamente, que deve ser encarada a sua obra de folclorista.

CAPÍTULO 14 | Publicações póstumas
de Mário de Andrade*

A edição das obras completas de Mário de Andrade constitui um acontecimento literário, por sua significação e conseqüências. Ela nos oferece a oportunidade de apreciar, em conjunto, as diferentes facetas da produção artística, crítica e científica de uma das personalidades mais complexas na história cultural do Brasil: uma figura singular por sua capacidade criadora, por sua versatilidade e seriedade intelectuais, por sua erudição, por sua vocação de escritor e por sua apaixonada identificação com as gentes de sua terra. No entanto, é à contribuição de Mário de Andrade aos estudos folclóricos que se projetam, verdadeiramente, novas luzes; apesar do entusiasmo e do reconhecimento de valor por parte de leigos e de seguidores, nunca se lhe fez mais do que a meia justiça de apontá-lo como um inspirador de estudiosos mais jovens e como pioneiro no campo do folclore musical. A riqueza e a falta de conformismo em seus ensaios sobre o folclore brasileiro impediram que se lhe desse um lugar de proeminência, entre os nossos grandes folcloristas, como um Sílvio Romero, um João Ribeiro ou mesmo um Amadeu Amaral. A publicação da presente obra contribuirá para pôr pon-

---

* Comentário sobre *Danças dramáticas do Brasil* (São Paulo, Martins, 1959; organização, introdução e notas de Oneyda Alvarenga, 3 t.), publicado no n° 171 do Suplemento literário de *O Estado de S. Paulo*, 27/2/1960, dedicado a Mário de Andrade.

to final a muitas vacilações de julgamento, pois facilita a compreensão do alcance de seu trabalho como pesquisador, ao mesmo tempo que sugere a multiplicidade de caminhos que explorava, de modo assistemático mas com relativa constância, na interpretação propriamente dita das ocorrências folclóricas.

Há pouco que dizer com referência aos aspectos bibliográficos da obra. Oneyda Alvarenga, com desvelo, propriedade e notável concisão, dá aos leitores todas as indicações bibliográficas necessárias, seja na explicação geral (v. I, pp. 9-12), seja nas explicações que precedem a cada ensaio. Ela não só esclarece que haviam sido editados, anteriormente, "o estudo das características gerais das danças dramáticas brasileiras, publicado com o título 'As danças dramáticas no Brasil', no tomo VI do *Boletim Latino-Americano de Música*; o estudo introdutório às "Cheganças", incluído no livro *Música do Brasil*, com o título "Danças dramáticas ibero-brasileiras"; e os "Congos", que apareceram primeiro na revista *Lanterna Verde* e, depois, já com algumas de suas melodias, no tomo I do *Boletim Latino-Americano de Música* (p. 9); como também fornece, nas notas introdutórias a cada ensaio, dados sobre os possíveis aproveitamentos de materiais ou interpretações em artigos mais ligeiros sobre os assuntos. Quanto aos trabalhos inéditos, Oneyda Alvarenga propõe a questão de saber o que Mário de Andrade faria, se chegasse a dirigir a edição de suas obras completas. Conclui que ele não as aproveitaria na forma atual, por serem "estudos positivamente inacabados", como acontece com as contribuições sobre os pastoris, os maracatus, os caboclinhos, o bumba-meu-boi etc., embora possuam enorme interesse para os estudiosos do folclore brasileiro. Com muita razão escreve: "entretanto, mesmo os estudos inacabados têm o alto nível que marcou toda a obra técnica de Mário de Andrade. Seria não só absurdo mas doloroso abandoná-los, quando ainda vivemos tão pobres de boas obras sobre o nosso folclore. Se tais estudos não concorrerem para aumentar o brilho de folclorista de Mário de Andrade, pelo menos em nada concorrerão para diminuí-lo".

A esse respeito, só nos resta louvar a decisão tomada por Oneyda Alvarenga. Sem os trabalhos incompletos e os simples documentários, dificilmente conheceríamos melhor o estilo de trabalho de Mário de Andrade na investigação do folclore. É cotejando os vários estudos reunidos nos três tomos ao ensaio de síntese sobre as danças dramáticas no Brasil (v. I, pp. 21-82) que se chega a entender que as generalizações de Mário de Andrade, mesmo as mais arrojadas, se amparam em pacientes indagações dos fatos e têm a seu favor interpretações calcadas em ampla, variada e rica documentação empírica. Trata-se de algo curioso. As notas e as referências eruditas mal fazem justiça à seriedade de seus procedimentos interpretativos; frases lançadas como generalizações despretensiosas e incomprovadas se fundam, com freqüência, em explicações já verificadas empiricamente, que poderiam até ser formuladas com maior rigor expositivo. Portanto, Oneyda Alvarenga procedeu sabiamente, ao agregar os trabalhos inacabados à presente publicação. Doutro lado, ela enriqueceu-a, consideravelmente, pelo cuidado que teve na reprodução dos textos, na transcrição de trechos importantes de redações diversas de estudos sobre o mesmo assunto na fatura de notas em que entra com sua contribuição pessoal à inteligência dos textos ou de problemas analisados e, especialmente, na preparação de um plano geral que dá consistência orgânica a essa obra, pela distribuição lógica dos capítulos.

Está fora de dúvidas que "As danças dramáticas do Brasil", "As cheganças" (v. I, pp. 94-338) e o tão conhecido "Os congos" (v. II, pp. 17-128) constituem as contribuições mais sólidas e definitivas da presente obra. Além da farta documentação empírica, contida nos dois últimos ensaios, todos os três trazem uma contribuição singular ao conhecimento e à explicação das danças dramáticas no Brasil. Não obstante, os ensaios sobre "O pastoril" (v. I, pp. 344-83), "O maracatu" (v. II, pp. 137-76) e "Os caboclinhos" (v. II, pp. 185-204) são igualmente apreciáveis do ângulo empírico e teórico, pela cópia de materiais que reúnem e pelas sugestões abertas ao estudo de suas origens, de sua diferenciação regional no Brasil e das funções lúdicas que essas danças dramáticas preenchem no horizonte cultural das populações rústicas brasileiras. Por fim, o terceiro tomo, o único que vale mais pela documentação empírica coligida, traz-nos uma soberba coleção de variantes do bumba-meu-boi, de congadas e de moçambiques, e revela-nos, melhor que qualquer estudo anterior de nossos folcloristas, a estrutura e a organização da primeira dança dramática. Nesse ensaio, aliás, aparece em toda plenitude o teor construtivo da colaboração de Oneyda Alvarenga, que realizou um esforço bem sucedido de aproveitamento e de sistematização dos materiais anotados por Mário de Andrade. Em conjunto: depreende-se que nenhum folclorista patrício – presumivelmente: nem mesmo Sílvio Romero – chegou a possuir, de forma tão completa, o domínio de uma área do folclore brasileiro, como o autor de *Macunaíma*. Acresce que esse domínio não é apenas disciplinado como "saber"; ele se enriquece de descobertas valiosas, obtidas por meio da projeção endopática e da comunicação simpática. Mário de Andrade deslocava-se, simultaneamente, no espaço geográfico e no espaço sociocultural: seus registros completam e fixam a experiência humana, a que se entregava sem reservas, seja pelo prazer estético, seja pelo respeito ou pela valorização do homem rústico e de sua cultura. Daí resulta que nos fornece uma descrição em profundidade dos elementos universais e dos elementos variáveis das danças dramáticas do extremo norte ao extremo sul do Brasil.

"Reúno sob o nome genérico de 'danças dramáticas' não só os bailados que desenvolvem uma ação dramática propriamente dita, como também todos os bailados coletivos que, junto com obedecerem a um tema tradicional e caracterizador, respeitam o princípio formal da suíte, isto é, obra musical construída pela seriação de várias peças coreográficas" (I, p. 69, nota I). Em seu campo de indagações entram todas as danças dramáticas conhecidas, como: chegança de marujos, pastoris, reisados, ciranda, maracatus etc.

(Vide a enumeração contida nas pp. 52-4 do mencionado volume.) Na descrição de cada dança, procura caracterizar o cortejo, identificado "coreograficamente por peças que permitem a locomoção dos dançadores, em geral chamadas cantigas", e a parte especificamente dramática, ou *embaixada*, identificada "pela representação mais ou menos coreográfica dum entrecho, e exigindo área fixa, sala, tablado, pátio, frente da casa ou igreja" (vide p. 55). Suas investigações deram fundamento à conclusão de que "a parte dramática é a que conserva mais fixamente os seus textos, transmitidos oralmente ou conservados em manuscritos" (idem). Na explicação das origens da dança dramática do Brasil, aponta três mecanismos fundamentais: primeiro, "que nenhum dos dramas cantados do nosso povo tem origem profana" – o que o leva a digressões a respeito da influência da religião e da magia na formação da dança dramática e da aplicação dessas explanações gerais à situação histórico-cultural do Brasil; segundo, às relações entre o teatro popular e o teatro erudito: aquele tem todas as probabilidades de ser um teatro erudito que se desnivelou (cf., especificamente, p. 26), o que analisa extensamente, com referência a cada uma das principais danças dramáticas brasileiras; terceiro, quanto à filiação – embora saliente ser freqüente a passagem da herança portuguesa para o Brasil, mostra que o inverso também é verdadeiro, havendo portanto reciprocidade de influências (cf., especialmente, p. 46). Em resumo, explica: "Meu modo de pensar é que as danças dramáticas brasileiras derivam pois tecnicamente de três tradições básicas: 1. o costume do cortejo mais ou menos coreográfico e cantado, em que coincidem as tradições pagãs de Janeiras e Maias, as tradições profanas cristãs das corporações proletárias e outras, os cortejos reais africanos e as procissões católicas com folias de índios, pretos e brancos; 2. os vilhancicos religiosos, de que os nossos pastoris, bem como as reisadas portugas, são ainda formas desniveladas popularescas; 3. finalmente, os brinquedos populares ibéricos, celebrando as lutas de cristãos e mouros" (p. 31). Doutro lado, explica a complementação pela música através das funções psicossociais que imputa ao contexto musical, como fonte de eunomia da pessoa. Assim, ao tratar dos reisados afirma: "Parece porém que desde logo ou desde sempre, a curteza esteticamente admirável do reisado se tornou insatisfatória ao povo. A psicologia popular, em especial o povo nosso que faz uso da música como dum estupefaciente, se compraz nas criações artísticas alongadas, que disfarçam a fadiga proletária, não pelo descanso físico, mas pela consunção" (p. 51). Por fim, dá alguma atenção ao problema dos efeitos negativos da mudança cultural. Como escreve, "as danças dramáticas estão em plena, muito rápida decadência": "Mas lutam furiosamente com a... civilização. Ou melhor: esta é que luta com elas e as domina" (p. 67). Suas conclusões o levam a uma afirmação paradoxal – de que a civilização é "uma criadora de conceitos", o que coloca o intelectual brasileiro diante de um dilema moral, pois a decadência das danças dramáticas não traduz, por si mesma, enriquecimento positivo da herança cultural.

Portanto, o colecionador é também um investigador e um homem que participa responsavelmente dos valores humanos da sociedade em que vive. É tão capaz de fixar a realidade observada através de critérios positivos quanto de interpretá-la segundo categorias abstratas do pensamento e de tomar uma atitude pragmática diante do destino humano, visto através das formas da cultura. Está claro que tudo isso nos interessa de perto, já que os estudos folclóricos atraíram a atenção de Mário de Andrade, primordial e fundamentalmente, como modalidade de compreensão do humano e de participação de um clima moral de valores ou de um destino supra-histórico. Os motivos que o conduziram a tais investigações eram de natureza estética: como e enquanto artista, precisava compreender e interagir com homens que realizavam a condição humana, em seu próprio meio social, através de ideais de vida e de valores que consubstanciam uma forma de Inteligência. Mas, para conseguir esse efeito, tinha de proceder também como *cientista*, como alguém que focaliza, descreve e interpreta o folclore com espírito de sistema e objetividade. Segundo os fins de Mário de Andrade, isso não era tudo – a observação e a análise objetivas eram "meios" de compreensão e de participação de realidades humanas que não podemos ignorar, que devemos respeitar e pelas quais chegamos a nos enriquecer. No entanto, ele tinha condições para pô-las em prática e para delas tirar o conhecimento positivo, que resulta de toda investigação séria. Desse ângulo, essa obra nos ensina que o folclorista Mário de Andrade era mais completo do que se supõe comumente. Não só sabia "formar a sua documentação"; era capaz de aprofundá-la, segundo procedimentos adequados de interpretação, e de passar adiante. Sem exagerar a importância das conexões histórico-sociais do folclore, tomava-as em conta para entender e explicar as origens ou as funções psicossociais das danças dramáticas brasileiras; sem abstrair o folclore de contexto social, sabia onde e quando convinha tratar as danças dramáticas como totalidades dotadas de estruturas e dinâmicas relativamente autônomas e peculiares.

Há muito a aprender, portanto, no diálogo com Mário de Andrade. Os que pensaram ter recebido toda a sua herança precisam recomeçar a aprendizagem e defini-la em termos dos vários níveis de utilização do estudo do folclore – na acumulação de dados; na interpretação de realidades humanas e de objetivações culturais; no conhecimento participante do bom homem pelo homem, ainda que pela experiência unilateral do *letrado* produzido pela "Civilização". O fato de Mário de Andrade dominar produtivamente a análise folclórica nos três níveis o situa, no cenário intelectual brasileiro, no plano particular atingido pela Inteligência quando se torna capaz de superar-se a si mesma, através dos elementos de sua afirmação. Até agora, nenhum folclorista brasileiro reproduziu sua proeza, provavelmente porque só ele também foi, ao mesmo tempo, pensador, artista e homem de sua época.

TERCEIRA PARTE
O folclore em resenha

CAPÍTULO 15 | Sílvio Romero e o folclore brasileiro*

Sílvio Romero, pode-se dizer, é um homem da atualidade: reeditam-se suas obras e seu trabalho é bastante estudado, ainda que com demasiado barulho para suscitar aproveitamento fecundo. Ainda há pouco tempo, foi publicado um trabalho do Sr. Sílvio Rabelo sobre o crítico sergipano. É esse um trabalho de extensão, em que Sílvio Romero e sua obra são mais descritos que analisados substancialmente. O Sr. Joaquim Ribeiro também chama a atenção para Sílvio Romero no seu estudo sobre o folclore brasileiro, agora em segunda edição. Mas o barulho forte vem dos artigos e comentários de jornais. Uma questão inócua, como a da reedição de sua *História da literatura brasileira*, é transformada em grande problema, recebendo o seu filho, o Sr. Nélson Romero, críticas ou elogios igualmente apaixonados. Parece, mesmo, que Sílvio Romero alcançou em nossos dias o prestígio que sempre desejou ter em vida.

Contudo, penso que o valor de sua contribuição ao estudo do folclore brasileiro ainda não foi convenientemente salientado. Até os que se aproximaram mais de um juízo exato ficam muito aquém de uma avaliação equilibrada e aceitável. Não há dúvida de que Sílvio Romero não é o único grande folclorista brasileiro. Mas é *o nosso primeiro folclorista representativo* e já houve até quem o tomasse

---
* *O Estado de S. Paulo*, 4/8/1945.

como ponto de referência para uma história sintética do folclore brasileiro, contada em torno de três nomes e de três momentos: Sílvio Romero – "folclorista pesquisador"; – João Ribeiro – "folclorista teórico"; Lindolfo Gomes – "folclorista pesquisador e teórico". O esquema é simplista, porém dá uma imagem aceitável da posição de Sílvio Romero no estudo de nosso folclore.

A obra de folclorista de Sílvio Romero dificilmente poderá ser avaliada por quem não tenha experiências pessoais em pesquisas, em trabalhos de campo. A coleta de dados folclóricos ainda hoje é muito difícil entre nós e a cooperação dos leigos bastante rara. Sob esse aspecto, sua contribuição é de um vigor extraordinário, pois conseguiu reunir um material que quantitativamente não conhece paralelos entre nós; e qualitativamente apresenta os mesmos defeitos de notação que a dos outros folcloristas brasileiros, pois ainda agora nos faltam especialistas com a verdadeira formação científica de pesquisador. Sua posição nos estudos do folclore brasileiro é comparável à de Teófilo Braga, em Portugal; de M. Menendez y Pelayo, na Espanha; de Juan Draghi Lucero, em Cuba; e de Juan Afonso Carrizo, na Argentina.

O problema maior para a crítica, entretanto, é o de situar o folclore na produção de Sílvio Romero e não o de localizá-lo entre os estudiosos do folclore brasileiro. Porque me parece evidente que nunca Sílvio Romero pretendeu estudar o folclore brasileiro pelo próprio folclore. Sua ambição e objetivos eram bem maiores, estando ligados às suas atividades de poeta e de crítico, principalmente de crítico. Nele a investigação do folclore brasileiro surge como um subsídio – seria melhor dizer um ponto de apoio – para o estudo da literatura brasileira, fornecendo determinantes e substratos indispensáveis à sua interpretação. Sílvio Romero, partindo do exemplo da crítica européia, acreditava que a *expressão "nacional"* – os traços típicos da literatura de um povo – não modela uma literatura só pela língua, mas também pelo sentimento original que caracterize o agrupamento humano considerado (aqui é útil a consulta dos trabalhos de Benedito Costa, profundamente influenciado por Sílvio Romero). Na realização, contudo, faltou-lhe o material indispensável à cultura erudita. O pressuposto continha um significado profundo, mas sua aplicação como critério de análise crítica era quase impossível – principalmente do ponto de vista restrito do uso de material histórico por parte dos poetas e romancistas brasileiros. O aproveitamento de temas propriamente folclóricos – quando a intenção existe – é geralmente superficial: a distância social, entre os intelectuais e o povo, no Brasil, traduziu-se durante muito tempo pelo afastamento daqueles dos valores característicos deste. Por isso, lentamente Sílvio Romero vai deslocar sua atenção para outro problema, implícito no primeiro: a procura de uma estética propriamente brasileira, lançando pelo menos os germes da idéia. Os fundamentos de uma estética brasileira poderiam ser encontrados também no folclore brasileiro e sua função essencial seria a de estabelecer uma ligação mais viva entre a cultura popular e a cultura erudita, o povo e a literatura. Aqui Romero se revela muito coerente: a literatura de um povo deve ser expressão desse povo. Mas é preciso que os artistas pensem, então, também em termos de seus valores fundamentais. Daí a utilidade de uma estética brasileira e a sua existência como condição necessária para o aparecimento de uma literatura característica.

Mais tarde, Sílvio Romero satisfez-se com o estudo em separado das duas manifestações culturais do povo brasileiro: de um lado, a cultura escrita e erudita; de outro lado, a cultura oral e popular. Dá, nos dois setores, uma vigorosa amostra de sua capacidade de trabalho e de criação, deixando em cada um obras mestras e fundamentais. Em todo caso, ficamos com uma imagem dupla da cultura brasileira. A sua preocupação pela "cultura brasileira" e todos seus esforços para descobrir o processo de sua formação e desenvolvimento, por isso, se não constituem um fracasso, permanecem como um trabalho incompleto.

Do ponto de vista exclusivo do folclore, o seu trabalho é a primeira contribuição séria ao estudo dos contatos culturais no Brasil e suas conseqüências. Para esclarecer os problemas relativos aos contatos dos três elementos fundamentais e formadores – o português, o negro e o índio – e a ação transformadora de seus descendentes – procurava conseguir a procedência provável dos elementos folclóricos recolhidos. Esses dados Sílvio Romero utilizou em abundância na caracterização do povo brasileiro e dos seus grupos raciais, em pequenos ensaios de psicologia social brasileira, e na discriminação das populações das margens do rio e do litoral, das matas, dos sertões e das cidades, numa tentativa rudimentar de dividir o Brasil em áreas culturais e sociais, conforme um tipo de vida definido.

Por causa dessa sua preocupação, alguns escritores têm criticado Sílvio Romero, fazendo-lhe uma restrição de alcance duvidoso: o de que teria dado ao folclore brasileiro o caráter exclusivo de estudo das "origens", sem contudo relacioná-lo convenientemente com os seus objetivos mais amplos, que ultrapassam o campo restrito do folclore (crítica literária, psicologia social etc.). Ainda assim, o estudo das origens – ou das fontes, como se deveria dizer – tem sua razão de ser. É, mesmo, essa uma das maiores contribuições de um trabalho folclórico bem feito. O estudo das fontes – em nosso caso já é bastante a determinação das fontes imediatas –, apesar de todos os seus defeitos e das falhas inerentes ao tipo de análise a que ele dá origem, implicando a observação dos elementos folclóricos fora de seu contexto social e cultural, tem sua importância. No Brasil, talvez seja o meio mais fácil e eficiente para se chegar a saber, com a aproximação permitida pelas técnicas de pesquisa empregadas, aquilo que preocupava Sílvio Romero: a contribuição cultural de cada agrupamento humano que concorreu para a nossa formação, principalmente do português, do negro e do índio.

O critério adotado por Sílvio Romero, na sistematização do material recolhido, tem suscitado outro gênero de crítica muito mais obsoleta que a anterior. Como foi visto, Romero considerava o elemento folclórico isoladamente e depois atribuía-lhe sua procedência provável ou de fato (quando o material comparativo era suficiente: "português", "indígena" etc.). Por aqui poder-se-ia, num estudo mais profundo e geral do folclore brasileiro, saber qual a importância relativa dos três grupos raciais fundamentais e conhecer com maior nitidez o papel transformador de seus descendentes. Ora, por causa desse critério analítico, até hoje válido, considerava-se Sílvio Romero como representante do ponto de vista "antropológico", endereçando-se-lhe algumas restrições.

Quando se fala em africano, índio e português pode-se estar propondo uma questão de antropologia física – que diga respeito às suas características raciais; mas, para Sílvio Romero, o importante era o estudo dos elementos culturais de que esses seres humanos eram portadores, e não de suas diferenças físicas. Ainda que utilizasse dados criticáveis, fornecidos pelas ciências sociais de seu tempo (como a aplicação da lei dos três estados na interpretação do povo brasileiro), principalmente nas explicações que atualmente entrariam nos capítulos da psicologia social, para Sílvio Romero o português, por exemplo, conta como representante de uma cultura e portanto como seu portador: a cultura européia, particularmente em seus aspectos ibéricos ou lusos. É através dos movimentos dos portugueses, dos indígenas e dos africanos que os aspectos iniciais da difusão são explicáveis. E é por meio da ação de seus descendentes, conjugada a determinantes físicos, econômicos e sociais, que os aspectos posteriores podem ser compreendidos. Vê-se que, no fundo, o seu critério de "raça", aplicado ao folclore brasileiro, é um critério cultural. E seria válido em qualquer pesquisa moderna. Não se pode, pois, criticar o ponto de vista e os critérios usados por Sílvio Romero na abordagem do folclore brasileiro. As críticas só procedem quando dizem respeito às deficiências da notação e da descrição ou quando se passa para a fase definitiva da sistematização. Porque se contentava com fontes supostas ou duvidosas, deixando de completar o trabalho de coleta com indispensáveis e sérias pesquisas teóricas (de filiação e de comparação), ditas "de gabinete", como gostam de falar os folcloristas brasileiros. Apesar disso, a sua é a primeira grande contribuição para o estudo do folclore brasileiro e é muito pouco provável que tenhamos, novamente, um investigador da sua envergadura.

CAPÍTULO 16 | *Lendas dos índios do Brasil**

A bibliografia da etnologia brasileira acaba de ser enriquecida com uma contribuição magnífica, devida a Herbert Baldus. Trata-se de uma espécie de antologia, publicada recentemente: *Lendas dos índios do Brasil*[1] (selecionadas e comentadas). O autor, professor da Escola de Sociologia e Política, é uma das mais reconhecidas autoridades em etnologia brasileira. O seu papel na história de nossa etnologia ainda não pode ser situado convenientemente, pois a sua obra de cientista e professor está em pleno desenvolvimento. Contudo, é evidente que representa, juntamente com Curt Nimuendaju, e outros etnólogos mais jovens, o início de uma nova fase no estudo sociocultural – ou etno-sociológico, como preferiria dizer o próprio Herbert Baldus – das tribos dos índios do Brasil. A principal característica dessa tendência está no interesse sistemático que seus representantes dedicam a aspectos senão menosprezados antigamente, pelo menos estudados de uma forma relativamente insatisfatória, diante das exigências e dos recursos da moderna etnologia. Refiro-me ao estudo da organização social, dos fenômenos de mudança social e cultural, da personalidade e das conexões efetivas das formas sociais e dos conteúdos culturais correspondentes.

---

* *Jornal de São Paulo*, 21/5/1946.
1 O livro de Herbert Baldus foi publicado pela Editora Brasiliense em 1946.

Além disso, como professor, Herbert Baldus encetou uma verdadeira campanha pela compreensão do índio e pela sua defesa contra os excessos e os preconceitos fatais dos "brancos civilizados". De fato, esses excessos e preconceitos podem ser, também, objeto de pesquisa científica, isto é, podem ser entendidos em termos de causas determinadas (lutas pela posse de terra, competição ecológica no nível biótico e até mesmo competição econômica, desenvolvimento de experiências negativas, em partes seculares, dos índios em relação aos brancos, e de racionalizações com sanções drásticas, com o rompimento dos compromissos assumidos etc., dos brancos em relação aos índios etc.). Mas, é óbvio, a explicação científica somente torna as situações mais compreensíveis, fornecendo, quando os homens não lhe opõem obstáculos, elementos para soluções. Em nenhum caso, todavia, transforma em si e por si mesma o caráter ético da situação estudada. E o que se tem feito no passado e o que se continua a fazer no presente com os índios, no Brasil, é um atestado da amoralidade e do sadismo *coletivo* dos representantes da "civilização" – dos mais chegados aos menos próximos aos índios, dos caboclos até os habitantes das grandes cidades do litoral.

Por isso, uma das coisas que mais me impressionam em Herbert Baldus é a sua decidida vocação de defensor dos índios, na qual só foi excedido ou igualado, contemporaneamente, por homens como Curt Nimuendaju e como o General Rondon. Distingue-se de ambos, porém, senão pela natureza fortemente emotiva das reações, pela possibilidade que tem de as transmitir em suas aulas. Cria destarte, em seus discípulos, o ânimo necessário para continuarem a campanha por um ambiente mais propício ao "índio brasileiro" – figura geralmente heróica na literatura romântica do "civilizado", mas vítima constante de sua falta de simpatia ecumênica. Ao mesmo tempo, situa os problemas dos "índios" em face dos avanços cataclísmicos da "civilização" em termos científicos, acentuando a necessidade da ação racional, desenvolvida em função da ciência etnológica aplicada. Só assim poder-se-á, de fato, livrar o Brasil dos resultados maléficos da ação empírica, subordinada ao método de ensaio e erro com acerto ocasional, que tem sido tão desastrosa para os índios.

Parece-me que o meu entusiasmo me afastou um pouco da finalidade restrita deste artigo. Essas considerações são, entretanto, profundamente úteis à leitura e entendimento de *Lendas dos índios do Brasil*. Acredito que ajudam muito na criação de um clima de simpatia irrestrita e ilimitada, o qual o leitor precisa desenvolver, se pretende aproveitar efetivamente a leitura deste livro. Já no prefácio antepõe-se o primeiro escolho, em particular aos que carecem de formação adequada. Para se chegar à medula do seu conteúdo, é preciso recompor os fios centrais de uma concepção do mundo e do homem que sacudiu o pensamento alemão e europeu pós-hegeliano, definida historicamente com muita justeza como um *humanismo realista*. Quem quiser medir essa atitude de um prisma valoritivo, mesmo que este seja "científico", isolando-a de sua preocupação essencial – de recolocar o problema do homem diante da natureza, da sociedade e do seu papel peculiar no evolver de sua própria história – sofrerá a queda que o autor previu e procurou evitar aos seus leitores com simplicidade. Por isso, o prefácio aparece em si mesmo, aos olhos da crítica, como uma das peças decisivas do livro. Nada tem de "literário", pelo menos na má acepção do termo, como já se sugeriu algures; ciência não significa apenas formulação grave e complexa, mas entendimento melhor e mais profundo. O prefácio, que é muito acessível, vale, no fundo, tanto quanto uma verdadeira propedêutica científica. Em duas páginas elimina no nascedouro o mais terrível monstro que devora as reservas morais do "civilizado" diante do índio: a sua manifestação típica de etnocentrismo, resumida em uma simples palavra – *selvagem*. O autor tinha dois caminhos para vencer essa dificuldade: escrever uma introdução erudita, de caráter etnológico; ou imprimir de maneira vigorosa uma direção imediata às preocupações de seus prováveis leitores. A primeira solução estaria deslocada, em um trabalho destinado ao grande público. Não resta dúvida que o autor escolheu um terreno sólido e o objetivo preliminar é alcançado do mesmo modo.

A compilação, conforme esclarece o autor, "foi feita com o pensamento em todos aqueles que procuram o eternamente humano nos diferentes povos da terra". Por isso, frisa ainda que a proveniência múltipla das lendas, que reúne em seu livro, tem menos importância que "a quantidade de traços psíquicos universalmente difundidos". Com isso, põe em evidência que, se existem diferenças entre os "civilizados", que lêem as lendas selecionadas, e os "índios brasileiros", estas devem ser situadas no plano do equipamento cultural e do comportamento que ele origina e não no plano de uma diferença de natureza, tal como sugere o preconceito da *selvageria* do índio.

Por três motivos é preciso receber a presente obra com certa satisfação. Primeiro, porque são raros os livros dedicados às lendas dos nossos índios. Os livros anteriores, escritos em português, foram dedicados às lendas de tribos pertencentes à mesma região ou à mesma família lingüística, ou tomam o conceito de índio num sentido lato e vago. Segundo, porque supre, até certo ponto, uma lacuna da bibliografia folclórica brasileira. É um autêntico manancial de dados para os nossos folcloristas, nem sempre preparados ou em condições de procurá-los nas fontes exclusivamente técnicas. Terceiro, porque o autor não se limitou à apresentação das lendas selecionadas. Quarenta páginas, aproximadamente, são devotadas ao comentário das vinte e uma lendas reunidas no texto. Aqui se localiza a contribuição estritamente etnológica, embora os comentários tenham sua utilidade tanto para o esclarecimento do texto como para a indicação de novas fontes aos leitores mais exigentes (etnólogos, folcloristas etc.).

As vinte e uma lendas foram agrupadas segundo duas grandes divisões: 1. homens, astros e a origem das coisas do mundo; 2. aventuras de animais. A maioria foi selecionada pelo autor na imensa bibliografia etnológica brasileira. Algumas, entretanto, como "O marido da estrela", dos umutinas, e a "Visita ao céu", dos vapidianas, recolhidas por Harald Schultz e Mauro Wirth, respectivamente, eram inéditas. As demais lendas pertencem aos yahumas, taulipangs, carajás, barés, cubeúas, caduveos, bororos, tembés, apinagés, manaós, parecis, caingangs, caxinauás, bacairis. Verifica-se que o material apresentado por Herbert Baldus, como amostra, é bastante representativo. Ilustra de maneira característica o que o autor chama, no prefácio, de *mundo espiritual* de nossos índios.

Isso, parece-me, é o máximo que se pode desejar de uma antologia em relação ao seu objeto. Como foi atingida a meta visada, todavia, é uma pergunta que merece ser feita agora. Em outras palavras, não se pode separar a apreciação dos méritos de uma antologia da dos critérios de seleção utilizados pelo autor. Mas, exatamente aqui, reside a lacuna desse delicioso trabalho. Herbert Baldus não tornou explícitos os critérios que lhe serviram de guia na seleção das lendas – o que poderia ser feito tanto no prefácio quanto na introdução da parte destinada ao seu comentário. Diante do fato consumado, porém, terminam as funções da crítica. Resta, apenas, seguir o conselho faustiano, dado pelo antologista: "caro leitor, saboreie as lendas dos índios do Brasil como genuínas repercussões da vida sempre má e sempre boa!"

CAPÍTULO 17 | A mitologia heróica indígena*

I

Há pouco tempo, ao fazer o necrológio de Curt Nimuendaju e ao comentar uma antologia de Herbert Baldus sobre as lendas indígenas brasileiras, fiz referência à nova orientação tomada pelos estudos etnológicos no Brasil. Os trabalhos antigos, a partir do século XVI, de viajantes, cronistas, naturalistas ou simples ensaístas amadores, são meramente descritivos. Aqueles que de fato são encarados como representantes de uma tendência científica limitam-se quase sempre à análise das culturas tribais, com acentuado interesse pelos elementos materiais da cultura. Ao lado da pesquisa necessária desses aspectos, tende-se, modernamente, a considerar de maior importância o estudo das conexões entre os elementos culturais, a estrutura social e o comportamento humano. Até certo ponto, os dois autores mencionados são as duas figuras pioneiras mais destacadas desse novo desenvolvimento da etnologia brasileira. O vigor científico com que essa orientação se precisa nos cientistas brasileiros mais jovens pode ser devidamente avaliado na obra recente de Egon Schaden – *Ensaio etno-sociológico sobre a mitologia heróica de algumas tribos indígenas do Brasil*[1] – que constitui sua tese

---
* Dois comentários ao livro em foco: *Jornal de São Paulo*, 17/9/1946 e 1º/10/1946. Fiz outro comentário sobre o mesmo livro (cf. *Revista do Arquivo Municipal*, ano XV, v. CXXII, fev./1949, pp. 197-9).
1 São Paulo, edição do autor, 1946.

de doutoramento em ciências. Antecipando-me um pouco, posso adiantar que, desse ponto de vista, é essa a realização mais completa em nossa bibliografia etnológica.

O problema mais geral, portanto, que deve ser apreciado preliminarmente aqui, é o das relações entre as formas sociais e os conteúdos culturais. A bem da verdade, é preciso que se reconheça o seguinte: mesmo os nossos especialistas, que pensam ser necessário estudar os elementos culturais em termos da organização social, têm considerado o problema de um ângulo unilateral. Não é preciso sugerir que essa orientação produz efeitos negativos, levando a subestimar ora a importância das formas sociais, ora a influência relativa dos fatores culturais e reduzindo, além disso, o mecanismo dinâmico da vida social a um esquema sob vários aspectos demasiado simplista. Egon Schaden, ao contrário, analisa tanto as relações entre os movimentos messiânicos e a mitologia heróica dos tupinambás, dos apapokuvas etc., entre as festas dos homens e a tradição de heróis míticos, quanto a questão bem distinta da mitologia heróica tribal dos kaingangs, dos apapokuvas, dos cadiueus, dos bororos orientais e dos mundurukus como expressão de uma configuração cultural típica, com significação e função próprias na vida tribal. Por isso, a apreciação objetiva da contribuição metodológica representada por esse trabalho consigna-lhe uma proeminência indiscutível. O fato de o autor ter evitado posições ou explicações dogmáticas – quanto à teoria do processo sociocultural, diante de especialistas como Bastiam, W. Schmidt, Boas ou Radcliffe-Brown; e quanto à conceituação e definição do herói mítico, em face da obra de Breysig, Ehrenreich, Preuss, Van Deursen, Malinowski etc. – realça ainda mais o aspecto positivo de sua contribuição metodológica à etnologia brasileira.

Todavia, Egon Schaden utilizou-se de dados recolhidos por outros autores, apresentando às fontes usadas um valor muito desigual. Por isso, coloca-se um problema que não pode ser ignorado pela crítica: em que medida e como essa circunstância afeta as qualidades do presente trabalho? A rigor, acredito que essa questão depende muito do ponto de vista de quem a formule. A análise das fontes utilizadas permite situar a questão nos seus devidos termos: os dados compendiados na maioria dos trabalhos-fontes têm o caráter de dados primários, não elaborados cientificamente. No caso de autores como Métraux, Baldus, Ehrenreich, Koch-Grünberg, Nimuendaju etc., é evidente a diferença de orientação e de propósitos. A originalidade da obra nasce do ponto de vista novo, que presidiu à sistematização dos dados disponíveis e sua interpretação científica. É preciso acabar de uma vez com aquela falsa "tradição científica", que procura aferir o valor de um trabalho pelas "pesquisas pessoais", realizadas pelo autor. No caso da etnologia brasileira essa atitude é particularmente nefasta, porque há um número bastante apreciável de obras, escritas por viajantes, jesuítas, colonos, aventureiros etc. – e mesmo por etnólogos, a partir do século passado – que podem ser aproveitadas em um sentido diferente pelos pesquisadores e cientistas sociais contemporâneos. Trabalhos de sistematização, dessa natureza, e subordinados como esse a um ponto de vista fundamental, são tão necessários quanto as expedições científicas às tribos ainda existentes e as chamadas "pesquisas *in loco*".

Há, contudo, uma esfera em que os resultados desses estudos são afetados: o pesquisador lida com dados cujas lacunas só ocasionalmente pode corrigir. Quando há abundância de fontes, pelo menos pode controlar a veracidade das informações, selecionando assim um conjunto de dados de rigorosa validade científica. Além disso, pela avaliação crítica da congruência interna das informações, a pobreza de um informante pode ser compensada pela riqueza de outros. Assim, em relação aos tupinambás do Rio de Janeiro, do século XVI, as obras de Staden, Léry, Thevet, as cartas e informações de Anchieta, Nóbrega, Antônio Blasquez etc., completam-se de modo magnífico, dando um quadro vivo quase exaustivo da vida tribal daqueles índios. No presente trabalho sente-se que nem sempre o autor circunscreveu a marcha de suas indagações aos dados selecionados por processos críticos semelhantes aos indicados acima. Lança mão de abundante material teórico elaborado por outros autores, principalmente quando discute conceitos básicos e na confirmação ou no desenvolvimento das conclusões. É óbvio que esse procedimento é legítimo, sendo, mesmo, uma necessidade da própria investigação científica. Mas, nessas condições, ultrapassando certos limites, nem sempre o autor pode impedir a interferência de suas preocupações teóricas na interpretação dos dados selecionados. É minha impressão que isso acontece na análise de certos aspectos do desenvolvimento dos movimentos messiânicos, por exemplo. Ainda aqui é possível justificar tal procedimento, pois os resultados a que chega o autor estão rigorosamente contidos nas possibilidades analíticas do material utilizado (cf. pp. 156-60). Resta ao leitor encarar esse procedimento como um mero recurso lógico, que facilitou a interpretação dos mitos heróicos e de suas relações com a organização social de cada tribo considerada, e permitiu a concatenação orgânica das conclusões possíveis.

A título de resenha informativa, antes de discutir certos aspectos dessa obra que me parecem sujeitos a controvérsia – o que penso fazer no próximo artigo – devo indicar ao leitor alguma coisa a respeito do seu conteúdo; nesse sentido, cada capítulo pode ser encarado como um ensaio especial. Nos dois capítulos introdutórios são discutidos dois problemas importantes: a mitologia como objeto de estudo sociológico e a caracterização dos heróis míticos e sua localização nos quadros da mitologia dos povos não letrados. "Procuraremos determinar, escreve o autor, em que sentido o herói é expressão da organização social, da vida religiosa, das atividades econômicas da tribo." A seguir estuda sucessivamente os movimentos messiânicos, como os dos apapokuvas, txiriguanos etc.; e analisa a mitologia dos cadiueus, dos bororos, dos apapokuvas e dos mundurukus, tentando compreendê-la, em cada caso, em termos da configuração sociocultural respectiva: e apresenta os resultados de uma investigação de grande interesse sobre as "festas de

Jurupari" e a "Casa dos Homens". Egon Schaden evidencia especialmente o mecanismo através do qual os mitos heróicos estudados definem a posição dos membros da comunidade diante da natureza e dos outros seres humanos. Nesse sentido, cimentando "a consciência da própria tribo e de seus valores em oposição a outros grupos, humanos e animais, o mito heróico se revela como fator máximo de coesão social".

II

Alguns aspectos do conteúdo e da contribuição metodológica do ensaio de Egon Schaden sobre a mitologia heróica de tribos indígenas brasileiras já foram apreciados no artigo anterior. Os limites de espaço não permitiram a discussão de quatro questões que, no entanto, devem merecer particular atenção. Refiro-me ao uso da palavra *mair*, ao caráter da "Confederação dos Tamoios", à ocorrência do mito da terra sem males e ao papel da religião no sistema sociocultural tupi.

Egon Schaden estuda com muita penetração as representações sobre o herói civilizado e a crença em seu retorno, existente entre os antigos tupinambás. Nesse sentido, usa o texto do mito recolhido por André Thevet e publicado por A. Métraux em sua tese sobre a religião dos tupinambás. Maire-Monan era um dos principais heróis civilizadores daqueles índios. Ao herói mítico, registrado em sua forma humana por Staden – que grada Meire Humane – e confundido com São Tomé por vários autores quinhentistas (Sumé), foram associados os franceses quando chegaram ao Brasil, de acordo com os dados fornecidos por Thevet na *Cosmographie Universelle*. Os europeus, como grupo doador de cultura, de fato apareciam aos olhos dos nativos como autênticos heróis civilizadores. Assim se explicaria a associação feita pelos tupinambás, que receberam os franceses como emissários de Maire-Monan. Egon Schaden admite a veracidade dessa informação, interpretando-a como manifestação da crença no reaparecimento do herói mítico.

Embora só sob esse aspecto tenha importância para sua tese a consideração do termo *mair*, parece-me que deveria ter submetido as idéias de Thevet a uma crítica mais severa. Pois esse autor escrevera antes, nas *Singularidades da França Antártica*, que os europeus foram honrados como deuses nos primeiros contatos com os nativos americanos. Todavia, com o prolongamento dos contatos, verificaram que os brancos tinham as mesmas necessidades e vícios que eles; "então, deixaram de chamar os europeus de *caraíbas*, que quer dizer profetas ou semideuses, designando-os, por desprezo e opróbio, de *mair*, voz que tem origem no nome de um dos seus antigos mas detestados profetas". É preciso notar que esse trecho pertence ao mesmo capítulo em que Thevet faz uma referência ao herói civilizador que ensinou o cultivo da mandioca aos tupinambás; e não lhe atribui nenhum nome. Ainda que mais tarde, conforme nota Estêvão Pinto, autores como Cândido Mendes de Almeida e Teodoro Sampaio tenham retificado o sentido da palavra *mair*, e o próprio Thevet a retomasse com um significado tão diferente, o trecho transcrito acima não é de somenos importância. Precisa-se considerar especialmente a informação de Léry a respeito do herói que precedeu os franceses, a qual confirma a primeira interpretação de Thevet. Léry relata a resposta que lhe dera um velho tupinambá: no passado "um *mair* como vós e como vós vestido e barbudo veio a este país e com as mesmas palavras procurou persuadir-nos a obedecer a vosso Deus; porém, conforme ouvimos de nossos antepassados, nele não acreditaram. Depois desse veio outro e em sinal de maldição doou-nos o tacape com o qual nos matamos uns aos outros..." O texto não permite dúvidas. Do mesmo modo, as informações de Anchieta também são incisivas: "o outro homem chamavam *Maira*, que dizem que lhes fazia mal e era contrário de Çume..." As retificações de Cândido Mendes, Métraux e T. Sampaio são valiosas; parecem ter, entretanto, mais um sentido filológico que etnológico. No caso tem maior valor a opinião de Curt Nimuendaju, aproveitada pelo autor. Ainda assim, é difícil deixar de lado uma informação transmitida por três fontes diversas. O fato de os tupinambás do Rio de Janeiro terem estado, antes de conhecerem os franceses, em contato com os portugueses, deveria fazer com que eles também fossem conhecidos como *mairs*. Mas eram designados pela palavra *peró*, embora fossem do mesmo modo que os franceses doadores de cultura aos tupinambás. Parece-me que isso exclui a possibilidade de identificação do branco com o herói civilizador Maire Monan, tal como esse é descrito no segundo texto de Thevet.

Os dados disponíveis sobre a "Confederação dos Tamoios" são bastante escassos. Até hoje, o caráter desse movimento não pôde ser suficientemente esclarecido. Todavia, parece-me pouco provável que tenha sido uma insurreição xenófoba e uma manifestação de fundo messiânico, simples ou predominante. Os dois aspectos, aliás, caracterizavam geralmente os empreendimentos guerreiros dos tupis da costa. A solidariedade tribal projetava-se de modo negativo sobre os indivíduos e valores considerados inimigos, e a aprovação religiosa das expedições era sempre obtida por meio de cerimônias especiais. Penso que os dois caracteres não se revelaram com força excepcional nos movimentos compreendidos na "Confederação dos Tamoios", marcando-os profundamente. Caso contrário, haveria mais dados sobre esses dois aspectos: pelo menos o minucioso Anchieta teria transmitido algumas informações a respeito. O ódio contra o português é evidente, pois ainda no período em que eram amigos dos tupinambás fizeram-lhe "grandes agravos e injustiças". Mas não se tratava apenas de uma insurreição xenófoba, porque estava em jogo a possibilidade mesma de sobrevivência dos tupinambás e a conservação de seus territórios. Provavelmente o desfecho da invasão da área de dominância dos tupinambás, pelos portugueses e os índios seus aliados, não seria o mesmo, se entre ambos não se colocassem os franceses. Estes, após a destruição do forte, em 1560, organizaram a defesa em terra e adestraram os tupinambás no uso das armas européias, fornecendo-lhes grande quantidade de munições e participando eles próprios de maneira ativa dos combates, como informa Gabriel Soares. Os mesmos fatos repetiram-se, depois da derrota do Rio de Janeiro, em Cabo Frio, culminado com a expulsão dos franceses e a submissão dos tupinambás sobreviventes.

Embora não se possa aprofundar muito a análise, esses dados são suficientes para mostrar que as atitudes dos tupinambás diante do branco eram desiguais, quando se tratava do português ou do francês. A importância vital daquelas guerras deve ter acentuado as técnicas tribais de incitamento do espírito guerreiro, de reforço à solidariedade tribal e de conservação da moral do grupo, do autorespeito pelos valores tradicionais de sua cultura. E entre essas técnicas contavam tanto as manifestações de cunho messiânico como o mecanismo de polarização do ódio coletivo contra os portugueses – parcialmente solapado pelos jesuítas quanto aos tupinambás de Iperoígue e adjacências. Tais técnicas, porém, não parecem ter predominado sobre as demais.

Pela ordem, devo tratar de um problema capital na tese de Egon Schaden: a análise do papel desempenhado pelo mito da terra sem males e pela noção de uma futura idade de ouro nos contatos dos tupi-guaranis com os brancos. As condições de insatisfação, de *deprivation* (cf. Barber), criadas por aqueles contatos, facilitaram a procura de uma solução no sentido da tradição tribal, desencadeando-se assim uma série de movimentos de fundo messiânico. A importância dessa parte da contribuição é óbvia. Contudo, acredito ser possível, ao contrário do que pensa o autor, situar uma referência ao mito na antiga literatura sobre os tupis da costa. Gandavo de fato indica, ao tratar do movimento migratório desses índios, que procuravam terras novas, "a fim de lhes parecer que acharão nelas imortalidade e descanso perpétuo". O movimento messiânico descrito por Gandavo processou-se em direção oposta ao dos apapokuvas, isto é, do litoral para o sertão, em demanda do Pacífico.

A quarta questão não pode ser discutida convenientemente nos limites de espaço de que disponho. Condensando o mais possível, devo dizer que o autor encara os fenômenos religiosos como o *background* cultural mais ou menos comum das diferentes tribos tupi-guaranis. Entre os seus aspectos característicos, "salienta-se uma feição peculiar da vida religiosa e, em relação a ela, a preponderância dos fenômenos religiosos nas várias manifestações da vida social". Essa generalização, que pode ser válida em relação aos atuais remanescentes dos tupi-guaranis, parece-me pouco consistente quantos ao antigos tupis. Não concordo particularmente com a segunda parte do período e com outras afirmações a respeito do papel do pajé.

Na realidade, os pajés possuíam grande poder, o qual pode ser facilmente medido, se quisermos, pelo direito de *lançar a morte* sobre qualquer indivíduo que os desobedecesse. Mas às suas funções não era inerente a intangibilidade. Quando falhavam, podiam ser expulsos dos grupos locais e até mortos. Staden sugere, com penetração, o caráter puramente confirmatório de várias intervenções dos pajés, em movimentos de efervescência coletiva. Nessas condições, muitas vezes os acidentes naturais, interpretados à luz das crenças tribais, produziam resultados mais ou menos discrepantes das tendências daqueles movimentos. E apesar dos obstáculos opostos à catequização pelos pajés – freqüentemente enumerados pelos jesuítas – Anchieta não os especifica entre os "impedimentos da conversão do gentio". A forma polígina do matrimônio, as cauinagens, o fundamento guerreiro da cultura, a que se associavam a renomação e as práticas antropológicas, a ausência de uma autoridade central e soberana em cada aldeia, a própria conduta dos brancos, eis os obstáculos à catequese, na ordem em que os enumera o célebre "padre Joseph". De qualquer forma, penso que o fundamento da cultura tupi deve ser procurado no complexo da guerra e não no da religião[2], e que a personalidade ideal era o grande guerreiro e não o pajé, e que, em conseqüência do contato com os brancos, houve um desenvolvimento posterior do sistema sociocultural tupi-guarani, que conferiu à religião o papel de estrutura cultural dominante. Assim, a religião e as crenças de caráter mágico, já muito importantes para a vida tribal, podem ser encaradas, na nova configuração sociocultural dos tupi-guaranis, como uma forma de compensação por cujo intermédio foram mantidos: os laços de solidariedade tribal, a coesão social e o moral dos grupos tribais remanescentes. É preciso não esquecer, de outro lado, que a natureza mesma de "religião de desespero", dos apapokuvas, por exemplo, entre em conflito com as antigas representações religiosas dos tupinambás, que encontravam nas atividades dos pajés, nas cerimônias guerreiras etc., técnicas mágicas através das quais podiam assegurar a vitória contra os seus inimigos e preservar as condições de eunomia tribal.

O comentário precedente visa apenas a confirmar o que já tinha escrito no artigo anterior: a grande importância da contribuição de Egon Schaden à etnologia brasileira. Sem o debate das dúvidas, entretanto, não estaria em condições de indicar esse fato inegável.

---

[2] Aliás, meus estudos posteriores demonstraram que é quase impossível separar os dois complexos mencionados.

CAPÍTULO 18 | *Os caçadores de cabeças**

Os materiais reunidos nessa obra de Rafael Karsten representam os resultados de pesquisas de campo que ele realizou entre 1916-1919 e 1928-1929. A monografia não obedece aos padrões que tendem a se estabelecer nas contribuições etnológicas mais recentes, mas foi executada segundo informações que não se afastam muito desses padrões. Assim, Karsten colheu material sobre todos os aspectos da cultura e da vida social, e os capítulos de sua obra permitem conhecer com relativa minúcia: a cultura material, a organização social, a vida religiosa e artística, os valores intelectuais, alguns aspectos da mitologia e da língua jivaro. Naturalmente, as atividades ligadas com a guerra e com o festim da vitória são descritas extensamente, abrangendo larga parte do livro. As peripécias das excursões e sua distribuição mereceram um relato especial (pp. 23-84), o que auxilia o leitor e o informa melhor sobre os procedimentos do autor na coleta de dados ou nas suas relações com os nativos.

A idéia de descrever concomitantemente todos os aspectos do sistema sociocultural em uma monografia é, por si mesma, muito elogiável. Mas o que torna esse livro deveras importante para a etno-

---

* *Anhembi*, ano VI, n.º 64, v. XXII, mar./1956, pp. 114-5 (outra parte do comentário, que incidia sobre *A Totalitarian State of the Past*, do mesmo autor, foi omitida). A obra comentada: *The Head-Hunter of Western Amazonas. The Life and Culture of the Jivaro Indians of Eastern Ecuador and Peru*, Helsingfors, Societas Scientiarum Fennica (*Commentationes Humanarum Literarum*, v. VI, n.º 1, 1935).

logia sul-americana é a análise da vida religiosa dos jivaros, cuja fama como *caçadores de cabeças* despertou grande interesse, inclusive popular. Karsten é, por sua vez, um especialista no estudo etnológico das religiões. Por isso, apesar do desenvolvimento equilibrado de quase todos os capítulos (apenas a mitologia é descrita de forma insuficiente), a sua monografia constitui uma contribuição empírica magistral ao conhecimento do sistema guerreiro e da vida religiosa dos jivaros.

Os princípios que orientaram a coleta de dados, definidos por Karsten em termos do "estudo intensivo de áreas limitadas", são os que prevalecem atualmente na moderna investigação etnológica de campo. A permanência prolongada nas comunidades visitadas é um corolário desse princípio. Sob esses aspectos, a presente obra se classifica entre as investigações pioneiras, de caráter verdadeiramente científico, realizadas por especialistas estrangeiros na América do Sul. Além disso, o critério de considerar as expressões verbais do comportamento, por parte dos agentes, como instrumento de investigação e meio suplementar da observação direta, encontra consagração nas melhores contribuições etnológicas recentes. A esse respeito, escreve Karsten: "No estudo dos vários ritos e costumes dos índios eu procurei, entretanto, não me contentar com a atribuição de fatos externos, mas, na medida do possível, tentar descobrir as idéias subjacentes a esses costumes, as razões *por que* eles são praticados" (p. 18). Daí a pesquisa dos *motivos* das ações, no intercâmbio verbal com os sujeitos da investigação: "Algumas vezes se tem dito que os povos selvagens, em regra, não sabem por que praticam certo costume, e que é inútil inquiri-los sobre as idéias que poderiam orientá-los, pois elas teriam sido esquecidas há muito tempo. Essa observação não é verdadeira com relação aos jivaros. Ao contrário, o que me chocou grandemente, durante minhas investigações, foi a exatidão com que a maioria dos membros mais velhos da comunidade jivaro são capazes de assinalar os motivos subjacentes aos costumes sociais e ritos religiosos" (p. 18).

Tendo-se em vista os princípios que orientaram a coleta dos dados, tanto na delimitação da unidade de investigação quanto na escolha das técnicas de investigação e de imputação de *motivos* aos comportamentos descritos, é possível fazer uma séria restrição ao propósito deliberado do autor de permanecer no plano dos fatos brutos (cf. pp. 18-9). Quando o investigador aceita que as expressões verbais do comportamento humano constituam um meio para descobrir os motivos sociais das ações, ele não pode mais impedir que o labor interpretativo penetre profundamente as tarefas puramente descritivas. Em outras palavras, o que se poderia entender como "teoria", na investigação etnológica e sociológica, envolve vários níveis de abstração. Há a elaboração teórica referente à interpretação de um conjunto restrito de fatos observados em determinada situação de pesquisa. Há também a elaboração teórica que resulta da comparação de unidades semelhantes ou da generalização de uma explicação, descoberta anteriormente por meios empírico-indutivos. Karsten pôs de lado a primeira espécie de elaboração teórica, sob o fundamento de que não devia tentar nenhuma das duas últimas, e que seria mais seguro separar a investigação empírica da investigação teórica (os leitores teriam que procurar estas últimas em sua obra anterior: *The Civilization of the South American Indians*, Nova York, 1926).

 A conseqüência de semelhante orientação é evidente: nenhuma descrição pode ser completa, quando se utiliza a consciência social dos agentes como critério suplementar da observação direta, sem uma análise das conseqüências sociais do comportamento humano, que permanecem socialmente inconscientes. Em se tratando da guerra, por exemplo, muitas das ligações do comportamento guerreiro com atividades mágicas e religiosas só podem ser verificadas empiricamente dessa maneira (cf., por exemplo, o trabalho de minha autoria: *A função social da guerra na sociedade tupinambá, passim*). Merton propõe uma distinção entre o que chama de "função manifesta" e "função latente" de um comportamento, que permite compreender facilmente por que os motivos conscientes das ações, comunicáveis de forma verbal, são insuficientes para a descrição do comportamento humano. Não nos compete discutir aqui o problema. Mas podemos verificar que, no caso, a contribuição de Karsten foi seriamente prejudicada pela decisão de circunscrever suas atribuições ao levantamento de dados brutos. Uma obra que poderia marcar época na história da etnologia acabou tendo o seu valor científico reduzido ao seu alcance como monografia etnográfica.

CAPÍTULO 19 | Educação e recreação*

I
JOGOS PARA RECREAÇÃO NA ESCOLA PRIMÁRIA

Devido à orientação imprimida aos seus manuais, o Centro Brasileiro de Pesquisas Educacionais está inovando o padrão do livro didático brasileiro. Algumas obras notáveis foram traduzidas; outras, não menos notáveis e importantes, foram escritas originalmente por autores brasileiros. Essas obras irão repercutir de forma criadora e profunda, alterando hábitos inadequados de ensino e introduzindo novos níveis de exigências e de aspirações entre os professores. Entre elas, cumpre ressaltar esse trabalho, da professora Ethel Bauzer Medeiros, técnica de educação e psicologia.

Graças principalmente a Nicanor Miranda, São Paulo não esteve ausente no esforço de renovação, pelo qual a utilização da recreação como fator educativo abriu novas perspectivas às influências da escola primária no desenvolvimento da personalidade das crianças. Esse esforço penoso para os raros educadores brasileiros que descobriram a sua importância atinge o seu clímax com essa obra,

---

* Aqui estão reunidas resenhas sobre as seguintes obras: 1. Ethel Bauzer Medeiros, *Jogos para recreação na escola primária*, Rio de Janeiro, Centro Brasileiro de Pesquisas Educacionais, 1959, com ilustrações de Ivanise Ribeiro Fernandes (Suplemento literário de *O Estado de S. Paulo*, n.º 268, 10/2/1962); 2. Iris Costa Novaes, *Brincando de roda*, Rio de Janeiro, edição da autora (*O Estado de S. Paulo*, n.º 265, 20/1/1962); 3. Maria Amália Correa Giffoni, *Danças tradicionais das Américas*, São Paulo, Melhoramentos, s.d. (*O Estado de S. Paulo*, n.º 262, 30/12/1961). Publicação em conjunto anterior: *Educação e sociedade no Brasil*, São Paulo, Dominus/Editora da Universidade de São Paulo, pp. 594-602.

verdadeiramente um "compêndio completo" para os professores de ensino primário.

Vale a pena transcrever a epígrafe com que a autora abre o seu livro, aproveitando uma explanação notavelmente penetrante de Joseph Lee: "O mais importante a compreender em relação à recreação é que ela não constitui luxo, e sim necessidade. Não é simplesmente uma coisa de que a criança gosta, mas algo de que *precisa* para crescer. É mais do que parte essencial da sua educação: é parte essencial da lei do seu crescimento, do processo através do qual ela se torna adulta." Todas as comunidades humanas, destituídas da educação sistemática, organizaram de tal modo a vida da criança e do jovem, que lhes proporcionaram meios para o adestramento do corpo, o domínio artificial das energias e dos movimentos; enfim, criaram condições externas favoráveis ao crescimento do organismo e da personalidade. As comunidades humanas que basearam a formação do homem na educação sistemática tiveram que inventar recursos novos, que dessem às escolas sucedâneos para esses métodos e técnicas espontâneas de desenvolvimento da "pessoa humana". A nossa escola voltou as costas à recreação, valorizando e impondo um preconceito estéril, que vinha da tradição patriarcal e gerontocrática da sociedade colonial. Com a crise do folclore, as crianças sofreram duros golpes em seu processo de crescimento e amadurecimento normais, pois não estabelecemos equivalentes e substitutos adequados aos folguedos e brinquedos tradicionais. Só agora as diretrizes modernas começam a se fazer sentir de fato, com vigor e perspectivas inovadoras, como se poderia pensar tendo-se em vista as publicações recentes sobre jogos recreativos na escola primária. Esperamos que elas revolucionem a mentalidade dominante, conduzindo-nos a uma compreensão mais madura e produtiva da importância da recreação para o homem.

O professor deve saber o que esperar dos alunos quando os submete a programas de jogos orientados. Existem objetivos educacionais gerais e objetivos educacionais específicos, que devem ser regulados de acordo com os efeitos previstos. Um quadro publicado fora do texto sistematiza os objetivos gerais e imediatos dos programas de jogos para a escola primária, oferecendo aos professores meios eficazes para visualizar claramente o que pode ser obtido através de uma programação racional das atividades dos alunos nessa esfera (assim, o desenvolvimento da resistência física e de habilidades neuromusculares, do domínio emocional e da capacidade de ajustamento, da auto-expressão através dos jogos envolve uma imensa variedade de objetivos que caem nas duas categorias e precisam ser combinados com relativa coordenação pedagógica). Os jogos não permitem, certamente, resolver todos os problemas; mas eles favorecem até certo ponto o trabalho do orientador e contribuem para eliminar, gradualmente, vários tipos de dificuldades, sentidas pelos alunos em suas atitudes para consigo mesmo, para com os colegas e para com os adultos do meio ambiente (incluindo-se os professores e a escola). "Porque os jogos oferecem situações excelentes para a orientação das atitudes dos que neles tomam parte, merecem ocupar algum tempo do período letivo e bastante atenção de cada professor. Além disso, mais, talvez, do que qualquer outra parte do programa de recreação escolar, podem estender sua influência a maior número de alunos. Quando uma criança começa a ganhar sem arrebentar a gravata ou arrancar os botões da blusa, e a perder sem ficar amuada ou se sentir roubada, é sinal que deu um passo à frente, no seu ajustamento ao ambiente. Mostra, assim, que aprendeu um pouco mais a viver consigo mesma e com as outras e que os jogos constituíram, de fato, experiência de valor, no seu processo de crescimento. Quando aquele aluno encabulado, que tanto nos preocupa, aprende a correr com mais desembaraço e a arriscar-se desafiando o perseguidor, e o agressivo descobre que não pode monopolizar a brincadeira; quando aquela criança que caía à toa passa a ter mais equilíbrio e uma outra denota mais cortesia e tolerância, em relação aos erros dos colegas, então ser-nos-á fácil perceber a contribuição que os jogos estão dando à educação da nossa turma" (p. 18). Por aí se vê a importância da orientação, coordenação e planejamento dos jogos pelo educador. Só ele sabe dizer quais são os objetivos educacionais visados e como eles devem ser atingidos pela programação das atividades, embora as crianças possam sentir-se à vontade, por assim dizer, "em seu elemento", pelo menos em algumas espécies de jogos.

Na primeira parte, são discutidas questões de caráter geral, como a recreação na escola primária, definição e valor do jogo, planejamento do programa, condições materiais para a realização dos jogos (local e equipamento), medidas de segurança e de prevenção de acidentes, socorros a serem postos em prática, sugestões práticas aos orientadores dos jogos, penitências ou prendas a pagar. Na segunda parte, são discutidos sistematicamente (com excelente bibliografia de referência) os vários jogos: jogos de correr, de arremessar e apanhar, de pegar, de pular, de chutar, e os jogos que requerem pouca movimentação. Essa é a parte mais extensa, abrangendo 565 páginas. Ilustrações, gráficos e *croquis* ilustram farta e construtivamente as exposições. Como se trata de usar os jogos através de suas funções socializadoras e educativas, a autora imprimiu, deliberadamente, maior desenvolvimento à segunda parte. Como nos explica na introdução: "Ao elaborarmos este livro, não quisemos oferecer ao professorado primário, ao qual nos orgulhamos de pertencer, apenas uma volumosa coletânea de jogos. O nosso objetivo principal foi estimular-lhe o interesse pela introdução efetiva de tais atividades na vida das suas turmas, acentuando a cada passo as suas possibilidades educativas. Esforçamo-nos, ainda, em facilitar-lhe essa prática, traçando-lhe os princípios para a construção dos programas e lhe oferecendo não apenas sugestões para a direção dos períodos de jogos, mas, também, material abundante e variado. É óbvio que o repertório das crianças não precisa ser enorme e todos sabemos, além disso, quanto elas gostam de repetir alguns jogos. No entanto, deliberadamente, reunimos avultado número de brincadeiras, a fim de propiciar ao *orientador* maior liberdade de ação, permitindo-lhe ampla possibilidade de escolha" (pp. XVIII-XIX)

A recreação escolar orientada não atingiu ainda, entre nós, as proporções e a importância que deveria ter. Isso representa um mal por duas razões: pelos prejuízos do desenvolvimento da criança e pelo fato de que esta não aprende a valorizar convenientemente as atividades lúdicas. Esse livro contribui para facilitar o trabalho do professor e para projetá-lo num contexto mais amplo e ambicioso. É provável, pois, que venha a ajudar-nos a sair do círculo vicioso em que nos achamos, graças ao impasse produzido e mantido por atitudes carrancistas em relação às atividades lúdicas e à sua significação construtiva. Intensificando a mudança de atitudes dentro da escola e melhorando a qualidade da contribuição prática dos professores nesse terreno, favorecerá sem dúvida a substituição de hábitos e avaliações improdutivos por comportamentos e aspirações compatíveis com a vida moderna e os ensinamentos da ciência. Foi com entusiasmo que li extensas partes desta obra, que me parece uma das melhores iniciativas do Centro Brasileiro de Pesquisas Educacionais. Se tivesse de fazer alguma restrição, sem nenhum intuito negativo, lamentaria o pouco interesse dispensado às atividades lúdicas espontâneas das crianças, principalmente à literatura existente no país sobre o folclore infantil e suas influências socializadoras. A comparação de situações poderia ter interesse científico, indicando provavelmente as vantagens da recreação escolar orientada e sua premente necessidade no meio social urbanizado.

II
BRINCANDO DE RODA

O presente livro reúne farto material folclórico, coligido por Costa Novaes ou informantes em diferentes regiões do país. A tecnologia musical (presumivelmente na forma de reconstrução indireta, fundada nas informações dos observadores ou da autora) é de responsabilidade de Maria Arlinda de Carvalho Corrêa, com revisão dos textos musicais por Rosalba Diva Marchesini. A autora, como ex-coordenadora de educação física e recreação no Curso Normal do Instituto de Educação do Estado da Guanabara, e professora de educação física, escreveu o livro para ser útil às mestras que se ocupam com o mesmo mister e para facilitar as tarefas das professoras primárias que têm de lidar com os folguedos em grupo de seus alunos.

Eis como focaliza os objetivos gerais da exploração do "brinquedo de roda" como fator educativo da criança: "*a)* contribuir para o desenvolvimento das coordenações sensório-motoras; *b)* educar o senso do ritmo; *c)* favorecer a socialização; *d)* desenvolver o gosto pela música; *e)* perpetuar tradições folclóricas; *f)* proporcionar contato sadio entre crianças de ambos os sexos; *g)* disciplinar emoções: timidez, agressividade, prepotência" (p. 7). Em seguida, faz recomendações às atitudes que o professor deve tomar diante da atividade, do grupo e da criança. Em vista do interesse dessas recomendações, convém transcrever algumas delas. "É aconselhável que o professor, para maior êxito na aplicação do brinquedo cantado, atenda aos seguintes princípios: *a) Planejamento* – A sessão de brinquedos cantados não deve ser improvisada e sim estruturada com antecedência, tendo em vista o desenvolvimento biopsicológico do grupo, o número de participantes, local de realizações, condições atmosféricas. É importante, no entanto, que o plano tenha suficiente flexibilidade, de modo a atender às sugestões partidas das próprias crianças, o que, sem dúvida, aumentará o seu interesse.

b) Grau de complexidade – É convenientemente também o seguimento de uma gradação. Devem ser ensinados, em primeiro lugar, os brinquedos cantados mais simples e fáceis, isto é, aqueles em que todas as crianças tomam parte ativa simultaneamente. Exemplos: 'Carneirinho, carneirão', 'O sapo', 'Atirei o pau no gato'. A seguir, serão ensinados os que determinam situação de destaque, ou seja, aqueles em que uma ou mais crianças ocupam o papel principal, e as demais o papel secundário [...] *c) Alternância* – Ao organizar o plano de uma sessão de brinquedos cantados, deve o professor alternar os de andamento vivo com os de andamento moderado ou lento, visando a que as crianças aproveitem, ao máximo, as oportunidades do exercício físico que lhes são oferecidas pela atividade. *d) Apresentação de um brinquedo novo* – Em se tratando de ensinar um brinquedo que não seja conhecido pelo grupo, convém que o professor dê a conhecer, inicialmente, de modo calmo e pausado, a respectiva letra para que as crianças tenham conhecimento exato de todas as palavras. Em seguida, cante, sozinho, e depois com as crianças, várias vezes, para familiarizá-las com a melodia e, finalmente, ensine a maneira de brincar, não se preocupando com a exatidão rigorosa dos movimentos, para não prejudicar a naturalidade e espontaneidade das crianças" (pp. 8-9). Em regra, recomenda que o professor participe da atividade, demonstrando prazer, com o que conseguirá comunicar-se com as crianças, sendo encarado como uma espécie de "companheiro mais experimentado".

A primeira parte da obra contém quase uma centena de "brinquedos cantados", coligidos pela autora na tradição oral do Estado da Guanabara. Trata-se de uma das coleções mais ricas do folclore infantil de determinada região do país. A segunda parte reúne as peças descritas por informantes, em diferentes localidades e por vezes pela própria autora. Abrange pouco mais de uma centena de composições, em variantes observadas em cidades de Minas Gerais, São Paulo, Bahia, Estado do Rio de Janeiro, Alagoas, Pernambuco, Ceará, Rio Grande do Norte, Paraíba, Mato Grosso, Maranhão, Espírito Santo, Rio Grande do Sul, Piauí e território norte do Acre. A terceira parte agrupa certas quadrinhas, descritas pela autora, ingenuamente, como "quadras da criança para a criança" (pp. 253-5). Algumas delas, na verdade, são utilizadas nas relações das crianças com os adultos; outras, pelos próprios adultos; muitas delas são trovas portuguesas, que se mantiveram em nossas tradições. Nada justifica, pois, o título escolhido.

Em que pese um ou outro senão, a obra é produto de um labor sério, rigoroso e bem intencionado. A notação atende às peculiaridades do linguajar ouvido pelo pesquisador ou pelo informante; e fornece indicações sumárias sobre o modo de organizar o folguedo. A meticulosidade observada nas menores coisas pode ser apreciada pela lista de informantes, que permite identificar as pessoas que colaboram com a autora em seu levantamento. Sem ser folclorista "profissional" e sem fazer nenhuma espécie de "pose *científica*", tão na moda entre os folcloristas brasileiros da atualidade, a professora Iris Costa Novaes fez obra duradoura, num terreno muito descurado e difícil. Muitas das composições descritas são por assim dizer "arcaicas" e pareciam perdidas em nossa tradição oral. Outras aparecem em versões bem mais completas que aquelas que são, comumente, consignadas pelos folcloristas que operam nas grandes cidades. No conjunto, obriga-nos a pensar na importância da formação de coleções: coleções sem intuitos maiores que o do registro e da compilação de dados. Os que subestimam essa tarefa intelectual, pondo-lhe na frente o "dever" de complicadas análises, ignoram que o nosso folclore se está empobrecendo e desaparecendo, sem deixar rastros. Cumpre multiplicar os esforços do tipo do que foi empreendido nessa obra, para criar-se uma base sólida para investigações mais ambiciosas do folclore brasileiro. Um trabalho feito com método, seriedade e objetividade, acabará sendo útil de várias formas, lançando muitas vezes vias de conhecimento da realidade brasileira que nem sequer chegam a ser cogitadas pelos pacientes formadores de coleções. Acresce que a autora soube indicar com acerto algumas conexões dos materiais folclóricos com a socialização das crianças, preocupando-se produtivamente com o aproveitamento dos "brinquedos cantados" como elemento dinâmico da educação escolarizada.

III
DANÇAS TRADICIONAIS DAS AMÉRICAS

Essa obra, de autoria de Maria Amália Correa Giffoni, apresenta grande interesse para os estudiosos do folclore. Vem a ser uma pequena antologia de dança popular das Américas, como se verificará pela seguinte enumeração das peças descritas: "American Quadrile" (pp. 17-23); "Bailecito boliviano" (pp. 25-31); "El besa da" (ou "La cucaracha") mexicana (pp. 33-40); "El carnavalito", na versão argentina (pp. 41-50); "El cuando" (pp. 51-9), também em versão argentina; "El pericón" (pp. 61-74), em adaptação de variantes argentinas e uruguaias; "El Santafé", paraguaia (pp. 75-80); o "Huaino" da região andina, em versão peruana (pp. 81-9); uma dança nativa salvadorenha (pp. 91-9); "La cuenca", em versão chilena (pp. 101-10); "La refalosa", também em versão chilena (pp. 111-16); o "Large Circle" norte-americano (pp. 117-22); o "Moçambique", descrito segundo variantes de Cunha e Aparecida do Norte (pp. 123-31); a "Dança do pau-de-fitas", em variante de Santa Catarina (pp. 133-45); a "Polca paraguaia" (pp. 147-49); "Square Dances" (pp. 151-62) e "Virginia Reel" (pp. 163-70), relativas aos Estados Unidos. Salta aos olhos que se trata de uma coletânea heterogênea, em que nem sempre se procurou separar o que é "típico" do que é "popular" ou "folclórico". Mas que, por isso mesmo, possui o mérito de fornecer um panorama complexo do assunto, num corte transversal despretensioso porém informativo. Cada tópico contém uma brevíssima resenha do tema, uma descrição dos passos e das figuras das danças, os *croquis* e os textos literário-musicais correspondentes, completados com ilustrações fotográficas de arranjos feitos com alunas da autora.

O livro destina-se às alunas das escolas de educação física. A notação padece, por isso, do caráter de registro sumário, retendo só o essencial e, assim mesmo, para as pessoas que executarem as danças em aulas práticas. Com freqüência, a autora oferece-nos adaptações das versões ou variantes originais, tendo em vista as nossas possibilidades ou os centros de interesse que orientam a utilização da "dança folclórica" como motivo de educação física e estética. É provável que venha a sofrer restrições por causa disso. De minha parte, acho que as circunstâncias impõem adaptações mais ou menos profundas; o que importa não é a repetição literal das danças populares exploradas com fito didático, mas o que elas representam em termos de "uso" e de "significado". Elas são postas em prática como recurso de educação do corpo pelo homem; nada melhor que a dança para atingir-se esse fim e nada melhor que a dança popular para dar a esse fim um sentido altamente recreativo, estético e humanizador. Quanto ao significado, é patente que a comunicação se processa melhor onde o esforço da adaptação visa a reconstruir a dança "exótica" alheia a partir dos dados da experiência acessível no meio em que ela se realiza; o importante é quebrar o isolamento e estabelecer níveis de interação com outros povos através de valores característicos. As jovens alunas da professora Giffoni não aprendem apenas passos e figuras de danças: adquirem uma experiência mais rica, a respeito da herança cultural de outros povos, mal conhecidos apesar de serem nossos *vizinhos* e compartilharem conosco de uma mesma civilização.

Um ponto que me surpreendeu diz respeito às anotações contidas nas páginas 11-13, sobre a relutância de jovens do sexo masculino em participarem da execução das danças populares. Em regra, onde o folclore permanece vivo nos "usos" e nos "costumes" dominantes, o homem faz das festas e das danças oportunidades de competição sexual e de afirmação pessoal. Os fatos mencionados provavelmente nascem do medo de "bancar o maricas", difícil de entender entre alunos de escolas de educação física. Uma das intenções externadas pela autora seria a de contribuir para comprovar, pela documentação coligida, *"a participação real e destacada dos homens nas danças folclóricas e o papel másculo que nelas desempenham"* (p. 13 grifado no texto). Na verdade, algumas vezes esse *papel* não é tão másculo; há muito do feminino nas realizações dos homens em vários tipos de bailados populares e tradicionais. Ao aceitar a dança tradicional, o homem aceita fazer parte de um jogo, e às vezes não são muito nítidas as fronteiras entre o "feminino" e o "masculino". O caráter educativo e humanizador dessas experiências reside aí, na liberação do homem diante da rotina e na valorização do outro sexo, como seu mundo mítico ou real de valores espirituais. Se os jovens brasileiros não chegam a compreender e a aceitar normalmente esse fato, sua aprendizagem deve ser iniciada numa esfera bem mais rudimentar que na do ensino da dança: no combate a preconceitos pueris, que nascem e se fortalecem em nosso ambiente em virtude da nossa incapacidade formidável de usar construtivamente as formas mais simples de recreação. Como escreve a autora: "A dança folclórica é a recreação ideal, poderoso equilibrante do sistema nervoso, exercício físico completo e atraente. Esforcemo-nos por tornar a sua prática um hábito salutar, entre nós, como acontece em quase todos os países." Devemos lançar mão de todos os recursos educativos para modificar a atitude do brasileiro diante da recreação e dos fatos lúdicos, que se inserem entre os fatos mais sérios e importantes da cultura. Não são apenas os jovens que devem aprender essa verdade: todos nós arcamos, uns mais, outros menos com uma tara curiosa, que vem da profanação da condição humana no mundo moral da "Casa-Grande", em que toda a criança se convertia em velho precoce e nenhum adulto queria parecer outra coisa senão um "poço de seriedade".

Os que discutem o valor educativo do folclore deveriam partir do alargamento do horizonte cultural que o seu ensino poderia provocar. A questão não está tanto na introdução do folclore como disciplina acadêmica, no currículo de escolas superiores. Mas, no aproveitamento inteligente, pelo menos de certa parte do folclore nacional ou estrangeiro, na reeducação do homem maduro e na socialização dos imaturos. Os livros que cuidam dessas possibilidades e servem de instrumento às influências desse teor merecem o nosso apreço, independentemente de restrições desta ou daquela natureza que venham a receber.

CAPÍTULO 20 | Contos populares de São Paulo*

Existem poucos trabalhos sobre os contos populares brasileiros, principalmente quanto às variantes e versões paulistas. Publicando por sua conta um pequeno volume sobre os contos paulistas (*50 contos populares de São Paulo*, São Paulo, 1947), Aluísio de Almeida trouxe uma excelente contribuição ao conhecimento do folclore brasileiro. Como indica o título do trabalho, trata-se de uma coletânea de contos, colhidos da tradição oral e ordenados pelo autor. De acordo com as indicações fornecidas, os contos referem-se à região do centro e do sudoeste paulista, revelando em grande parte, graças aos cuidados de notação, o caráter típico da linguagem e narração. O autor, que é um exemplo em sua dedicação e devoção às pesquisas folclóricas, teve de arcar com os riscos da edição, o que indica as dificuldades enfrentadas pela divulgação de tais obras.

Entre outros, o leitor encontrará nesse agradável trabalho os seguintes contos: O rato do mato e o da cidade; O pássaro que traz o dia; História da baratinha; Histórias de João Soldado; História de João Bobo; O homem rico e o cocheiro; Assombração de Santos; A mocinha passeadeira; Bicho pacuera; O saci e o caristo; O negrinho do pastoreio; O lobisomem; História de João Sem Medo; His-

---

* *Revista do Arquivo Municipal*, ano XIV, v. CXVI, out.-nov.-dez./1947, pp. 110-1.

tórias de Pedro Malasarte; O macaco e a onça; A onça e o bode; A onça e o cágado; O lagarto de ouro" etc. Aluísio de Almeida ajuntou aos contos populares compendiados pequenas notas explicativas, nas quais apresenta as indicações necessárias à localização das peças e ao esclarecimento do leitor sobre a procedência e o grau de difusão destas. Quem conheça a pobreza da literatura folclórica brasileira, em particular no que diz respeito aos contos populares, saberá apreciar a importância dessa contribuição, de grande valor documentário e de indiscutível interesse científico.

Em uma coisa, entretanto, discordo do autor. É de sua apreciação do trabalho teórico. "Mas o estudo de gabinete sobre o material colhido em campo não é o mais urgente. Colher as tradições antes que se percam é agora a primeira coisa a fazer" (p. 5). Na pena de Aluísio de Almeida, que também se dedica, na medida do possível, a estudos sobre a filiação temática, a difusão dos itens considerados etc., essa afirmação deve ser tomada em um sentido relativo. Contudo, a atitude que ela revela diante dos problemas de mudança na sociedade brasileira tem se generalizado de tal modo, que se está tornando prejudicial ao desenvolvimento das pesquisas folclóricas no Brasil. Essa mentalidade, reconhecível inclusive em especialistas de formação universitária, é responsável por uma visão catastrófica do nosso folclore. Por sua causa, o folclorista transforma-se em frenético colecionador de elementos da tradição oral, subestimando completamente a investigação de outros fatores relativos ao contexto social e cultural, que poderiam explicar tanto a conservação de alguns deles, como a transformação e substituição de outros. Todos esses fenômenos são de grande interesse científico, não se justificando, de forma alguma, as delimitações de caráter sociológico que se impõem, em sua maioria, os folcloristas brasileiros.

Com isso, é claro, não pretendo criticar Aluísio de Almeida, que, graças a seus próprios trabalhos, se põe a salvo de tais restrições. Procuro, apenas, chamar a atenção para um problema importante, que merece do folclorista um interesse especial. Se não conseguirmos remover essa atitude, ou controlá-la criticamente, contribuiremos mais do que ninguém e mesmo mais do que os fatores de mudança social para o desconhecimento do folclore brasileiro.

CAPÍTULO 21 | Armas e técnicas rústicas de briga*

Esse pequeno estudo de Frederico Lane[1] constitui apreciável contribuição a um campo pouco explorado do folclore paulista. Seu autor nele realiza um levantamento das principais armas usadas pelos homens rústicos de nosso Estado, da era colonial à atualidade. Apesar de ser muito sumário, contém descrições meticulosas, feitas com objetividade, segurança e espírito crítico.

Na verdade, o levantamento incide mais sobre as armas que sobre as "técnicas e métodos de briga". Nele estão incluídos: 1. os cacetes, "as mais primitivas armas empregadas pelos nossos caboclos e de uso generalizado por toda a parte", "herança tanto de seus antepassados peninsulares como dos avós indígenas e africanos" (pp. 10-2); 2. os cabos de relho ou reio, "uma das peças mais características do paulista, campeiro, tropeiro ou boiadeiro, enfim, do homem que lida no campo" (pp. 12-7); 3. as armas brancas, introduzidas pelos portugueses no Brasil colonial ou importadas, posteriormente, da Europa (armaduras, espadas, rapieiras e facões), sendo analisados o facão entersado (pp. 17-21), o cotejo de facas (pp. 21-3), as facas (pp. 24-5) e as facas aparelhadas (pp. 25-31); 4. as armas

---
* Suplemento literário de *O Estado de S. Paulo*, n.º 161, 12/12/1959.
1 "Armas e técnicas de briga nas regiões rurais de São Paulo", separata da *Revista do Arquivo Municipal*, São Paulo, 1958, n.º CLXI. Obra premiada e distribuída pela Discoteca Pública Municipal.

de fogo, capítulo no qual se restringe à garrucha, "por excelência a arma de fogo empregada pelo sertanejo em suas brigas, e substituída no presente pelos revólveres importados, geralmente norte-americanos, de calibre 38 ou 44" (pp. 31-4). O autor também descreve o padrão de comportamento tradicional conhecido como "primeiro encontro" (pp. 34-5) e, em breve nota, o estribo de picaria (p. 36).

O valor desse pequeno estudo folclórico está na raridade do tema, tratado com sobriedade mas construtivamente por Frederico Lane. Poucos se têm preocupado por ele, apesar de sua importância para o conhecimento dos "costumes caboclos". Pondo de lado o valor empírico da monografia, cabe-nos salientar uma de suas principais sugestões. A de que seria desejável alargar o âmbito das coleções de museu, com o fito de abranger peças de natureza folclórica, de grande interesse para o conhecimento do meio social brasileiro. "As coleções de armas existentes nos nossos museus, ainda que valiosas, apresentam sérias lacunas, pelo desinteresse que existiu até o presente em relação a objetos de valor folclórico, mas reputados erradamente de nenhum valor museológico. Os cabos de relho, por exemplo, encontram-se escassamente representados nos nossos museus" (p. 9). Além disso, menciona-se que o uso de certas armas é passageiro, pois se prende a ofertas culturais externas, reguladas comercialmente. "Outros tipos de arma, de uso quase local, representam uma época de curta duração e foram quase a seguir superados por suas peças mais eficientes. Nessa categoria figuram algumas armas curtas usadas na conquista do Oeste americano, como o *six-shooter* de cápsula e carregamento pelo tambor que nunca chegou a ser usado no Brasil, a não ser de modo esporádico. No nosso sertão, generalizando, podemos dizer que passamos diretamente da garrucha para as armas modernas de tambor tipos 'Colt' e 'Smith-Wesson', ou para as armas automáticas alemãs e belgas, como ocorreu no sertão nordestino, onde as próprias cintas e cartucheiras prevêem o alojamento de pentes sobressalentes" (p. 10).

O caráter sumário das descrições e das explanações parece ser responsável por algumas limitações evidentes do trabalho. Alguns dos temas carecem de tratamento mais aprofundado ou, pelo menos, de maior cópia de material. Além disso, a parte relativa ao uso propriamente dito das armas é deveras lacunosa. Esse aspecto possui importância fundamental do ponto de vista psicológico, etnológico ou sociológico. Só mediante descrição sistemática do uso das armas chega-se a conhecer as oportunidades em que elas são empregadas, bem como as motivações subjacentes, em regra condicionadas cultural e socialmente. Por fim, o arrolamento dos tipos de briga está longe de ser exaustivo. O primeiro e principal instrumento de briga do homem é o corpo. O autor não menciona como os recursos corporais de luta são explorados na *cultura sertaneja*; nem indica como as diversas modalidades de armas complementam tais recursos. Como F. Lane pretende retomar o assunto, esperemos que nos brindará, em futuro próximo, com obra mais opulenta e completa, suscetível de preencher definitivamente grave lacuna de nossa bibliografia folclórica.

CAPÍTULO 22 | Livros de folclore*

I

Editada sob a responsabilidade de Oneyda Alvarenga, *Chegança de marujos*[1] reúne material recolhido por uma equipe de pesquisa folclórica composta por Luís Saia (folclorista e chefe da equipe); Martin Braunwieser (músico); Benedito Pacheco (técnico de gravação); e Antônio Ladeira (auxiliar). Os dados fonográficos apresentados dizem respeito às seguintes composições folclóricas: *Nau catarineta* ou *Fandango*, Sousa – Estado da Paraíba (pp. 19-92); *Os marujos* ou *A maruja*, Areia – Estado da Paraíba (pp. 93-127); *Barca*, João Pessoa (pp. 129-233); *Fandango*, Recife (pp. 235-87); *Marujo, marujada, Nau catarineta* ou *Fandango*, Lagoa Grande – Estado da Paraíba (pp. 289-306).

Essa pesquisa se inscreve entre os conhecidos trabalhos, realizados em 1938 pelo Departamento de Cultura da Prefeitura de São Paulo, sob a inspiração e a direção de Mário de Andrade. Lutando com várias dificuldades, materiais ou financeiras, Oneyda Alvarenga vem, não obstante, dando a lume os principais resultados desse trabalho. Com isso, a Discoteca Pública Municipal não só dá continuidade à obra encetada por Mário de Andrade: oferece um modelo de operosidade séria e bem intencionada aos demais folclo-

---
* *Anhembi*, ano VII, n.º 74, v. XXV, jan./1957, pp. 349-52.
1 Volume V dos "Registros sonoros de folclore musical brasileiro". Discos FM. 72 e 73, 82-B a 86, 97 a 104 (Discoteca Pública Municipal, São Paulo, 1955).

ristas brasileiros, que operam no campo do folclore musical. É sabido que suas coleções são colhidas com o necessário rigor e que abrem amplas perspectivas ao conhecimento empírico objetivo do folclore musical brasileiro. Ao assinalar a publicação de mais esse volume da série "Registros Sonoros de Folclore Musical Brasileiro", queríamos chamar a atenção dos leitores para esses fatos, que honram sobremaneira a contribuição dada pela Discoteca Pública Municipal à investigação e à difusão de peças do folclore brasileiro.

II

Concepto de Folklore, de Paulo de Carvalho Neto[2], é uma obra que resulta das atividades didáticas do autor, no ensino do folclore, seja no Centro de Estudos Antropológicos do Paraguai, seja, mais tarde, no Instituto de Cultura Uruguaio-Brasileira. Ela se acha dividida em três partes: *o fato folclórico*; *os limites do folclore*; *o folclore: o que não é*. Como ocorre com a maioria dos ensaios desse gênero, aproximadamente um terço do trabalho é dedicado à apresentação e à discussão de teorias etnológicas e psicológicas, que não foram elaboradas por folcloristas nem são por eles exploradas, testadas ou corrigidas em suas investigações.

Um dos méritos do autor consiste em ter procurado entender o folclore como parte e expressão da cultura. Com isso, o folclore é definido como objeto da antropologia cultural (etnologia). Apesar disso, o autor não compartilha do ponto de vista que deveria estar implícito nessa orientação, segundo o qual o folclore não constitui uma disciplina científica autônoma. Prefere afirmar que ele "é uma ciência social, é uma ciência de tipo antropológico-cultural" (p. 157). Volta, assim, a velhas confusões, mantidas zelosamente pelos folcloristas, que tornam tão difícil separar o estudo científico

---

2 Montevidéu, Editorial Livraria Monteiro Lobato, 1955.

do folclore (feito pelas ciências sociais, especialmente pela etnologia) do estudo humanístico do folclore (feito pelos folcloristas, que reúnem aptidões para analisar o folclore como e enquanto criação intelectual do espírito humano).

III

Maria Amália Correa Giffoni colige, em *Danças folclóricas brasileiras*[3], o material ministrado aos alunos do curso sobre danças nacionais, dado pela autora na Escola de Educação Física do Estado de São Paulo ou em escolas normais (especialização em educação física). O livro não se limita, porém, à apresentação de material folclórico. Os quatro capítulos iniciais tratam sistematicamente de problemas ligados à função da dança na educação e os capítulos V-VI cuidam de questões pertinentes ao ensino da dança em nossa escola secundária. A razão desse desdobramento, sem dúvida discutível, é indicada pela autora: "Pretendíamos dar a este livro uma feição eminentemente prática, restringindo os conhecimentos de ordem prática, apenas, àqueles indispensáveis à ilustração das danças folclóricas aqui apresentadas. Desviamos a nossa diretriz pelo fato de não encontrarmos na bibliografia especializada, principalmente brasileira, assuntos que julgamos de capital importância para o ensino e divulgação da dança" (p. 14).

Os materiais folclóricos são apresentados nas páginas 77-351, abrangendo os seguintes itens: baião (pp. 77-8); balaio (pp.89-95); batuque (pp. 97-109); cana-verde (pp.111-9); cateretê (pp. 121-31); chimarrita (pp. 133-9); ciriri (pp. 141-9); coco (pp. 151-60); danças de São Gonçalo (pp. 161-81); dança do café (pp. 183-93); dançarei (pp. 195-202); dança sertaneja (pp. 203-11); maracatu (pp. 213-27); meu limão (pp. 229-35); na baia tem (pp. 237-41);

---

3 São Paulo, edição da autora, distribuída pela Martins, 1955.

pedido de casamento (pp. 243-51); pezinho (pp. 253-61); quadrilha paulista (pp. 263-73); recortado (pp. 275-83); samba (pp. 285-95); sambalelê (pp. 297-303); schottish do Mato Grosso (pp. 305-11); tambu (pp. 313-26); tatu (pp. 327-33); tirana (pp. 335-42); vilão do lenço (pp. 343-51). A cada item correspondem: o texto musical da dança, o desenho dos movimentos (em relação ao dançador) e uma fotografia.

A obra poderá ser muito útil aos professores de educação física e às classes que precisam aprender as nossas danças folclóricas. Por sua própria natureza, ela prescinde de tratamento exaustivo dos temas, podendo assumir o caráter predominantemente antológico, que possui. Não obstante, seria recomendável aprofundar o exame folclórico das danças, pois com freqüência as indicações reunidas pela autora são demasiado sumárias, mesmo em ocasiões em que se imporia um debate crítico das informações das autoridades citadas ou aproveitadas.

IV

Pesquisa de folclore, de Edison Carneiro[4], é um opúsculo escrito com a intenção de servir como uma espécie de "pequeno manual de pesquisa folclórica, de nível elementar, de simples iniciação à investigação científica, destinado às pessoas de boa vontade que se disponham a colaborar no registro dos fenômenos do populário brasileiro" (p. 5). Mas, em sua forma final, está longe de corresponder aos objetivos assim traçados. Apesar das simplificações feitas pelo autor, na apresentação e discussão dos temas, e da linguagem acessível que usa, as indicações nele reunidas poderão ser úteis apenas a estudiosos de parcos recursos intelectuais, parecendo fora de dúvida que não possuem suficiente consistência para criar hábitos

---
4 Rio de Janeiro, IBECC, Comissão Nacional de Folclore, 1955.

de pesquisa "científica". Supomos mesmo que sua leitura adiantará menos aos informantes de espírito cooperativo que os esclarecimentos específicos, comumente inseridos nos questionários e formulários utilizados nos levantamentos indiretos de documentação folclórica.

V

Folklore y psicoanalisis, de Paulo de Carvalho Neto[5], é uma obra que tenta aplicar o método psicanalítico à interpretação do folclore. Seguindo as inspirações e as diretrizes de Artur Ramos – e com freqüência aproveitando-se amplamente dos materiais, hipóteses ou explicações contidos nas contribuições desse autor – Carvalho Neto procura analisar, especialmente, certas manifestações folclóricas à luz de conceitos e teorias psicanalíticos. Assim, toda a terceira parte do livro ("A casuística folclórica", pp. 115-275) é devotada às tarefas de coligir dados folclóricos, levantados pelo autor, tomados de Artur Ramos ou de outros folcloristas, e de assinalar as presumíveis significações que eles poderiam assumir, do ponto de vista psicanalítico.

Nas duas partes anteriores, Carvalho Neto resume as contribuições feitas ao estudo psicanalítico do folclore por certos autores já consagrados (pp. 21-55); e apresenta uma condensação da teoria psicanalítica (pp. 61-108). Ambas possuem escasso interesse científico, ainda que possam ser úteis a leitores leigos. Nas conclusões, o autor põe em evidência três resultados, que considera mais importantes, coroando suas indagações: "1º) A psicanálise serve ao folclore ao caracterizar o portador vulgar do fato folclórico como um sujeito que atua movido pelos impulsos não socializados da libido; em outras palavras, impulsos 'primitivos' da libido" (...); 2º)

---

5 Buenos Aires, Psique, 1956 (com prefácio de Roger Bastide, pp. 13-5).

"Assim como trata de compreender o *homem* folclórico vulgar, a psicanálise, com a contribuição mais moderna dos Malinowski, dos Kardiner etc., também ajuda a compreender o *fato* cultural histórico, em si mesmo, isto é, a razão de ser de tal fato, o porquê de sua existência e sua oculta e verdadeira significação; 3º) A demopsicologia analítica, além disso, deixa patente a verdadeira importância do folclore como ciência social. Essa importância é normativa" (p. 282). Essas conclusões são, sob vários aspectos, contestáveis ou produto de uma forma peculiar de entender os problemas do folclore em face da psicanálise. Dispensamo-nos de discuti-las aqui, por julgarmos evidentes os argumentos contestáveis.

Aliás, com sua costumeira finura e bom tato, Roger Bastide apontou, em seu prefácio, com notável lucidez, os riscos que correm os trabalhos desse gênero. "A interpretação psicanalítica oferece, a meu ver, um grave perigo no domínio do folclore. É que uma interpretação psicanalítica sempre pode ser encontrada, sem que possa ser verificada realmente, ou pelo menos confirmado o seu valor provável. O médico que analisa um paciente saberá se está ou não operando conforme à verdade, pois uma cura psicanalítica é demorada; o psiquiatra poderá, no transcorrer das sucessivas sessões, corrigir ou modificar suas hipóteses, verificá-las ao contato de novos fatos, de novos sonhos, ou de novas associações livres. A cura será outra prova em favor da realidade de sua interpretação. Mas, no domínio do folclore, no qual ocorre apenas a leitura de um conto ou de um costume, não é possível propor novas interpretações ou uma narração tradicional, e nunca se sabe se o que se afirma é verdadeiro ou falso. Há ali uma facilidade de interpretação que é muito desaconselhável, do meu ponto de vista. As hipóteses de trabalho são necessárias, é certo; mas existe uma regra lógica que afirma que as hipóteses de trabalho não valem senão à medida que são verificáveis, pois, do contrário, não seriam mais que passatempos da inteligência" (p. 31). Concordamos com Bastide que tais argumentos não redundam em condenação do trabalho de Carvalho

Neto. Todavia, como o autor procedeu de forma a abstrair o folclore do contexto cultural e da atividade humana concreta, ele se expõe às críticas que os etnólogos costumam endereçar aos psicólogos, incorrendo, ao mesmo tempo, nos riscos inerentes ao tratamento psicológico inadequado de dados culturais, e merecendo, portanto, as críticas que os psicólogos vêm fazendo aos etnólogos da velha geração. Nessas condições, as reflexões de Roger Bastide são pertinentes e servem para orientar o espírito crítico do leitor, diante de uma obra que não é destituída de intenções sérias.

CAPÍTULO 23 | Um concurso de folclore musical*

Os estudos do folclore no Brasil parecem estar sofrendo, no momento, uma crise de continuidade. Após o período, por assim dizer clássico de sua história, em que dominaram as figuras centrais de Sílvio Romero e João Ribeiro, e depois do promissor movimento de coleta, sistematização e interpretação de dados, iniciados por seus discípulos e pelos folcloristas contemporâneos, como Lindolfo Gomes, Daniel Gouveia, Melo Morais, Alexina Pinto, Basílio de Magalhães, Joaquim Ribeiro, Mário de Andrade, Luiz da Câmara Cascudo, Renato Almeida, Dante Laitano, Aluísio de Almeida, Oneyda Alvarenga etc., tem diminuído ponderavelmente o número de publicações dedicadas aos problemas ou ao estudo de aspectos do folclore brasileiro. A crise não é superficial, atingindo apenas a tendência para uma delimitação mais rigorosa do campo de trabalho – desenvolvimento das pesquisas sobre o folclore mágico, o folclore infantil, o folclore do negro, os romances velhos, os ciclos temáticos etc. É mais profunda, pois aplica uma revisão completa dos critérios, das técnicas e dos métodos de trabalho, envolvendo inclusive uma revisão do próprio problema da natureza do folclore como uma disciplina particular.

---
* *Jornal de São Paulo*, 4/6/1946.

É evidente que este não é o momento oportuno para discutir tais problemas. Todavia, eles precisam ser indicados e considerados, quando se tem em mira a discussão de um assunto como o que me propus neste artigo: o concurso sobre o folclore musical brasileiro, instituído pelo Departamento Musical de Cultura, sob influxos mentores da Discoteca, diretamente interessada em seus resultados. Isso porque se deve encarar esse concurso em termos de seu significado geral, e não somente enquanto expressão de uma tentativa burocrática, mais ou menos feliz. O fato essencial aqui é que o interesse pelos estudos estritamente folclóricos tem perdido seu antigo ritmo de desenvolvimento.

A fragmentação cada vez maior do campo de trabalho está contribuindo para o aparecimento de tendências por assim dizer *atomizadoras*, forçando a perda da consciência do folclore como uma realidade total, tão viva em Sílvio Romero, em João Ribeiro e mesmo em outros folcloristas de menor fôlego, como Lindolfo Gomes ou Mário de Andrade. As Faculdades de Filosofia, que deviam incluir o folclore no curso de ciências sociais, conforme um projeto inicial, deram atenção ao folclore de uma forma pouco adequada – antes prejudicial que construtiva. Essa é a verdade, pois os irregulares e breves "cursos" de folclore são ministrados por pessoas interessadas mais diretamente pela sociologia, pela antropologia etc.; subordinam-se, além disso, às respectivas cadeiras (sociologia, antropologia etc.). Delas não partem estímulos sérios para o estudo do folclore brasileiro; quando muito, ligadas a pesquisas sobre certos problemas sociais (estudo de comunidades rurais, de formas sociais peculiares etc.), surgem acidentalmente algumas contribuições parciais. As instituições que visam o agrupamento dos folcloristas, doutro lado, como a "Sociedade de Etnografia e Folclore de São Paulo", apenas têm existência formal. Servem, em geral, para aumentar o número de títulos de certas pessoas respeitáveis e como material de exportação. A sua atividade efetiva na criação de cursos de conferências sobre o folclore, na elaboração de planos e execução de pesquisas mais ou menos amplas etc., reduz-se à efetividade ativa do seu uso como título pelos antigos membros. A rigor, somente as instituições dedicadas ao ensino de música estariam em condições de incentivar os estudos e as pesquisas de folclore brasileiro, pelo menos nas esferas restritas do folclore musical. Todavia, o treinamento do folclorista não é produto apenas do contato superficial durante algum tempo com um dos ramos do folclore. O conhecimento da metodologia das ciências sociais e dos problemas e possibilidades de ciências como a Sociologia e a Antropologia, é uma condição mínima, a que deve satisfazer qualquer candidato ao estudo científico dos elementos folclóricos. Resumindo, pode-se admitir que o folclore ainda não se libertou de sua orientação empirista, no Brasil, malgrado as aparências criadas por cursos especiais e instituições particulares; e que os folcloristas brasileiros terão que enfrentar esta nova fase crítica do desenvolvimento do folclore brasileiro com os recursos de uma formação teórica bastante defeituosa.

Esse quadro ressalta, como um fundo sombrio, o alcance da iniciativa do Departamento Municipal de Cultura – tanto no que tem de louvável como em suas lacunas. O estímulo que concursos dessa natureza representam é óbvio. Praticamente, deveriam ser estabelecidos de modo definitivo: na forma de concursos anuais e com a distribuição dos prêmios anuais correspondentes. Assim, todo folclorista brasileiro poderia concorrer aos prêmios, sabendo de antemão que a data e as condições de inscrição são estáveis. Além disso, teria tempo, inclusive, de preparar trabalhos especiais para o concurso. É verdade que os prêmios, economicamente falando, nada têm de sedutores, ao contrário, se constituíssem uma forma pecuniária de remuneração, afugentariam, em vez de atraírem concorrentes. Mas em tais casos os autores colocam esse aspecto em um plano secundário, particularmente os folcloristas, que encontram sérias dificuldades na publicação de seus trabalhos. Os concursos, além de estimularem novas pesquisas, contribuiriam para o enriquecimento da bibliografia folclórica brasileira, com a edição prevista dos melhores trabalhos.

A disposição limitativa, restringindo a inscrição aos estudos do folclore musical brasileiro, é de fato uma coisa estranha. Que critério justifica essa limitação? Por acaso os organizadores do concurso têm meios para provar que o folclore musical possui uma importância relativa tão grande no folclore brasileiro em geral que consagre uma discriminação e um incentivo tão especiais? No momento, parece-me que a preocupação não deve ser o estudo de um dos ramos do folclore brasileiro, mas todos os seus aspectos possíveis. Um concurso sobre o folclore brasileiro, atualmente, contaria com um número regular de trabalhos sobre o folclore musical. É por assim dizer o assunto da moda entre os folcloristas brasileiros. Essas contribuições deveriam satisfazer a sede ou as necessidades imediatas, visadas pela Discoteca. Por isso, penso que os seus organizadores devem alargar as suas bases, dando ao folclore musical o lugar que merece por sua importância material. Assim, prestariam um serviço maior ao folclore brasileiro e ao próprio folclore musical atraindo mais concorrentes e sendo ao mesmo tempo mais úteis aos nossos folcloristas. E depois resta uma pergunta: como se poderia compreender os elementos do folclore musical brasileiro fora do seu contexto cultural mais amplo? O simples estudo de composições do cancioneiro literário, às vezes, apresenta um valor básico para os estudos mais complexos do cancioneiro musical.

O critério melhor, nesse caso, seria paradoxalmente a falta de critérios. Estes são por excelência limitativos – implicam exclusões, e quem conhece de perto o estado atual dos estudos folclóricos no Brasil sabe muito bem o quanto estas têm de perigosas. Um "concurso de monografias sobre o folclore" seria bastante; seria, mesmo, o ideal. Países como a França, a Inglaterra, a Alemanha, os Estados Unidos etc., podem se dar ao luxo das exclusões, porque existem possibilidades de fazer tantos concursos e seleções quantos são os ramos do folclore. Entre nós, até a parte relativa à sistematização teórica merece acolhida, pois só três autores tentaram a empresa: João Ribeiro, Basílio de Magalhães e Joaquim Ribeiro. Há também a necessidade de estudos bibliográficos de maior fôlego, que ultrapassem a feição de "Handbook" do trabalho de Basílio de Magalhães e de notação telegráfica dos estudos de Joaquim Ribeiro, Gustavo Barroso, Lindolfo Gomes etc. Os folcloristas brasileiros do passado – Sílvio Romero, João Ribeiro, Melo Morais etc. – e os contemporâneos, como Mário de Andrade, estão a exigir, por sua vez, cada um isoladamente, estudos monográficos. A sua contribuição ao folclore brasileiro conserva até nossos dias a primitiva forma bruta que lhe imprimiram; e o conhecimento do passado é uma condição de progresso. Não será pelas indicações superficiais dos historiadores do nosso folclore ou pelas sugestões dos ensaístas curiosos que chegaremos ao conhecimento profundo das diversas tendências do folclore brasileiro, suas raízes, seu significado e sua contribuição concreta. É preciso estudar o folclore infantil, o folclore dos "elementos formadores" (português, negro e índio), o papel transformador dos mestiços, o processo de formação e de desenvolvimento de elementos folclóricos originais, o papel dos imigrantes nas diferentes situações de contato cultural, as "crendices", as "superstições", as adivinhas, a poesia, os contos e os mitos populares, o folclore musical, os ciclos temáticos brasileiros, as técnicas e os artefatos compreendidos no folclore material, a reconstrução, na medida do possível, do folclore colonial, em parte já iniciada, do folclore do império etc. etc. A lista é demasiado enorme para ser apreciada aqui. Por que, pois, não deixar a escolha do assunto aos próprios candidatos? Um estudo sério é sempre conseqüência de um paciente esforço, de pesquisas demoradas; é pouco provável, outrossim, que se improvisem monografias sobre uma disciplina científica com a mesma facilidade com que se improvisam os concursos correspondentes...

CAPÍTULO 24 | Sociologia e folclore*

Na *Revista Mexicana de Sociologia* (v. III, nº 1, 1946, pp. 105-22), apareceu um estudo de Lúcio Mendieta y Nuñez sobre "El valor sociológico del folklore", publicado anteriormente nos *Cuadernos Americanos* (nº 2, 1946). De acordo com o autor, "o propósito fundamental deste pequeno ensaio é, como seu nome indica, determinar o valor que tem o folclore na sociedade e na sociologia; mas, para isso, precisamos partir de um conceito claro de folclore, pois não se pode avaliar o que se desconhece" (p. 105). Por isso, o autor apresenta uma série de definições do objeto dessa disciplina e discute duas questões fundamentais, que elas colocam. Assim conclui que, de acordo com as definições transcritas: "o folclore é – *a)* o saber antigo arcaico ou arqueológico que *b)* sobrevive atualmente na mentalidade do baixo povo nas sociedades civilizadas" (p. 107). Todavia, embora amplamente sustentada por folcloristas contemporâneos, essa conceituação está profundamente marcada por preconceitos e suposições teóricas errôneas. Tive o prazer de verificar que os resultados de análise crítica, levada a efeito por Lúcio Mendieta y Nuñez, coincidem em grande parte com as conclusões a que cheguei em trabalhos meus, dados a lume em 1944 e 1945.

---

* *Revista do Arquivo Municipal*, ano XV, v. CXXII, fev./1949, pp. 194-5.

Eis como o autor condensa suas conclusões críticas: "cremos ter demonstrado, com o exame analítico que acabamos de fazer, que o folclore não se refere unicamente às sobrevivências arcaicas ou antigas do saber do povo, nem deve se entender este último como exclusivo da classe social mais baixa, mas sim de todos os habitantes de um país ou de membros de uma comunidade. Desse modo, ficam afastadas as definições transcritas acima e nos vemos na necessidade de ensaiar uma própria, na qual se compreenda o extenso significado que nós damos à disciplina aludida: em nosso conceito, *o folclore é a cultura empírica das sociedades humanas*" (pp. 112-13; grifo do próprio autor). Quanto à definição proposta, é preciso assinalar que Lúcio Mendieta y Nuñez emprega o vocábulo *empirismo* no sentido que lhe é atribuído no *Dicionário da Academia Española de Lengua*, isto é, como "sistema ou processo fundado na mera prática ou rotina" (p. 113).

Após a tarefa de conceituação, o autor estuda a função social do folclore e a importância que ele tem, como disciplina científica, para a sociologia. Baseando-se nos resultados obtidos nessa discussão, passa à análise das relações do folclore com a sociologia aplicada, entendendo esta como a esfera prática da sociologia. "O folclore proporciona à sociologia geral riquíssimo material para a formação de seu próprio conteúdo e para a sociologia aplicada é um auxiliar precioso, porque revela as qualidades e defeitos dos grupos humanos, de tal modo que, conhecendo umas e outros, é possível aproveitar aquelas, fomentando-as, orientando-as, ou conservando-as simplesmente, e suprimir ou atenuar os últimos, pela educação e outros meios" (p. 120).

O pequeno ensaio de Lúcio Mendieta y Nuñez, apesar das lacunas bibliográficas – as principais fontes citadas são tomadas de empréstimo a outros autores, como Alfredo Poviña –, constitui um trabalho exemplar, do ponto de vista da organização da matéria, da discussão dos conceitos e da ordenação das conclusões. Parece-me sobretudo muito salutar, como exemplo da renovação metodológica por que está passando o folclore, agora em vias de se tornar realmente uma disciplina científica. Tenho a impressão, no entanto, de que a conceituação apresentada pelo autor é demasiado lata. "Ao dizer, na definição proposta, cultura *empírica*, queremos designar o que provém da experiência imediata, cotidiana, repetida, e que se cria antes mais em virtude da intuição do que como resultado de uma reflexão crítica ou de uma suposição que mais tarde é rigorosamente comprovada" (p. 113). Parece-me evidente que, de acordo com um ponto de vista dessa natureza, seria legítimo considerar o processo social de rotinização e todos os aspectos da vida social submetidos a controle institucional como objeto do folclore! Em outras palavras, uma concepção tão ampla do objeto do folclore leva em seus flancos sérias confusões e conflitos potenciais com outras disciplinas, como a etnologia e a sociologia. Por isso, embora a definição proposta por Lúcio Mendieta y Nuñez tenha a reconhecida virtude de suprimir vários preconceitos dos antigos folcloristas, ela se ressente da falta de delimitação precisa do campo do folclore.

CAPÍTULO 25 | A inteligência do folclore*

O autor dessa obra, Renato Almeida[1], é um dos folcloristas brasileiros mais conhecidos e influentes da atualidade. Suas contribuições ao estudo do folclore musical brasileiro e sua dedicação às iniciativas consagradas ao desenvolvimento das investigações folclóricas no Brasil situam-no em justa posição de relevo. Daí o interesse despertado por *Inteligência do folclore*, seja entre os especialistas, seja entre os curiosos de assunto tão atraente.

Escrito em linguagem clara, mas literariamente elaborada, o livro põe o leitor diante de amplo painel: como surgiu o folclore e as vicissitudes que marcam sua evolução recente; o que é folclore e como caracterizar "o fato folclórico"; quais são os caracteres e os produtos dos processos de "criação" folclórica; a natureza do mito e suas relações com a magia; como explicar, conceitualmente, a dinâmica do folclore, em seus aspectos recorrentes ou de mudança; certos temas ou problemas inerentes à técnica de pesquisa ou à explicação positiva dos fatos folclóricos; e, por fim, as tendências que têm prevalecido, na *intelligentzia* moderna, nas elucubrações que tomam o folclore como objeto da reflexão ou da atividade intelectuais. Obra realizada segundo uma orientação que pretende com-

---
* Suplemento literário de *O Estado de S. Paulo*, nº 53, 9/10/1957.
1 *Inteligência do folclore*, Rio de Janeiro, Livros de Portugal, 1957.

binar intenções científicas e humanísticas, nela repontam, com freqüência talvez exagerada, juízos e avaliações que "projetam" o autor no que se poderia chamar, com imperfeição, de "folcloritismo". A advertência ao leitor representa o primeiro sinal desse estado de espírito, que perpassa e influencia quase todo o livro: "Neste livro – o que for do povo, guarde, porque é sábio; o que for dos eruditos, considere com prudência; e seja sempre indulgente com o que escreveu o Autor."

Não somos contra esse estado de espírito. É provável, mesmo, que ele ofereça recursos endopáticos favoráveis à compreensão dos fatos folclóricos, em pesquisas de âmbito limitado. Estranhamos sua presença em obra de cunho sistemático, na qual juízos de valor e tiradas simplistas, dessa ordem, devem ser evitados por princípio.

Não nos propomos a tarefa de examinar, criticamente, uma contribuição de semelhante envergadura. Sua utilidade é evidente. O leitor brasileiro – simples curioso ou especialista – nela pode encontrar o que aprender e matéria para larga reflexão. As passagens em que o autor tenta elaborar dados e conhecimentos característicos da nova mentalidade positiva, que animam os estudos dos investigadores modernos, são especialmente proveitosas. Estão nessa categoria, por exemplo, suas explanações relativas à ocorrência de manifestações folclóricas em camadas não populares, sua discussão do caráter dinâmico e "funcional" do folclore, a inspiração freqüentemente integrativa com que enfrenta os embates metodológicos, que dividem os estudiosos do folclore etc. Além disso, é importante ressaltar que essa tendência conciliadora nasce de propósitos geralmente construtivos, como o de procurar soluções novas, de síntese.

Tais qualidades, porém, são empanadas pela ausência de conteúdo próprio de muitas dissertações, nas quais se evidencia o lado negativo dos trabalhos de erudição. Leituras e citações são justapostas sem propósitos centrais definidos, como se bastasse combiná-las entre si para chegar-se a resultados inovadores. Doutro lado, o esforço construtivo, de procurar uma definição original do folclore – entendido pelo autor como "o conjunto de manifestações não institucionalizadas da vida espiritual e das formas de cultura material dela decorrentes ou a ela associadas, nos povos primitivos e nas classes populares das sociedades civilizadas" (p. 41) – ou de resolver os dilemas inerentes à dificuldade de caracterizar o folclore como disciplina autônoma, nem sempre é bem sucedido. A familiaridade com boa parte da melhor bibliografia recente sobre tais assuntos não pôde suprir as deficiências resultantes da falta de tirocínio aprofundado em alguns dos setores em que se desdobra a investigação literária e científica do folclore.

Isso não nos impede de reconhecer que sua contribuição está muito acima do nível intelectual que vem caracterizando, ultimamente, a produção da maioria dos folcloristas brasileiros hodiernos. Por isso, acreditamos que ela poderá elevar o teor das preocupações e o nível de produção dos seus colegas, pelo menos daqueles que estejam predispostos a receber sua influência.